Ulrike Vogel

Meilensteine der Frauen- und Geschlechterforschung

Ulrike Vogel

# Meilensteine der Frauen- und Geschlechterforschung

Originaltexte mit Erläuterungen
zur Entwicklung
in der Bundesrepublik

Bibliografische Information Der Deutschen Nationalbibliothek
Die Deutsche Nationalbibliothek verzeichnet diese Publikation in der
Deutschen Nationalbibliografie; detaillierte bibliografische Daten sind im Internet über
<http://dnb.d-nb.de> abrufbar.

1. Auflage April 2007

Alle Rechte vorbehalten
© VS Verlag für Sozialwissenschaften | GWV Fachverlage GmbH, Wiesbaden 2007

Lektorat: Frank Engelhardt

Der VS Verlag für Sozialwissenschaften ist ein Unternehmen von Springer Science+Business Media.
www.vs-verlag.de

Das Werk einschließlich aller seiner Teile ist urheberrechtlich geschützt. Jede Verwertung außerhalb der engen Grenzen des Urheberrechtsgesetzes ist ohne Zustimmung des Verlags unzulässig und strafbar. Das gilt insbesondere für Vervielfältigungen, Übersetzungen, Mikroverfilmungen und die Einspeicherung und Verarbeitung in elektronischen Systemen.

Die Wiedergabe von Gebrauchsnamen, Handelsnamen, Warenbezeichnungen usw. in diesem Werk berechtigt auch ohne besondere Kennzeichnung nicht zu der Annahme, dass solche Namen im Sinne der Warenzeichen- und Markenschutz-Gesetzgebung als frei zu betrachten wären und daher von jedermann benutzt werden dürften.

Umschlaggestaltung: KünkelLopka Medienentwicklung, Heidelberg
Satz: Absatz. Format. Zeichen, Niedernhausen

Gedruckt auf säurefreiem und chlorfrei gebleichtem Papier

ISBN 978-3-531-15204-2

# Inhalt

Vorwort  
9

*Ulrike Vogel*  
Einleitung  
11

## 1. Zur Entwicklung der Diskussion um Feminismus und Frauen- bzw. Geschlechterforschung

*Ulrike Vogel*  
Einleitende Hinweise  
17

*Ute Gerhard*  
Frausein und Feminismus: Über die Möglichkeiten politischen Handelns von Frauen – Auszüge  
22

*Sigrid Metz-Göckel*  
Spiegelungen und Verwerfungen. Das Geschlecht aus der Sicht der Frauenforschung – Auszüge  
29

*Regina Becker-Schmidt/Gudrun-Axeli Knapp*  
Einleitung. In: Becker-Schmidt/Knapp (Hg.): Das Geschlechterverhältnis als Gegenstand der Sozialwissenschaften – Auszüge  
35

## 2. Erste Entwürfe zur Beziehung der Geschlechter in der Frauen- und Geschlechterforschung

*Ulrike Vogel*  
Einleitende Hinweise  
43

*Karin Hausen*  
Die Polarisierung der „Geschlechtscharaktere". Eine Spiegelung der Dissoziation von Erwerbs- und Familienleben – Auszüge  
47

*Maria Mies*
Hausfrauisierung, Globalisierung, Subsistenzperspektive – Auszüge    53

## 3. Differenztheoretische Ansätze: Zu Unterschieden zwischen Frauen und Männern

*Ulrike Vogel*
Einleitende Hinweise    63

*Gertrud Nunner-Winkler*
Gibt es eine weibliche Moral? – Auszüge    66

*Elisabeth Beck-Gernsheim*
Männerrolle, Frauenrolle – aber was steckt dahinter? Soziologische
Perspektiven zur Arbeitsteilung und Fähigkeitsdifferenzierung zwischen
den Geschlechtern – Auszüge    73

## 4. Aktuelle Konzeptionen in gesamtgesellschaftlicher und auf Individuen bezogener Perspektive

*4.1 Ansätze mit gesellschaftsstruktureller Perspektive*    81

*Ulrike Vogel*
Einleitende Hinweise    81

*Regina Becker-Schmidt*
Widerspruch und Ambivalenz. Konflikterfahrung als Schritt zur
Emanzipation – Auszüge    87

*Gudrun-Axeli Knapp*
Kein Abschied von Geschlecht. Thesen zur Grundlagendiskussion in der
Frauen- und Geschlechterforschung – Auszüge    94

*Lothar Böhnisch*
Körperlichkeit und Hegemonialität – Zur Neuverortung des Mannseins in
der segmentierten Arbeitsgesellschaft – Auszüge    99

Inhalt

*Helga Krüger*
Territorien – Zur Konzeptualisierung eines Bindeglieds zwischen
Sozialisation und Sozialstruktur – Auszüge ........................... 106

*Beate Krais*
Die feministische Debatte und die Soziologie Pierre Bourdieus: eine
Wahlverwandtschaft – Auszüge ........................... 112

*Ilse Lenz*
Geschlechtssymetrische Gesellschaften. Neue Ansätze nach der
Matriarchatsdebatte – Auszüge ........................... 120

*Irene Dölling*
Aufschwung nach der Wende – Frauenforschung in der DDR und in den
neuen Bundesländern – Auszüge ........................... 128

*Hildegard Maria Nickel*
Vom Umgang mit Differenzen – Auszüge ........................... 139

4.2  Ansätze mit auf Interaktionen bzw. Diskurse bezogener Perspektive ........................... 146

*Ulrike Vogel*
Einleitende Hinweise ........................... 146

*Carol Hagemann-White*
Was bedeutet „Geschlecht" in der Frauenforschung? Ein Blick zurück
und ein Entwurf für heute – Auszüge ........................... 151

*Regine Gildemeister/Angelika Wetterer*
Wie Geschlechter gemacht werden. Die soziale Konstruktion der
Zweigeschlechtlichkeit und ihre Reifizierung in der Frauenforschung –
Auszüge als Zitate ........................... 159

*Regine Gildemeister*
Soziale Konstruktion von Geschlecht. Fallen, Missverständnisse und
Erträge einer Debatte – Auszüge als Zitate ........................... 169

*Andrea Maihofer*
Geschlecht als soziale Konstruktion – eine Zwischenbetrachtung –
Auszüge ............................................................................................ 178

*Michael Meuser*
Hegemoniale Männlichkeit – Überlegungen zur Leitkategorie der Men's
Studies – Auszüge ........................................................................... 186

*Andrea Bührmann*
Das authentische Geschlecht. Die Sexualitätsdebatte der Neuen
Frauenbewegung und die Foucaultsche Machtanalyse – Auszüge ... 194

*Bettina Dausien*
„Geschlechtsspezifische Sozialisation" – Konstruktiv(istisch)e Ideen zu
Karriere und Kritik eines Konzepts – Auszüge ............................... 201

*Ulrike Vogel*
Schluss/Ausblick .............................................................................. 209

Literatur ........................................................................................... 213

# Vorwort

Ein Anlass, dieses Buch als Einführungstext für Studierende, aber auch für die Hand von Lehrenden zur Unterstützung von Lehrveranstaltungen, zu verfassen, hat sich aus der Situation der Frauen- und Geschlechterforschung in Lehre und Forschung der Hochschulen in der Bundesrepublik ergeben:
   Seit den 1970er Jahren gibt es hier eine Frauen- bzw. Geschlechterforschung, die von Anfang an der entsprechenden Forschung in anderen Ländern, insbesondere den USA, wesentliche Anregungen verdankt, aber auch eine eigenständige Entwicklung genommen hat, die sich grob als zunehmende Differenzierung in der Wechselwirkung von theoretischen Entwürfen, methodischen Erprobungen und empirischen Ergebnissen bezeichnen lässt. Zu Beginn durch die Frauenbewegung der 1960er/1970er Jahre getragen, haben sich ihre Kategorien im Wissenschaftsbetrieb der Hochschulen verfeinert, wobei die in der Frauenbewegung begründete Auseinandersetzung mit Benachteiligungen nach Geschlecht nie verloren gegangen ist. Ebenso kennzeichnend für die Entwicklung der Frauen- und Geschlechterforschung in der Bundesrepublik ist die gegenseitige Befruchtung von theoretischen Konzeptionen, methodischem Vorgehen und empirischen Befunden.
   Zu allen drei Bereichen liegt inzwischen eine Fülle von Literatur vor. Dieses Einführungswerk bietet einen Überblick über die Diskussion von theoretischen Ansätzen, die den Rahmen für Erkenntnisse darstellen, der immer wieder durch empirische Forschung zu überprüfen ist. Gegenüber anderen Lehrbüchern zur Frauen- und Geschlechterforschung will diese Einführung besonders den Fortgang der Diskussion zu theoretischen Erkenntnissen, die „Meilensteine" der Entwicklung, beleuchten. Gerade auch Anfänger sollten nicht nur empirische Befunde über soziale Realität, sondern ebenso deren theoretische und methodische Voraussetzungen kennen lernen, um sich möglichst früh ein selbständiges Urteil über das Zustandekommen von wissenschaftlichen Erkenntnissen bilden zu können. In diesem Sinne werden Auszüge aus Originaltexten durch Erläuterungen mit weiteren Literaturhinweisen eingeleitet. Studierenden sollen hiermit Zugänge zur Literatur erleichtert, Lehrende bei ihren Lehrveranstaltungen unterstützt, aber auch interessierten Laien Einblicke gewährt werden in diesen Wissenschaftsbereich.
   Letztlich angeregt zu diesem Buch wurde ich durch den VS Verlag, dessen Lektor, Herr Frank Engelhardt, mich von Anfang an in sehr konstruktiver Weise begleitet hat. Für seine Betreuung möchte ich mich ausdrücklich bedanken.

Gedankt sei den Autorinnen und Autoren der auszugsweise abgedruckten Texte für ihre bereitwillige Kooperation, ohne die dieses Buch nicht hätte verwirklicht werden können.

Sehr bedanken muss ich mich auch für die unbürokratische Förderung durch die Bernhard und Ursula Plettner-Stiftung im Stifterverband für die deutsche Wissenschaft.

Den studentischen Hilfskräften, Frau Sandra Glasenapp, Frau Katharina Maertsch und zusätzlich Frau Alla Hrisca, die mich bei der Vorbereitung und Erstellung des Manuskripts maßgeblich unterstützt haben, sei mein besonderer, nachdrücklicher Dank ausgesprochen.

Braunschweig im Dezember 2006                                        Ulrike Vogel

*Ulrike Vogel*

# Einleitung

Theoretische Ansätze einer feministischen Frauen- und Geschlechterforschung umfassen „die Kritik an allen Formen von Macht und Herrschaft, die Frauen diskriminieren und deklassieren" (Becker-Schmidt/Knapp 2003: 7). Diese Frauen- und Geschlechterforschung interessiert sich – angestoßen und weiter angeregt durch die neue Frauenbewegung der 1960er/1970er Jahre – zwar vom Ansatz her für die Lage von Frauen. Dies gilt jedoch immer im Vergleich zu Männern, d.h. grundsätzlich für die Verhältnisse, in denen die Geschlechter zueinander stehen. Wichtig ist dabei ebenso der Bereich der Interaktionen von Individuen miteinander wie der gesamtgesellschaftliche Zusammenhang der Geschlechterverhältnisse. Damit ist eine Vielfalt der Zugangsweisen verbunden, d.h. es gibt nicht *eine* umfassende feministische Theorie (vgl. Becker-Schmidt/Knapp 2003: 7). Jeder theoretische Ansatz beleuchtet – einem Scheinwerfer vergleichbar – jeweils spezifische Bereiche der Gesellschaft sehr scharf, während andere weniger erfasst werden. Diese Pluralität der Herangehensweisen ist der problemnahen Erforschung der unterschiedlichen Aspekte einer Gesellschaft wesentlich näher als eine möglichst abstrakte allgemeine theoretische Formel ohne unmittelbaren Bezug zu ihrem komplexen Gegenstand, der realen Gesellschaft. Darüber hinaus haben sich diese feministischen Theorie-Ansätze in ihrer Kritik an den herkömmlichen Wissenschaftsdisziplinen immer auch als interdisziplinär verstanden: Anhand von theoretischen Ansätzen, Methoden und empirischen Befunden aus verschiedenen Sozialwissenschaften, z.B. der Soziologie, Politikwissenschaft, Psychologie, Pädagogik, aber auch aus der Philosophie, der Geschichtswissenschaft, den Literaturwissenschaften, der Biologie, werden für die feministische Frauen- und Geschlechterforschung spezifische Fragestellungen und Vorgehensweisen entwickelt, um zu eigenen Befunden zu kommen. Dennoch wird festgestellt, dass in den Sozial- und Geisteswissenschaften „feministische Theorie besonders erfolgreich ist" (Becker-Schmidt/Knapp 2003: 11).

Als Herkunftsdisziplin soll hier – neben anderen Sozialwissenschaften – vor allem die Soziologie interessieren. Kritisiert wird an zentralen theoretischen Diskussionen in der Soziologie, dass das Geschlechterverhältnis eher ausgeblendet ist; andererseits wird für die Frauen- und Geschlechterforschung die Gefahr gesehen, dass allgemeine sozialstrukturelle Zusammenhänge häufiger nicht weiter beleuchtet werden (vgl. Knapp/Wetterer 1992: 11; vgl. Knapp 2001a: 9; vgl.

Knapp/Wetterer 2003: 7). Für eine feministische Analyse der Geschlechterverhältnisse bezogen auf Gesellschafts- und Interaktionsstrukturen wird an zwei sozialwissenschaftliche Traditionen besonders häufig angeknüpft. Es ist einerseits die Kritische Theorie der Frankfurter Schule mit ihren Wurzeln im marxistischen und psychoanalytischen Denken (vgl. Knapp/Wetterer 1992: 13) und ihrer Verbindung der Analyse von Gesellschaftsstrukturen und Persönlichkeitsbildung. Andererseits sind es Traditionen der Ethnomethodologie, des symbolischen Interaktionismus und der Wissens-Soziologie, an die „Studien zur sozialen Konstruktion der Zweigeschlechtlichkeit" (Knapp/Wetterer 1992: 16) anschließen, die die Beziehungen von Individuen untereinander beleuchten.

Jede Anknüpfung an Theorietraditionen muss jedoch im Sinne feministischer Frauen- und Geschlechterforschung dem Impetus der Aufhebung von Diskriminierungen nach Geschlecht dienen. Da fiel es zu Beginn der Entwicklung der Frauen- und Geschlechterforschung, die direkt durch die Frauenbewegung angeregt war, leicht, von den unterprivilegierten Frauen insgesamt als einem „Wir" zu sprechen. Erst später wurden Differenzierungen unter den Frauen nach Klasse, bzw. Schicht, Milieu, Lebensstil, sowie nach Ethnizität, Hautfarbe, Sexualität und Alter entdeckt. Mit der entsprechenden Unterschiedlichkeit von Problemhorizonten für Frauen, auf die die genannten Merkmale in unterschiedlichen Kombinationen zutreffen, wird es schwieriger, von Gemeinsamkeiten unter den Frauen und gemeinsamen Zielen der Aufhebung von Benachteiligungen zu sprechen, auch wenn immer wieder Nachordnungen von Frauen gegenüber Männern festzustellen sind. Die durch differenziertere Ansätze möglichen „Komplexitätsgewinne und damit .. Fortschrittsmomente in der jüngeren feministischen Theorie" (Knapp/Wetterer 2003: 10) bedeuten für die weitere Forschung, dass auch die Erfassung komplexer Einzelfälle in ihren Zusammenhängen mit dem Anspruch auf Überwindung von Unterprivilegierungen verbunden werden kann. Dass es eine Vielfalt überzeugender Ansätze zu diesem Ziel gibt, soll diese Einführung zeigen. Auch Leserinnen und Lesern, die erst am Anfang der Beschäftigung mit Frauen- und Geschlechterforschung stehen, soll hier ein Eindruck von der Lebendigkeit und Kreativität einer wissenschaftlichen Diskussion vermittelt werden, in der immer wieder um noch passendere theoretische Konzepte zur Erfassung der Strukturen und des Wandels von Geschlechterverhältnissen gerungen wird.

Im Sinne der fortschreitenden Differenzierung der Betrachtungsweise von Frauen, aber auch von Männern, enthält dieser Band vier Kapitel, die der Entwicklung der Frauen- und Geschlechterforschung in der Bundesrepublik folgen. Der Bogen spannt sich von Ansätzen, die die grundsätzliche Unterprivilegierung von Frauen gegenüber Männern als Geschlechterhierarchie deutlich machen, über die Herausstellung wichtiger Differenzen von Frauen gegenüber Männern bis hin zu aktuellen Differenzierungen in der Erforschung von Geschlechterunterschieden in gesellschaftsstruktureller sowie interaktions- bzw. diskursbezogener Perspektive. Die einleitenden Bemerkungen vor den Textauszügen in jedem Kapitel beleuchten das Literatur-Umfeld der ausgewählten Texte und weisen auf weitere Publikationen der Autorinnen und Autoren neben diesen Texten hin. Angesichts der notwendigerweise begrenzten Auswahl von Originaltexten ist diese Einbettung jeweils durch die einleitenden Bemerkungen mit zusätzlichen Literaturhinweisen wichtig. Auf diese Weise soll den Lesenden neben der Auseinandersetzung mit diesen Originaltexten der selbständige Einstieg in eine weitere Beschäftigung mit den Themen erleichtert werden.

Auch die Textauszüge selbst sind mit Literaturhinweisen ausgestattet, so weit die Originaltexte solche Hinweise enthalten. Die Auswahl der Textpassagen sowie auch der Literaturhinweise erfolgte unter dem Gesichtspunkt, einerseits Hauptargumentationslinien zu dokumentieren, andererseits aber auch auf die Lektüre der Originale neugierig zu machen. Denn ein Lehrbuch mit Textauszügen kann nur ein Einstieg und keinesfalls ein Ersatz für die Beschäftigung mit den Ursprungstexten in ihrer vollen Länge und Differenziertheit sowie mit allen dort präsentierten Literaturbezügen sein. Streichungen im Text sowie gestrichene Fußnoten sind mit drei Pünktchen in Klammern: (...), Streichungen von nur einem Wort bzw. einer Zahl sind mit zwei Pünktchen in Klammern: (..) gekennzeichnet. Die Zitierweisen in den übernommenen Texten wurden vereinheitlicht, die Orthographie der Texte sowie die Hervorhebungen im Original jedoch beibehalten. Die Zahlen in eckigen Klammern nach den ausgewählten Textpassagen sind Seitenverweise auf den jeweiligen Originaltext, um die Beziehung zwischen Auszug und Original möglichst nachvollziehbar zu gestalten. Die Literaturquellen zu den übernommenen Texten wurden ebenfalls in vereinheitlichter Schreibweise übernommen und so in das Gesamt-Literaturverzeichnis integriert. So sollen Doppelnennungen von Publikationen vermieden werden, vor allem aber steht ein Überblick über die einschlägige Literatur für Einsteigerinnen und Einsteiger zur Verfügung.

Alle von der Herausgeberin gekürzten Texte wurden den Autorinnen und Autoren vorgelegt und – teils mit kleinen Änderungen – in der Regel auch autorisiert. In zwei Fällen werden in Übereinstimmung mit den Autorinnen die Textauszüge aus den Beiträgen jeweils als von der Herausgeberin ausgewählte Zitate gekennzeichnet. Auf dieses von den übrigen Texten abweichende Vorgehen wird bei den beiden Texten in Fußnoten jeweils hingewiesen. Beide Arten der Präsentation von gekürzten Originaltexten dienen dem Ziel dieser Einführung, dokumentierend auf „Meilensteine" in der Entwicklung von Theorie-Ansätzen in der Frauen- und Geschlechterforschung in der Bundesrepublik Deutschland hinzuweisen.

Im ersten Kapitel wird ein Überblick zur Entwicklung der feministischen Frauen- und Geschlechterforschung seit den 1970er Jahren gegeben. Drei Originaltexte von wichtigen Vertreterinnen, Ute Gerhard, Sigrid Metz-Göckel und ein von Regina Becker-Schmidt und Gudrun-Axeli Knapp gemeinsam verfasster Text, werden als Anschauung zu dieser Entwicklung der Theoriediskussionen präsentiert.

Das zweite Kapitel stellt erste wichtige Entwürfe zur Zweigeschlechtlichkeit und Benachteiligung von Frauen in unserer Gesellschaft vor. Stellvertretend für andere sind hier zwei Beiträge ausgewählt: Karin Hausen belegt die Entstehung der heutigen Geschlechterhierarchie zwischen Männern und Frauen historisch; Maria Mies brandmarkt die grundsätzliche, weltweite Unterprivilegierung von Frauen.

Das dritte Kapitel enthält – als kennzeichnend für die nachfolgende, differenztheoretische Phase der Theoriediskussion, in der es um besondere Charakteristika von Frauen gegenüber Männern ging – je einen Beitrag zur weiblichen Moral von Gertrud Nunner-Winkler und zum weiblichen Arbeitsvermögen von Elisabeth Beck-Gernsheim.

Werden im zweiten und dritten Kapitel Positionen vorgestellt, auf die sich die heutige Theoriediskussion zwar immer noch bezieht, die aber inzwischen teilweise auch heftig kritisiert worden sind, so werden in dem umfangreichsten, vierten Kapitel die Positionen präsentiert, die noch heute als aktuell gelten. Dabei sind einige dieser Veröffentlichungen nicht jünger als einige der inzwischen kritisierten Schriften aus den vorigen Kapiteln. Diese Positionen erweisen sich nur insofern als differenzierter, als sie noch immer als anschlussfähig für heutige Diskussionen gelten und in ihnen einen hohen Stellenwert haben.

Das vierte Kapitel also stellt aktuelle Konzeptionen in gesamtgesellschaftlicher und auf Individuen bezogener Perspektive vor:

Dabei sind für die erstere, gesellschaftsstrukturelle Perspektive Texte von Regina Becker-Schmidt, Gudrun-Axeli Knapp und Lothar Böhnisch ausgewählt, weil sie – mehr oder weniger direkt – der erwähnten gesellschaftskritischen Theorietradition der Frankfurter Schule verpflichtet sind. Letztlich im Sinne dieser Theorietradition wird bei allen dreien die Verknüpfung zwischen Gesellschaftsstrukturen und individuellen Handlungsmöglichkeiten in ihrer Auswirkung auf Unterschiede nach Geschlecht deutlich. Helga Krüger beleuchtet mit ihrem Ansatz bei geschlechtsbezogenen Territorien in ähnlicher Weise eine Verknüpfung zwischen Gesellschaftsstrukturen und individuellen Handlungsmöglichkeiten. Der Beitrag von Beate Krais in diesem Kapitel knüpft dagegen an Konzeptionen zu Gesellschaftsstruktur und Handlungsmöglichkeiten von Akteurinnen und Akteuren bei Pierre Bourdieu an, um deren Tragfähigkeit zur Analyse von Unterschieden nach Geschlecht aufzuzeigen. Gesellschaftsvergleichend ist der Bei-

# Einleitung 15

trag von Ilse Lenz in diesem Kapitel angelegt: Auf diese Weise kann die in unserer Gesellschaft als selbstverständlich vorausgesetzte hierarchische Beziehung zwischen den Geschlechtern als nicht unbedingt weltweit verbreitet und damit als nicht prinzipiell grundlegend für Geschlechterverhältnisse mit ihren Benachteiligungen von Frauen gelten. In anderer Weise kritisch gegenüber der in westlichen, kapitalistischen Gesellschaften festgestellten und als grundlegend angesehenen Geschlechterhierarchie sind die Beiträge von Irene Dölling und Hildegard Maria Nickel. Sie weisen auf die Auswirkungen der Gesellschaftsstrukturen der ehemaligen DDR auf heutige Geschlechterverhältnisse in den neuen Bundesländern hin, die ihrer Ansicht nach gründlicherer Erforschung bedürften.

Damit werden unter den aktuellen Konzeptionen zwei mit gesamtgesellschaftlichen Analysen verbundene Theorie-Ansätze und zwei Ansätze zu Gesellschaftsvergleichen als besonders wichtig vorgestellt.

Für die letztere, auf Individuen bezogene Perspektive unter den aktuellen Konzeptionen sind hier zunächst Texte von Carol Hagemann-White sowie von Regine Gildemeister und Angelika Wetterer, aber auch Andrea Maihofer sowie Michael Meuser zusammengestellt. Sie repräsentieren unterschiedliche Positionen, die in ethomethodologischen, interaktionistischen sowie wissenssoziologischen Traditionen stehen und prinzipiell an der „Konstruktion von Geschlecht" interessiert sind. Dieses Interesse gilt in anderer Weise auch für den diskursanalytischen Ansatz von Andrea Bührmann. Bettina Dausien vertritt daneben – letztlich ebenso interaktionsbezogen – einen biographischen Ansatz.

Damit werden unter den aktuellen Konzeptionen, die auf individuelle Handlungsmöglichkeiten bezogen sind, verschiedene Sichtweisen auf die „Konstruktion von Zweigeschlechtlichkeit" im Sinne des „doing gender" sowie je ein diskursanalytischer und ein biographischer Ansatz präsentiert.

Ein Ausblick am Schluss enthält einige Anmerkungen zum Stand der Theorie-Diskussionen sowie Hinweise auf mögliche Verwendungszusammenhänge dieses Einführungsbuchs in der Lehre an Hochschulen.

# 1 Zur Entwicklung der Diskussion um Feminismus und Frauen- bzw. Geschlechterforschung

*Ulrike Vogel*

**Einleitende Hinweise**

Dieses Kapitel soll einen Überblick über die Entwicklung der Frauen- und Geschlechterforschung in der Bundesrepublik mit ihren „Meilensteinen" geben. Zu Beginn wird auf die Bedeutung von Feminismus und neuer Frauenbewegung der 1960er/1970er Jahre für diese feministische Frauen- bzw. Geschlechterforschung eingegangen. Danach wird die weitere Diskussion um theoretische Ansätze skizziert und nebenbei auch auf die Methodendiskussion und sowie auf Forschungsthemen hingewiesen, um den Zusammenhang von theoretischem Entwurf, Forschungsmethoden und empirischen Befunden zu verdeutlichen.

Der Beginn der Frauen- und Geschlechterforschung in der Bundesrepublik ist nicht denkbar ohne die Frauenbewegung der 1960er/1970er Jahre. Diese Forschung war – wie die Frauenbewegung – dem Feminismus als Gesellschaftskritik im Sinne der Gleichberechtigung und Selbstverwirklichung von Frauen verpflichtet (vgl. Metz-Göckel 2003: 170). Feministische Politik zeigte sich zunächst in öffentlichkeitswirksamen Aktionen, aber zunehmend auch in einer Vielzahl von Projekten und Publikationen. Während der Feminismus in der Frauenbewegung seit Ende der 1980er Jahre an Schwung zu verlieren schien, bewirkte er die Entwicklung einer feministischen Wissenschaft, der gesellschaftskritischen Frauenforschung. Wichtig war zunächst neben sozialhistorischen Untersuchungen zur Entstehung der modernen Geschlechterhierarchie in Beruf und Familie (vgl. Hausen 1976 in diesem Band) vor allem Kritik an der grundsätzlichen patriarchalen Abhängigkeit von Hausarbeit als Subsistenzarbeit (vgl. Mies 2001 in diesem Band; vgl. Kontos/Walser 1979). Ebenso wichtig waren Überlegungen zur geschlechtsspezifischen Sozialisation (vgl. Bilden 1980/1991) sowie zu besonderen Fähigkeiten von Frauen aus differenztheoretischer Sicht (vgl. Nunner-Winkler 1995 sowie Beck-Gernsheim 1979 in diesem Band). Noch heute von Relevanz sind die Diskussionen um Geschlecht als soziale Strukturkategorie und/oder soziale Konstruktion, d.h. theoretische Ansätze, die in diesem Band unter gesellschaftsstruktureller und unter auf Individuen bezogener Perspektive jeweils vorgestellt werden.

Häufig wird die Entwicklung der Frauen- und Geschlechterforschung gesehen als ein Weg von der Frauenforschung als Erforschung der besonderen Lage von Frauen hin zur Geschlechterforschung als Erforschung des hierarchischen Geschlechterverhältnisses mit der nachgeordneten Position von Frauen. Stellt Geschlecht in dieser Sicht eine wichtige gesellschaftliche Strukturkategorie dar (vgl. Becker-Schmidt 1990 in diesem Band), so hat sich daneben eine umfangreiche Diskussion zu Geschlecht als soziale Konstruktion durch Individuen (vgl. Gildemeister/Wetterer 1992 in diesem Band) entwickelt. Diese Konstruktion von Geschlecht kann entweder stärker in Interaktionsprozessen (vgl. Gildemeister 2001 in diesem Band), teils auch unter Berücksichtigung von Diskursen (vgl. Maihofer 2004a in diesem Band), oder vor allem in normativen bzw. literarischen Diskursen (vgl. Bührmann 1995 in diesem Band) gesehen werden. Diese verschiedenen Ansätze zur Frauen- und Geschlechterforschung mit eher gesellschaftsstruktureller oder eher auf Interaktionen bzw. Diskurse ausgerichteten Perspektiven bestehen nebeneinander, sind aber durch den wissenschaftlichen Diskurs immer aufeinander verwiesen: Eher gesellschaftsstrukturelle Perspektiven werden auf die Handlungsspielräume von Individuen bezogen, und eher auf Interaktionen bzw. Diskurse bezogene Perspektiven auch auf gesamtgesellschaftliche Hintergründe.

Daneben hat sich eine Männerforschung entwickelt, die, wie zunächst die Frauenforschung, in der Betroffenheit durch spezifische soziale Zwänge – für Männer insgesamt und vor allem unter Männern – entstand. So betont Meuser (2004) vier wesentliche Dimensionen zur Erforschung der Reproduktionsbedingungen von Männlichkeit: Homosoziale Männergemeinschaften mit ihren Merkmalen Wettbewerb und Solidarität, ihrer „Funktion für die Reproduktion hegemonialer Männlichkeit, Abhängigkeit männlicher Dominanz von weiblicher Anerkennung, Bedingungen und Formen des Wandels von Männlichkeitskonstrukten" (Meuser 2004: 31). In der Männerforschung viel diskutiert ist das Konzept der hegemonialen Männlichkeit (vgl. Connell 1998), die für die wenigen Männer gilt, die in Machtpositionen dem Leitbild des Mannes als Herrscher und Eroberer gegenüber Frauen, aber auch gegenüber unterlegenen Männern entsprechen. Inzwischen ist die Männerforschung insofern ebenso zu einer Geschlechterforschung geworden, als aus männlicher Sicht Geschlecht eher als gesellschaftliche Strukturkategorie (vgl. Böhnisch 2000 in diesem Band), aber auch eher als soziale Konstruktion unter Akteuren (vgl. Meuser 2006 in diesem Band) gesehen wird. Frauenforschung und Männerforschung haben sich im Sinne einer Geschlechterforschung also soweit theoretisch und methodisch in dieselbe Rich-

# 1 Zur Entwicklung der Diskussion um Feminismus

tung entwickelt, dass sie heute in gemeinsamen wissenschaftlichen Diskursen miteinander stehen.

Komplexer werden beide Forschungsbereiche in ihren gesellschaftsstrukturellen und auf Akteure bezogenen Perspektiven dadurch, dass inzwischen vielfältige Unterschiede unter Frauen und Männern vor allem nach Klasse, Ethnizität, Hautfarbe aber auch Alter sowie sexueller Orientierung entdeckt wurden. Insofern wird es immer schwieriger, von den Frauen bzw. den Männern als Kollektiv-Subjekten zu sprechen. Insbesondere aber könnte die Beziehung zum ursprünglichen, feministischen, bzw. heute für beide Geschlechter emanzipatorischen, Anliegen der Frauen- und Geschlechterforschung verloren gehen.

Wenn Andrea Maihofer (2004b) die Entwicklung von der Frauen- zur Geschlechterforschung als eine zunehmende Radikalisierung der Frage nach Geschlecht skizziert, scheint sich der Bezug zum Feminismus in der Tat eher zu verlieren. Maihofer sieht einen Trend „zu einer gleichrangigen Betrachtung beider Geschlechter" (Maihofer 2004b: 20), vor allem aber zu einer Betrachtung von Geschlecht als soziale Konstruktion, d.h. nicht mehr als „Strukturkategorie" sondern als „Prozesskategorie" (Maihofer 2004b: 21), die auch die Konstruktion von geschlechtlichen „weiblichen" bzw. „männlichen" Körpern sowie sexuellen Orientierungen umfasst (vgl. Maihofer 2004b: 23).

> *„Alle* Aspekte von Gesellschaft (soziale Situationen, gesellschaftliche Strukturen, Institutionen, Architektur, Wissensformen, Subjektivität, Körper) kommen nun als mögliche Momente der gesellschaftlichen Konstruktion und Organisation von Geschlecht in den Blick ... Erst hiermit beginnt für mich die *Geschlechterforschung* im eigentlichen Sinne ... Lag vorher der Fokus vor allem auf „Frauen", „Männern" oder deren „Verhältnis", geht es jetzt – gleichsam einen Schritt davor – um eine *grundlegende Infragestellung von Geschlecht*: warum überhaupt Geschlecht? Wie wird es immer wieder gesellschaftlich-kulturell hergestellt? Und was bedeutet es, dass sich viele Gesellschaften zentral über Geschlecht – und das heißt derzeit, über das System der heterosexuellen Zweigeschlechtlichkeit – organisieren? Welche Folgen hat das für die gesellschaftliche Organisation, die Sprache, die Architektur, die Wissenschaft, das Denken, die Körper und nicht zuletzt für die Individuen?" (Maihofer 2004b: 25f.).

Die Grundfrage nach Privilegierung und Unterprivilegierung, die für die Frauen und Geschlechterforschung im wesentlichen über die Frauenbewegung der 1960/ 1970er Jahre initiiert wurde, wird in diesem Zusammenhang nicht ausdrücklich gestellt.

Wenn Gudrun-Axeli Knapp und Angelika Wetterer die Frauen- und Geschlechterforschung im Zusammenhang feministischer Theorie „in der widerständigen und kreativen Aneignung bzw. Verknüpfung von Traditionen und im

Zuspitzen von Fragen aufgrund eines politisch inspirierten Erkenntnisinteresses" (Knapp/Wetterer 1992: 11) sehen, könnte man hier im Lichte der Überlegungen von Maihofer ein Denken in überholten Fronten sehen. Dennoch fordert auch Maihofer:

> „Die Notwendigkeit einer Kombination von Geschlechterforschung und Gesellschaftstheorie, in der die Gesellschaft in ihrer konstitutiven Verwobenheit mit einer historisch spezifischen Geschlechterordnung gesehen wird und vice versa, zeichnet sich immer klarer als nächster wichtiger Forschungsschritt für die Geschlechterforschung ab" (Maihofer 2004b: 26).

In diesem Rahmen kann die Frage nach sozialer Ungleichheit unmittelbar eingebracht werden.

Einen etwas deutlicheren Zusammenhang zu Fragen der Privilegierung bzw. Unterprivilegierung zeigt Meuser (2004) in einer ebenso aktuellen Publikation auf, wenn er angesichts der Vielfalt von Männlichkeiten und Weiblichkeiten z.B. nach Milieu und Ethnizität „das Gemeinsame der Geschlechtslage" für wichtig hält, auch wenn andere Merkmale von Ungleichheit „Gemeinsamkeiten der Geschlechterdifferenz" (Meuser 2004: 38) gelegentlich überlagern.

Solange wir nach wie vor in einer „Kultur der Zweigeschlechtlichkeit" (vgl. Hagemann-White 1984) leben, die in der Regel Frauen – aber in anderer Weise ebenfalls Männer – benachteiligt, ist auch nach der prägnanten Analyse einer fortlaufenden Differenzierung der Frauen- und Geschlechterforschung von Andrea Maihofer (2004b) die Anknüpfung an gesellschaftskritische Traditionen in den Sozialwissenschaften, die unterschiedliche Unterprivilegierungen nach Geschlecht gerade auch in der Verquickung mit anderen Lebensbedingungen erlaubt, angebracht. Wichtige Theorie-Traditionen sind hier, wie erwähnt, die Kritische Theorie der Frankfurter Schule sodann Ethnomethodologie, symbolischer Interaktionismus und Wissenssoziologie, aber auch Diskursanalysen sowie die Biographieforschung, in ihren Auswirkungen z.B. auf Untersuchungen zur sozialen Konstruktion der Zweigeschlechtlichkeit und zur Dekonstruktion der Geschlechterdifferenz. „Feministisches Denken" analysiert Ungleichheiten nach Geschlecht vor dem Hintergrund seiner „Herkunft aus der Tradition der Aufklärung mit ihren Versprechen auf Emanzipation und Humanität" (Knapp 1998b: 67). Dies gilt ebenso für die Analyse von „Achsen der Differenz" (Knapp/ Wetterer 2003: 8), d.h. unter Berücksichtigung weiterer Merkmale von Menschen in Ungleichheitslagen.

In diesem gesellschaftskritischen Sinne kann auch der Dialog mit der jüngeren Männerforschung geführt werden (vgl. Janshen 2000: 11-21; vgl. Böhnisch 2000 und Meuser 2006 in diesem Band). So hofft Doris Janshen „dass die *uni-*

# 1 Zur Entwicklung der Diskussion um Feminismus

*versitas* der nächsten 800 Jahre Frauen und Männer zusammenführt: intellektuell, sozial und praktisch" (Janshen 1999: 21).

Theoretische Entwürfe für die feministische Frauen- und Geschlechterforschung bringen auch entsprechende Ansichten zu Forschungsmethoden mit sich. So vertrat, stellvertretend für die erste, spektakuläre Phase der Frauenbewegung und die entsprechende feministische Grundsatzkritik an der Unterprivilegierung von Frauen, Maria Mies 1978 unter dem Titel „Methodische Postulate zur Frauenforschung" eine Forschung im Dienste befreiender Aktionen der Frauenbewegung, verbunden mit einem beidseitigen Bewusstwerdungsprozess für Forschende und Erforschte (vgl. Mies 1994). Für diese Aktionsforschung kamen bevorzugt qualitative Methoden in Frage, d.h. z.B. mündliche, möglichst wenig vorstrukturierte Befragungen, teilnehmende Beobachtung, Gruppengespräche, Dokumentenanalysen. Erst im Laufe weiterer Diskussionen um Forschungsmethoden in der Frauen- und Geschlechterforschung wurde deutlich, dass alle vorhandenen Methoden, auch die strikt quantitativen, für eine feministische Forschung eingesetzt werden können (vgl. Müller 1994). Als besonders geeignet für Frauen- und Geschlechterforschung wird dabei die biographische Methode angesehen, die biographische Selbstdarstellungen als „Konstruktionen" aus der Vermittlung gesellschaftlicher Strukturen und individueller Handlungsmöglichkeiten betrachtet (vgl. Dausien 1994). Die Diskussion um Methoden in der Frauen- und Geschlechterforschung muss insofern als unabgeschlossen gelten, als es immer wieder darum gehen wird, bei der Erforschung differenzierter Ungleichheiten unter und zwischen den Geschlechtern, verbunden mit den anderen genannten Merkmalen sozialer Ungleichheit, adäquate Methoden zu deren Erfassung zu entwickeln. Dies gilt insbesondere, wenn Feminismus heute gesehen wird als: „Die Einsicht in die strukturelle, herrschaftsförmige, historisch gewordene Ungleichheit und Ungleichwertigkeit der Geschlechter im Zusammenhang mit anderen (Ungleichheits-) Strukturen sowie der Anspruch, anhand verschiedener Praxen diese Strukturen zu überwinden" (Villa 2003: 266).

Die nun folgenden drei Originaltexte können als exemplarisch für die feministische Fundierung der Theoriediskussion (vgl. Gerhard 1999), für deren weitere Entwicklung (vgl. Metz-Göckel 2000) und für ein aktuelles Begriffsinstrumentarium dieser Diskussion (vgl. Becker-Schmidt/Knapp 1995) angesehen werden.

Ute Gerhard (1999): Frausein und Feminismus: Über die Möglichkeiten politischen Handelns von Frauen. In Scarbarth, Horst/Schlottau, Heike/ Straub, Veronika/Waldmann, Klaus (Hg.): Geschlechter. Zur Kritik und Neubestimmung geschlechterbezogener Sozialisation und Bildung. Opladen: Verlag Leske + Budrich: 87-100 – Auszüge

(...)

*1. Zum Begriff Feminismus*

Im Kürzel lexikalischer Definition ist die Frauenbewegung die Zusammenfassung aller Bestrebungen, den Frauen in allen Lebensbereichen, in Staat, Gesellschaft und Kultur, gleichen gesellschaftlichen Einfluss und eine dem Manne gleichberechtigte Stellung zu verschaffen. (...) Die Frauenbewegung war Rechts- und Kulturbewegung und kämpfte von Anbeginn, wenn auch oft untereinander in der Schwerpunktsetzung nicht einig, sowohl für Rechtsgleichheit wie für die Anerkennung gerade der Differenz der Geschlechter. [87] (...)

*2. Die Frauenbewegung als Motor sozialen Wandels [88]*

(...)
Die alte wie auch die neue Frauenbewegung sind bisher in ihrer Bedeutung als „Produkt und Produzent sozialen Wandels" (Raschke 1985: 11) gerade im Vergleich zu anderen sozialen Bewegungen immer wieder unterschätzt oder allenfalls am Rande behandelt worden. (...)
Dabei belegen die Quellen des 19. Jahrhunderts, dass sich die Zeitgenossen durchaus der Bedrohung bewusst waren, die die emanzipatorischen Bestrebungen von Frauen für die bürgerliche Gesellschaftsordnung bedeutete. Nicht von ungefähr wurde die Frauenfrage als gesellschaftliche Krise thematisiert und wegen der Gefahren für die bürgerliche Ordnung der Familie als „verrufene Emanzipation" abgewehrt und bekämpft (vgl. Riehl 1854). [89] (...)
Die Ausschlussmechanismen sowohl in der Politik wie im wissenschaftlichen Diskurs sind heute subtiler, schon als Folge jenes sozialen Wandels, den die Frauenbewegung angestoßen hat; auf der Basis eines anderen Rechts, aber auch veränderter gesellschaftlicher und kultureller Bedingungen und vielfältiger Veränderungen und Verunsicherungen gerade auch im Geschlechterverhältnis. Die Beurteilungen der Frauenbewegung schwanken daher zwischen Idealisierung und Denunziation, zwischen Über- und Unterschätzung oder zwischen Nichtbeachtung und Vereinnahmung. (...)

# 1 Zur Entwicklung der Diskussion um Feminismus

Das die unterschiedlichen Zielsetzungen der neuen Frauenbewegung bündelnde Motto „Das Private ist politisch" bezeichnet somit immer noch die Spitze der Herausforderung, mit der die neue Frauenbewegung die herkömmlichen Formen des Politischen als Verkehrsform öffentlicher Angelegenheiten in Frage gestellt und zu beeinflussen versucht hat. Die Umkehrung der Prioritäten oder auch nur die Neudefinition des Politischen rührt an die Grundfesten der bürgerlichen Gesellschaft und der bestehenden politischen Ordnung, die auf einem Gesellschaftsvertrag mit doppeltem Boden beruht: dem Staatsvertrag zwischen den – historisch und idealtypisch gesehen – männlichen Bürgern als Staatsbürgern und dem privaten Ehevertrag ((...) vgl. Gerhard 1990a: 30f.), der in diesem Modell von bürgerlicher Gesellschaft an die Stelle des Gesellschaftsvertrages tritt und ihn zugleich privat absichert. Die Privatsphäre als der vom Politischen ausgegrenzte Raum, bewahrt und verwahrt die Frau in der Familie, bzw. in ihrer weiblichen Rolle mit der entsprechenden, für das Gesellschaftssystem funktionalen Arbeitsteilung, faktisch auch über die formale Gleichstellung hinaus.

Alle politischen Aktionen, Thematisierungen und Skandale der Feministinnen zielten auf diesen Angelpunkt der Frauenbefreiung, auf die Verschiebung der geschlechtsspezifisch gezogenen Grenzen zwischen Privatheit und dem nur Männern zugestandenen Bereich der Öffentlichkeit: der Kampf um Zugang zu Bildung und Erwerb, ums Stimmrecht und politische Partizipation sowie gegen eine ‚doppelte', nach Geschlechtern getrennte Moral und Justiz im 19. Jahrhundert. Auch die Kampagnen der neuen Frauenbewegung stellten die hierarchische ‚Ordnung' im Geschlechterverhältnis, vor allem aber die Form der Herrschaftssicherung im Privaten in Frage: die Debatte um Hausarbeit, in der die geschlechtsspezifische Arbeitsteilung als wichtigster Anlass für soziale Benachteiligung zur Sprache kam; der Protest gegen die Kontrolle weiblicher Sexualität und Gebärfähigkeit, beispielhaft und symbolisch umkämpft in der Auseinandersetzung um § 218 StGB; schließlich die Aufdeckung der Gewalt/Vergewaltigung in der Ehe und in den privaten Beziehungen. [90f.] (...)

## 3. Die „langen Wellen" der Frauenbewegung [91]

(...)
Die Perspektive auf die verschiedenen Phasen der Frauenbewegung in „langen Wellen" und der internationale und historische Vergleich schärfen den Blick für die Problematik der Organisierung und Durchsetzung von Fraueninteressen, eröffnen auch neue politische Fragestellungen. So wäre nicht nur danach zu fragen, woran die Frauenbewegung immer wieder scheitert, als vielmehr zu bedenken, welche besonderen Ausgangsbedingungen, Widersprüche und günstigen Voraussetzungen zusammenkommen müssen, um Frauen aus überaus disparaten

Lebenslagen über soziale, politische und ethnische Unterschiede hinweg, unter der Gemeinsamkeit Geschlecht zu mobilisieren, zumal sie aufgrund unterschiedlicher sozialer Lebenslagen auch von patriarchaler Herrschaft profitieren bzw. sich als Mittäterinnen arrangieren oder der Unterdrückung fügen können. Gerade weil Frauen keine Minderheit oder in gemeinsamer Lebenslage zusammengewachsene Gruppe sind, vielmehr mit denen, gegen die sie sich wehren und aufbegehren, eng, alltäglich, abhängig und intim oder auch ‚Schulter an Schulter' zusammenleben, ist ihr Zusammenschluss auf der Basis gleicher Erfahrungen eher bemerkenswert als selbstverständlich (vgl. Buechler 1990: 9ff.).

*4. Die Anliegen und Streitpunkte der Frauenbewegung*

(...) Der Vergleich zwischen alter und neuer Frauenbewegung, oder erster und zweiter „Welle", lässt (..) die unerledigten Anliegen, die Gemeinsamkeiten, aber auch die Differenzen deutlicher werden. (...) Nicht zufällig entsprechen diesen Streitpunkten auch Konzepte, mit denen sich die aus der Frauenbewegung hervorgegangene Frauenforschung am meisten beschäftigt hat.

4.1 Rechtsgleichheit und Autonomie

Der Ausgangspunkt aller neuzeitlichen Frauenbewegungen und der Emanzipation aus traditionellen Bindungen seit der Französischen Revolution war die Forderung nach gleichen Rechten, die Inanspruchnahme der Menschenrechte auch für Frauen. (...)

Der Kampf um Rechte hatte viele Facetten, berührte alle Lebensbereiche und traf auf unerbittliche Widerstände. Vorrangige Ziele waren das Recht auf Bildung, Ausbildung und Erwerb, auf Zugang zu öffentlichen Ämtern (z.B. in der Wohlfahrtspflege), qualifizierten Berufen und Universitäten. Diese Teilhaberechte waren insbesondere für den bürgerlichen Flügel der Frauenbewegung existentiell, während für die Proletarierinnen, deren Recht auf Arbeit aus Not kaum in Frage stand, der Schutz vor unmenschlichen Arbeitsbedingungen, soziale Rechte als Kompensation für die sozialen Probleme Priorität hatten. (...) Es ging also nicht ‚nur' um Gleichberechtigung im Sinne einer gerechteren Verteilung der Güter und Lebenschancen (...), sondern vor allem um Befreiung aus persönlicher Abhängigkeit, um Selbstbestimmung in jeder, in politischer und privater Hinsicht. (...)

Charakteristisch speziell für die neue Frauenbewegung in der BRD (...) ist die Tatsache, das nicht der Kampf um gleiche Rechte, Gleichberechtigung, sondern *Selbstbestimmung* oder *Autonomie* die ersten politischen Zielbestimmungen des Aufbruchs zu einer neuen Frauenbewegung waren. Autonomie meinte dabei

# 1 Zur Entwicklung der Diskussion um Feminismus

ein Doppeltes: Individuelle Selbstbestimmung und institutionelle Unabhängigkeit von den bisherigen Formen und Institutionen des Politischen. D.h. sie bedeutete individuell Befreiung aus männlicher Bevormundung und aus ökonomischer Abhängigkeit sowie politisch Selbstorganisation, Separation und Ausschluss von Männern aus der neuen Frauenöffentlichkeit. Das anfängliche Desinteresse der neuen Frauenbewegung an Rechtsfragen entsprach ihrer Total-Opposition gegen Recht, Staat und traditionelle Frauenpolitik. (...) Dabei hatten sich die Frauen nach 1949 auf eine prinzipiell bessere Ausgangsposition, die in der Verfassung verankerte Zusicherung der Rechtsgleichheit, stützen können, die jedoch weder ‚vor dem Gesetz' noch rechtstatsächlich eingelöst war, sondern von der ungleichen Wirklichkeit alltäglich konterkariert wurde. Aufgrund so vielfältiger enttäuschenden Erfahrungen war die Kritik an der Nur-Gleichberechtigung daher nur zu berechtigt und zeigte: Solange die Definitionsmacht in der Zuständigkeit der Nutznießer der Ungleichheit und Gegner der Gleichberechtigung liegt, ist der Weg der Rechtsreform versperrt und damit die Legitimität des geltenden Rechts überhaupt problematisch geworden. Diese Erkenntnis sowie die ansteckende Verständigung über frauenspezifische Unrechtserfahrungen wurde durch die Selbstbezichtigungskampagne gegen den § 218 beispielhaft verdeutlicht, die daher, wenn auch nicht ausschließlich, als Rechtsbewegung zu kennzeichnen ist. [91-94]

4.2 Arbeit

Die deutlichsten Veränderungen im Leben der Frauen seit dem 19. Jahrhundert scheinen sich allein äußerlich in den Arbeitsverhältnissen abzuzeichnen. Arbeit, die Verteilung der Arbeit und ihre gesellschaftliche Anerkennung bzw. Wertigkeit und Entlohnung in Geld sind in einer „Arbeitsgesellschaft", deren gesellschaftlicher Reichtum auf eben dieser Arbeit beruht, Schlüssel für gesellschaftliche Differenzierungen und Machtverhältnisse. Die Veränderungen der Frauenarbeit, die Trennung von Haushalt und Betrieb und die Frauenarbeit in den Fabriken samt ihrer verheerenden Folgen waren auch für die Frauenbewegungen im 19. Jahrhundert die einschneidendsten und deutlichsten Kennzeichen der industriellen Revolution, die Bewusstsein und Verhältnisse prägte und die Frauenfrage auch als Brotfrage und soziale Frage von großer Tragweite auf die Tagesordnung setzte. (...) Doch die geschlechtsspezifische Arbeitsteilung als solche stand bis zum Ende der ersten Frauenbewegung praktisch nicht zur Debatte. Die Vereinbarkeit von Mutterschaft und Beruf schien, solange es für die Bürgerlichen Dienstboten gab, ein klassenspezifisches Problem zu sein. Aus der Sicht der bürgerlichen Frauenbewegung war die Frauenerwerbstätigkeit der Proletarierinnen daher ein gesellschaftliches Übel, das möglichst zu vermeiden war, denn Mutterschaft hatte in jedem Fall Vorrang (...). (...)

Heute, nachdem Mutterschaft mit den Mitteln zur Empfängnisverhütung nicht mehr unbedingt Schicksal, sondern mögliche Entscheidung ist, nachdem aber auch die „arbeitsgesellschaftliche Utopie" an die ‚Grenzen des Wachstums' gestoßen ist, ist die geschlechtsspezifische und -hierarchische Arbeitsteilung als die entscheidende Ursache weltweiter Benachteiligung und Ausbeutung von Frauen in der Frauenbewegung und der von ihr angestoßenen Frauenforschung zu einem Drehpunkt der Debatten und Analysen geworden. (...) Hausarbeit, private Alltagsarbeit, ‚Beziehungsarbeit' wurden als die unbezahlte, unsichtbare und zugleich unentbehrliche Grundlage der Erwerbsarbeit und gesellschaftlicher Reproduktion überhaupt diskutiert, wissenschaftlich belegt und analysiert, ohne doch an der Arbeits- und damit auch Machtverteilung zwischen den Geschlechtern bisher viel zu ändern. (...) Selbst die inzwischen wesentlich erweiterten Ressourcen der Frauen, höhere Qualifikationen, eindeutigere Erwerbsorientierungen, Geburtenrückgang und veränderte Lebensstile, haben die über die Arbeitsteilung befestigten Herrschaftsverhältnisse in ihrem Kern nicht berührt. Gleichzeitig haben Frauen inzwischen aus individuellen und historischen Erfahrungen gelernt, dass der Weg zur Emanzipation der Frau ganz und gar nicht allein über ihre Integration in den Arbeitsmarkt führt. [94f.]

4.3 Gewalt

(...)
Unter dem anscheinend altmodischen Begriff „Sittlichkeitsfragen" verbirgt sich schon in der Frauenbewegung der Jahrhundertwende ein ganzes Spektrum moderner Frauenfragen und explizit feministischer Anliegen, die die Unterdrückung der Frau als Geschlechtswesen, die spezifisch patriarchalische Form der Verquickung von Liebe und Gewalt im Geschlechterverhältnis, in den Geschlechtsbeziehungen betreffen. Der Aufruhr und das Aufsehen waren beträchtlich, auch wenn anscheinend eine nur kleine Gruppe von Radikalen die Fragen der Sexualpolitik und Sexualreform ins Zentrum des Kampfes um Frauenbefreiung rückten, eine „neue Ethik" und die Umkehrung der Werte forderte. Den Ausgangspunkt bildete der Kampf gegen die staatlich konzessionierte Prostitution, der weltweit zur Mobilisierung für ihre Abschaffung, der abolitionistischen Bewegung führte. Doch es ging ebenfalls bereits um bis heute nicht erledigte Forderungen: um die Abschaffung des § 218 (...), um Eheboykott und die Kritik des Eherechts, um Urteilsschelte bei üblichen Freisprüchen in Vergewaltigungsprozessen, die zu breiter Mobilisierung und Propaganda führte, um die Gleichberechtigung nichtehelicher Kinder und die Anerkennung alternativer Lebensformen (vgl. Gerhard

1990b: 243ff.); alles in allem, um Selbstbestimmung gerade auch in der Liebe als wesentliche Voraussetzung für die Anerkennung der Frau als Gleiche und die Achtung ihrer Würde.

Die Frage drängt sich auf, warum dies alles nur eine Generation später völlig vergessen war, warum auch nach der Zeit nationalsozialistischer Herrschaft, nach den Katastrophen zweier Weltkriege im Hinblick auf Ehe und Sexualität eine restaurative Sexualmoral die Frauen erneut in ihre Geschlechtsrolle zwängen konnte mit allen negativen, materiellen und praktischen Konsequenzen. Die neue Frauenbewegung hat deshalb das Skandalon sexueller Gewalt, der Ausbeutung der Frau als Geschlechtswesen gerade auch in einer Zeit sog. sexueller Liberalisierung anscheinend ganz neu zur Sprache bringen müssen. Die Einrichtung von Frauenhäusern als Zufluchtstätten für geschlagene Frauen und ihre Kinder offenbarte das ganze Ausmaß alltäglicher, bisher im Verborgenen geduldeter Gewaltsamkeit gegen Frauen und war der Anstoß für eine ganze Kette entsprechender Selbsthilfeprojekte, wie der Organisierung von Notrufen für vergewaltigte Frauen, der Forderung nach einem Straftatbestand für Vergewaltigung in der Ehe, des Schutzes vor sexuellem Missbrauch und Belästigung. (...) In diesen Thematisierungen ist Privates für eine kurze Zeit zu einem Politikum geworden, sind die geschlechtsspezifischen Schranken zwischen der Privatsphäre als „rechtsfreiem Raum" und Gewaltverhältnis und öffentlichen Angelegenheiten nachhaltig verschoben worden, deuten sich in den vielfältigen Formen der Verweigerung der Frauen, weiblichen Rollen zu entsprechen, veränderte Lebensweisen aber auch neue Konflikte und Probleme zwischen den Geschlechtern an. [96f.]

4.4 Geschlechterdifferenz

Einerseits die Rollen tradierter Weiblichkeit zu kritisieren, verändern zu wollen, und doch andererseits gerade „Frau-Sein" zum ausschlaggebenden Bezugspunkt einer Befreiungsbewegung, der Frauenbewegung zu machen, scheint ein Widerspruch zu sein, der die Frauenbewegung von ihren Anfängen an begleitet und immer wieder zu Missverständnissen geführt hat. Schon die Frauenrechtlerinnen des 19. Jahrhunderts haben sich gegen den Verdacht verteidigt, die Hände nach Männerrechten auszustrecken (...). Auf der anderen Seite wissen wir um die grundsätzlichen Meinungsverschiedenheiten über die Frage, inwieweit die Andersartigkeit, d.h. die Geschlechterdifferenz, oder die Betonung (...) des Rechts auf Gleichheit der Emanzipationsbewegung Richtung und Ziel angebe. (...)

Die besondere Übung in Autonomie, einer Kultur der „Subjektivität" und Politik der ersten Person hat die Widersprüche in der neuen Frauenbewegung noch schärfer konturiert. Auch die neue Frauenbewegung hat zum Aufbegehren gegen die Opferrolle, zur Entdeckung des eigenen und anderen Selbst-Bewusstseins die Besinnung auf weibliche Stärke, (...) gebraucht. (...) Doch die Bezugnahme auf Frau-Sein als historische und moralische Chance und politisches Potential wird da problematisch, wo sie die Differenzen unter Frauen und die Widersprüche im weiblichen Lebenszusammenhang negiert, die Frauenbewegung auf eine Identitätspolitik verpflichtet wird (...) und über einer Kultur des Separatismus die „Einmischung" (...) versäumt.

Um eine Klärung dieser Widersprüche geht es auch in den philosophischen Theorien zu Geschlechterdifferenz, Weiblichkeit, Geschlechtsidentität und ihrer Dekonstruktion. (...) Die Frage ist allerdings, ob sich die feministische Theorie damit inzwischen so weit von der sozialen Wirklichkeit, der Not, der Erfahrung und dem Alltag der Frauen entfernt hat, dass sie zwar reputierlicher und akademischer geworden ist, jedoch kaum noch für politische Praxis tauglich erscheint.

Doch ich meine, dass der Aufbruch zu neuem Selbstbewusstsein und Autonomie, die politischen Erfahrungen in den Bewegungen sowie die Radikalisierung der Kritik an den Konzepten von Recht und Politik auch das Verständnis von Gleichheit, Gleichberechtigung präzisiert haben und juristisch nicht ohne Einfluss geblieben sind. Denn in der politischen Debatte um Gleichheit und Differenz als Problem von Frauenrechten ist noch einmal deutlich geworden, dass es (...) gerade auch um Anerkennung der Geschlechterdifferenz und der Differenzen auch unter Frauen geht. D.h. Maß und Hinsicht der Gleichberechtigung sind von den Frauen selbst zu bestimmen (...). Bisher unerledigtes Ziel einer Bewegung der Frauen bleibt es daher, Vorherrschaft und Vorteile im Geschlechterverhältnis aufzubrechen, für den Prozess wechselseitiger Anerkennung zu mobilisieren und in politischen Auseinandersetzungen und Kämpfen immer wieder um neue Maßstäbe für Gleichheit und unaufgebbare Differenzen im Verhältnis der Geschlechter zu ringen, aber auch zu Lasten bzw. gegen die Interessen der Bevorrechteten durchzusetzen. Die in der neuen Frauenbewegung geübte Autonomie, im Sinne nicht nur von persönlicher sondern auch von politischer Selbstbestimmung, sowie eine Frauen- und Gleichstellungspolitik, die sich des Rechts und der Institutionen bedient, schließen sich daher nicht aus, sondern sind im Gegenteil aufeinander angewiesen.

*5. Ausblick*

Die Vereinigung der beiden deutschen Staaten nun hat die politischen und gesellschaftlichen Rahmenbedingungen für die Frauenbewegung grundlegend verändert. Dabei sind die bisher nicht gelösten sozialen und ökonomischen Probleme in diesem staatlichen Angleichungs- und Ausgleichsprozess für Frauenanliegen keineswegs günstig, ganz im Gegenteil. Aber auch eine Vereinigung der

Fraueninteressen oder eine gemeinsame Frauenbewegung sind nicht einfach zu organisieren, da die Erfahrungen, Lebenslagen, Bedürfnisse und Wünsche von Frauen in Ost und West sehr unterschiedlich sind. Diese Unterschiede haben in den ersten Zusammenkünften zwischen Frauen aus Ost- und Westdeutschland zu mancherlei Missverständnissen und Enttäuschungen geführt, die nicht als politisches Versagen *der* westdeutschen Frauenbewegung, ebenso wenig aus dem angeblichen Defizit an feministischem Bewusstsein unter den ostdeutschen Frauen zu erklären sind. Vielmehr wäre die Achtung und Berücksichtigung auch dieser Differenzen notwendiger Inhalt eines politischen Lernprozesses, der dem Feminismus in Ost und West neue Schubkraft verleihen könnte. In der Schaffung von Räumen für kollektive Lernprozesse und der Entwicklung von neuen Netzwerken gegenseitiger Unterstützung und politischer bzw. wissenschaftlicher Diskussion liegt m.E. gerade in Anbetracht krisenhafter Verhältnisse auch die Chance und die Notwendigkeit für eine neue Bewegung und „Welle" des Feminismus. (...) [97-99]

**Sigrid Metz-Göckel (2000): Spiegelungen und Verwerfungen. Das Geschlecht aus der Sicht der Frauenforschung. In: Janshen, Doris (Hg.): Blickwechsel. Der neue Dialog zwischen Frauen- und Männerforschung. Frankfurt am Main: Campus Verlag: 25-46 – Auszüge**

*Einleitung*

Frauen machen es den Männern und sich selbst nicht leicht zur Zeit. Daher auch der Titel „Spiegelungen und Verwerfungen". Ein Verwirrspiel ohnegleichen ist im Gange mit Fragen wie: Wer sind überhaupt die Frauen? Wie sind sie zu definieren, und wodurch unterscheiden sie sich (noch) von Männern? Eine der letzten essentialistischen Kategorien, nämlich Geschlecht, ist über Bord gegangen[(...)]. [25] (...)

Schauen wir uns weltweit um, dann ist gleichzeitig zur Angleichung und Austauschbarkeit auch eine entgegengesetzte Entwicklung der Geschlechterpolarisierung im Gange, die alles um so verwirrender macht. Während in einigen Ländern die offizielle Politik und ihre Führer sehr genau zu wissen glauben, wer und wie Frauen sind, indem sie ihnen vorschreiben, wie sie zu sein haben (und sich selbst dabei vieler Möglichkeiten berauben, ihre eigene Begrenztheit zu reflektieren), finden wir in den europäischen Ländern und den USA einen Prozess des zunehmenden Bewusstwerdens von Differenzierungen innerhalb einer Gesellschaft und Kultur, und zwar entlang von ethnischen, religiösen, regiona-

len, geschlechtlichen, Alters- sowie politischen Standpunkt-Linien, die untereinander noch einmal in sehr verschiedene und hochkomplexe Beziehungen verwickelt sind. (...)
*Multiperspektivische, multikulturelle und kontextuelle* Auseinandersetzungen zum sozialen Geschlecht im Sinne von *gender* oder zur interaktiven Konstruktion von Geschlecht stehen zur Zeit auf der wissenschaftlichen und politischen Tagesordnung. Sie tragen zur Modernisierung von Wissenschaft und Gesellschaft bei, indem sie ganz im Sinne der Aufklärung Kultur da setzen, wo früher „Natur" besinnungslos herrschte.

Die Frauenforschung betrat die Hochschul-Bühne mit dem ersten größeren Schub, mit dem Frauen in den akademischen Mittelbau hineinkamen, wo sie – angefeuert durch die oppositionelle Schubkraft der neuen Frauenbewegung – die nicht gerade überraschende Feststellung machten, dass sie im Wissenschaftssystem gar nicht vorgesehen waren oder gar willkommen geheißen wurden. Vielmehr mussten sie sich ihren Platz einzeln erkämpfen, denn die Plätze waren real und im Kopf des anderen Geschlechts fast ausnahmslos alle bereits besetzt. Das Gerangel begann. Mit dem Stachel der Institutionalisierung von Frauenforschung/Geschlechterforschung, Frauenstudien und Frauenfördergrundsätzen an deutschen Universitäten fiel dann eine der letzten patriarchalen Bastionen. *Das 20. Jahrhundert ist das Jahrhundert des Frauenstudiums.* Kämpfe, Widerstände und Erfolge prägen diesen Prozess.

*Verzerrende Spiegel*

(...)
Frauen sahen sich bis vor kurzem wissenschaftlich (fast) ausschließlich im Spiegel der Männer. Es war nicht immer ein freundliches, oft ein dümmliches oder kindliches Gesicht, das ihnen rückgespiegelt wurde. [26f.] (...)

Daß Männer sich in wissenschaftlichen Publikationen von Frauen gespiegelt finden, ist (...) in diesem Ausmaß ein sehr neues Phänomen. (...)

(...) Die ersten Publikationen der Frauen waren voll von Empörung und Patriarchatskritik. Sie (...) stifteten Unbehagen, Verstummen und gelegentlich auch Nachfragen, jedoch wenig Bezugnahme und rationale Auseinandersetzung. Sie veröffentlichten im Blick auf die Frauen selbst Schmerzgrenzen, heimliche Hierarchien, Schwesternstreit über Bienenköniginnen, Komplizinnen und andere neue Gefühle und Erfahrungen.

## 1 Zur Entwicklung der Diskussion um Feminismus

*Konzentration auf Frauen, Differenz und Differenzierung*

Die zweite Seite der Medaille einer wissenschaftlichen Auseinandersetzung, zu „Frauenthemen", wie es damals hieß, konzentrierte sich auf die Gemeinsamkeit und Besonderheiten von Frauen, auf Frauen als Kollektivsubjekt, das eine gemeinsame Bezugnahme in der neuen Frauenbewegung fand. (...) Parallel zu dieser sozial-emotionalen Emanzipation vom Gehäuse der Hörigkeit vollzog sich ein massenhafter Weiterbildungsprozess junger und älterer Frauen, resultierend in einer brüchigen ökonomischen und beruflichen Verselbständigung. Infolgedessen können und müssen wir erstmalig und zunehmend verstärkt von einer Geschlechterkonkurrenz um die Verteilung der bezahlten Arbeit und von einem Anspruch auf Umverteilung von Arbeit und Macht überhaupt ausgehen. In dieser Phase der akademischen Frauenforschung der siebziger Jahre wurde Geschlecht als Hauptwiderspruch konzipiert, als soziale Strukturkategorie, über die Frauen und Männern ihr sozialer Platz zugewiesen wurde und wodurch sie insgesamt in ein mehr oder weniger ausgeprägtes Verhältnis von Über- und Unterordnung versetzt wurden. (...) Die in der Frauenforschung repräsentierte Suche nach einer selbstbestimmten Frauen-Identität als Individuum und Kollektiv (...) signalisiert (...) den Anspruch auf Subjektwerdung und Distanzierung zum herrschenden Frauenbild.

Untersuchungen zu Beruf und Arbeit, Debatten zum Verhältnis von Lohn- und Hausarbeit, Modellversuche zur Gewalt gegen Frauen und ein großes Spektrum von Detailstudien, die sich ein breites Publikations- und Lesepublikum schufen, repräsentieren die Frauenforschung Ende der siebziger bis in die späten achtziger Jahre hinein. Viele Verlage sahen sich veranlasst, eigene Frauenreihen einzurichten und damit ihrerseits zur Verbreiterung eines neuen Mediums der Geschlechterauseinandersetzung und Geschlechterformierung beizutragen. [28f.] (...)

(...) Im akademischen Mainstream-Diskurs fanden die Publikationen kaum ein Echo, die Rezeptionssperre hält, etwas gelichtet, fast bis heute an. (...)

Auf der Forschungsebene können wir bemerken, dass sich Frauen bereits von Anfang an nicht nur mit den Frauenthemen im engeren Sinne beschäftigten. Sie bezogen Männer auf vielfältige Weise in ihre Forschungen ein und waren sogar so verwegen, Männeruntersuchungen zu machen, um zu erfahren, was denn nun von der Frauenbewegung beim männlichen Geschlecht angekommen sei. Ich möchte hier ganz unbescheiden an die repräsentative Männerstudie erinnern, die Ursula Müller und ich Mitte der achtziger Jahre durchführten und die immerhin einige Bewusstseinsveränderungen herausgefunden hat, nämlich die Veralltäglichung der berufstätigen Frau im männlichen Frauenstereotyp, aber

auch die Ungelöstheit der Vereinbarkeitsfrage sowie die Spannungen aus dem unbearbeiteten Gewaltpotential von Männern. (...)
(...) Sowohl im Berufsleben als auch im Privatbereich standen Analysen zur Privilegierung und Diskriminierung aufgrund des Geschlechts auf der Agenda und Policy-Vorschläge zur Umverteilung und Aufhebung der geschlechtlichen Arbeitsteilung. Sie wurden demokratietheoretisch und mit einer Gesellschaftsanalyse begründet, in der die kritische Theorie und eine feministische Marxismus- wie Psychoanalyse-Reinterpretation Pate standen. Ich erinnere an Theoreme wie die doppelte Vergesellschaftung von Frauen, an innere und äußere Vergesellschaftung (vgl. Becker-Schmidt 1985) und weibliche Subjektivität, globale Subsistenzarbeit von Frauen (vgl. Bennholdt-Thomsen 1982), (...) um einige der Begriffe zu nennen, mit denen Geschlecht, insbesondere das weibliche, sozialwissenschaftlich und wissenschaftspolitisch zugleich beschrieben wurde. [30f.] (...)
Die Dynamik in den Geschlechterbeziehungen weist ohne Zweifel Störungen auf. Sie gehen im wesentlichen auf differente Lebensentwürfe von Frauen und Männern zurück. Während junge Frauen ihr Berufsleben privat mit einem Partner, auf diesen bezogen und mit Kindern entwerfen, ist dies bei jungen Männern und potentiellen Vätern sehr viel weniger der Fall, vielmehr sehen diese sich weitgehend noch als Einzelwesen, dem der Beruf so wichtig ist, dass sich die potentiellen Familienmitglieder nach ihm auszurichten haben (vgl. Seidenspinner 1996; (...); vgl. Meuser 1998a; (...)). (...) Junge Frauen und Männer verfehlen sich in ihren langfristigen Lebensvorstellungen. Ihre Lebensverläufe kurz nach der Familiengründung harmonieren nicht, sondern weisen erneut und kräftig auseinander, provoziert und unterstützt durch diskriminierende Arbeitsmarktintegration, die ideologische Traditionslast und magere existentielle Absicherung selbst der jüngeren Frauengeneration. Dies zeigen selbst Untersuchungen zu Hochschulabsolventinnen. Nicht nur gehen diese davon aus, gleichberechtigt zu sein, sie machen tatsächlich im Studium auch entsprechende Erfahrungen. Ihren Berufseinmündungsprozess und weiteren Lebensverlauf aber antizipieren sie im Unterschied zu ihren Kommilitonen als problematisch angesichts eines erwarteten und erwartbaren beruflichen Konkurrenzkampfes, der sich erstmals zwischen den Geschlechtern auf allen Qualifikationsstufen abspielt und auch in den Privatbereich hineinreicht.

Als Unterströmung zwar immer vorhanden, treten ab Mitte der siebziger Jahre theoretische Einzelkonzepte in den Vordergrund, die Differenzen von Frauen positiv umzudeuten und überhaupt eine Angleichung an das männliche Lebensmodell analytisch zu hinterfragen beginnen. Weibliches Arbeitsvermögen (vgl. Ostner 1978), Subsistenzarbeit (vgl. Mies 1978, (...) vgl. Bennholdt-Thomsen 1982), eine fürsorgliche Moral ((...); vgl. Nunner-Winkler 1991), ein offene-

# 1 Zur Entwicklung der Diskussion um Feminismus

res Kommunikationsverhalten, um nur einige der Ansätze zu nennen, thematisieren Geschlechterdifferenzen im Sinne einer Überlegenheit, die eher eine Verallgemeinerung verdienen, als diejenigen, gegen die sie sich kritisch wenden. Diese Differenzkonstruktionen fanden bald ein kritisches Echo in den Reihen der Frauenforschung. Sie ließen sich weder allen Frauen, noch auch nur Frauen zuschreiben. Warum sollte eine fürsorgliche Moral nicht auch Männern zukommen? (...)

(...) Mit Konkurrenz zwischen den Geschlechtern und einer gelockerten Beziehungnahme aufeinander sind zwei widersprüchliche Entwicklungen benannt, mit denen sich die aktuelle Geschlechterforschung auseinandersetzt. [33-35] (...)

(...) Seit den achtziger Jahren gibt es eine Auftrags-Drittmittel- und eigenfinanzierte Forschung zu Frauen-/Geschlechterthemen, in denen immer mehr Unterschiede zwischen Frauen erkennbar wurden: (...) ihre heimlichen und offenbaren Hierarchien in den Betrieben und Büros, Konkurrenzen und Differenzen also aufgrund von sozialer Schicht, Ethnie, sexueller Präferenz, Alter, politischer Orientierung u.a.m. Ich erinnere hier an Veröffentlichungen der verschiedenen Ministerien auf Bundes- und Landesebene, der Sektion Frauenforschung in der Gesellschaft für Soziologie, der Deutschen Gesellschaft für Erziehungswissenschaften und anderer wissenschaftlichen Disziplinen (...).

Verändert hat sich auch der Bezug zur Frauenpolitik, er lockerte sich, nachdem diese sich ebenfalls erfolgreich auf die politische Agenda setzen konnte. Und mit der Gleichzeitigkeit von verschiedenen Wirklichkeitsebenen und Wahrheiten, mit einer Verstetigung und einem zunehmendem Austausch, einer Verbreiterung und Vertiefung der Frauenforschung verschwinden Gewissheiten über Männer und Frauen. Schließlich ist es fraglich geworden, ob eine schlichte Dualität überhaupt eine angemessene konzeptionelle Erfassung der vielfältigen Geschlechter sein kann, die wir konstruieren können. [36] (...)

Der philosophische Angriff auf das kulturelle System der Zweigeschlechtlichkeit kennzeichnet eine neue Phase der Frauenforschung in den neunziger Jahren (vgl. Butler 1991). Der Grundgedanke ist erstens,

- dass durch den Bezug auf ein duales Geschlechterschema in Denken und Handeln ein Verhältnis reifiziert wird, das eigentlich aufgebrochen werden sollte.
- Zweitens haben Frauen zwar vieles gemeinsam, aber mitnichten kann von ihrer einheitlichen Interessenkonstellation ausgegangen werden, weshalb frauenpolitische Initiativen oft ein zwiespältiges Echo finden. (...)

*Eine Vielfalt von Frauenleben, Atypisches und Typisches zugleich als frauengemäß zu denken, ist Programm aktueller Frauenforschung* und hat in letzter Instanz zur Folge, dass polarisierte Begriffe wie „weiblich" und „männlich" unscharf werden und Konzepte zur Erfassung der Geschlechterverhältnisse die Konzeptualisierung des Versteckten enthalten müssen, das, was Frauen sind, aber auch, was sie alles sein könnten, wenn die Verhältnisse denn anders wären (vgl. Roloff 1990). [37] (...)

*Das Geschlecht ist eine soziale Zuschreibung und ein komplexer und gleichzeitig kontextabhängiger sozialer Prozess,* an dem viele Akteure und Institutionen beteiligt sind, so lassen sich die Diskussionen zu den Geschlechterkonstruktionen zwischenbilanzieren, und Eindeutigkeit wie Unveränderbarkeit sind keine generellen Kriterien zur Unterscheidung von Frauen und Männern.

Übereinstimmungen zwischen den Geschlechtern sind größer und bedeutsamer geworden als die Unterschiede, nicht zuletzt dank eines Individualisierungsprozesses, der Frauen noch stärker betrifft als Männer. Geschlechterrollen sind unscharf geworden, mit fließenden Übergängen zumindest an ihren Rändern. Es gibt sehr männliche weibliche Kinder und Jugendliche und sehr weibliche männliche Kinder und Jugendliche, und innerhalb der Jungen eine große Spannbreite der Äußerungs- und Darstellungsformen von Männlichkeit, zentriert allerdings um eine hegemoniale Männlichkeit (vgl. Connell 1995), an der sie gemessen werden. Und groß ist auch die Spannbreite von Weiblichkeit, deren Zentrum eher abhanden gekommen zu sein scheint. Wird Geschlecht in seinen sozialen Erscheinungsformen als ein Kontinuum und nicht als Polarität gedacht, wird mehr als nur ein duales Klassifikationsschema möglich. (...)

Die ethnomethodologische Forschung hat hierfür ein feines Beobachtungsrepertoire entwickelt (...) (vgl. Hirschauer 1989; vgl. Gildemeister/Wetterer 1992). – Wie die Geschlechter alltäglich rekonstruiert werden, ist denn auch das neue Beobachtungsfeld, das sich überhaupt nur eröffnet, wenn selbst die strikte Unterscheidung von körperlichem und sozialem Geschlecht *(sex* und *gender)* aufgehoben und Körperlichkeit als gestaltbar erkennbar und gedacht wird. Transsexuelle, die operativ ihr Geschlecht wechseln und damit einen radikalen Bruch mit der biologischen Geschlechterordnung vollziehen, bestätigen jedoch auf paradoxe Weise die duale soziale Geschlechtskonstruktion, denn die Biologie wird hier offensichtlich zum Werk des Menschen, nicht einer „objektiven" Natur. [38-40] (...)

(...) Der kulturhistorische Vergleich zeigt, dass es institutionalisierte Abweichungen vom dualen Geschlechterschema geben kann und sogar Geschlechterwechsel, aber als Ausnahme oder Besonderheit im übrigen mit einer strukturstützende Funktion (...). Geschlechterwechsel muss nicht Beleg für eine soziale Aufweichung der Geschlechterdualität sein.

Ich weiß, dass sich bei vielen ein Unbehagen einstellt, wenn soziale Unterschiede zwischen Frauen und Männern als aufgelöste Geschlechterdifferenzen diskutiert werden. Einerseits spiegelt eine solche akademische Diskussion die

Freiheiten einer intellektuellen Minorität wider. Dies ist aber nicht nur akademisch, denn einige Zeichen der Zeit in mancher Hinsicht entsprechen ihr. (...) Die Diskussion könnte sich aber auch vergalloppieren, indem Tempo und Geltungsbereich der Dekonstruktion maßlos überschätzt werden. Prozesse der Reproduktion von Ungleichheit sind gleichzeitig nach wie vor höchst wirksam, so dass wir mit einem schlichten Gleichheits- und Differenzbegriff nicht mehr auskommen, ebenso wenig mit einer Verallgemeinerung, die soziale, ethnische und Altersunterschiede nicht berücksichtigt. Geschlecht ist als soziale Zuschreibung ein hochkomplexer und gleichzeitig kontextabhängiger sozialer Prozess, ein Komplex, dem noch viel Aufmerksamkeit und Konzentration zu widmen sein wird.

Wenn „der Feminismus .. das Potential in sich trägt, eine der wichtigsten Waffen kritischer Vernunft zu sein" (Bourdieu 1997b: 98), weil er sich gegen die männliche Hegemonie wendet, dann braucht feministisches Denken den Bezug zur kritischen Theorie und zu gesellschaftlichen Kämpfen, zur sozialen Bewegung von Frauen und letztlich auch zu den sozialen Bewegungen der Männer. [41f.]

**Regina Becker-Schmidt/Gudrun-Axeli Knapp (1995): Einleitung. In: Becker-Schmidt, Regina/Knapp, Gudrun-Axeli (Hg.): Das Geschlechterverhältnis als Gegenstand der Sozialwissenschaften. Frankfurt a.M.: Campus Verlag: 7-18 – Auszüge**

(...) Wir nehmen Frauen und Männer als soziale Gruppen in den Blick, die in gesellschaftlich institutionalisierter Form zueinander in Beziehung stehen.

Wir gehen davon aus, daß bestimmte geschichtlich bedingte Merkmale einer Gesellschaft Auswirkungen haben auf das Verhältnis der Geschlechter, die in dieser Gesellschaft leben. Umgekehrt gilt sicher auch, daß die Art und Weise, wie Geschlechterbeziehungen organisiert sind, wieder auf die Gesellschaft zurückwirkt und auf soziale Veränderungen Einfluß nehmen kann. Als Soziologinnen, Kulturanthropologinnen, Politikwissenschaftlerinnen und Sozialpsychologinnen fragen wir, welche Bedeutung die Strukturkategorie »Geschlecht« in den Disziplinen hat und welchen Beitrag sie zum Verständnis folgender sozialer Phänomene leisten kann: die soziale Organisation von Sexualität, Regulation von Generativität, Bevölkerungspolitik, gesellschaftliche Teilung von Arbeit, Distribution von Macht und kulturelle Ordnung.

Indem wir Geschlechterverhältnisse in verschiedenen Gesellschaftsformen zur Diskussion stellen – agrarische und industrielle, staatlich verfaßte und solche ohne politische Zentralgewalt, soll deutlich werden, wie unterschiedlich die sozialen Beziehungen zwischen den Geschlechtern gestaltet sein können: das Machtgefüge zwischen den Genus-Gruppen kann mehr oder minder ausgewogen oder strikt hierarchisiert sein, die geschlechtliche Arbeitsteilung kann sehr rigide oder vergleichsweise durchlässig sein, Gesellschaften können sehr stark vom Machtanspruch des männlichen Geschlechts geprägt sein oder Raum lassen für die Gleichwertigkeit der Geschlechter bzw. des Differenten.

Im historischen Vergleich und bei der Analyse unserer Gegenwartsgesellschaft wird deutlich: Umbrüche ökonomischer, technologischer, politischer und zivilisatorischer Art, die gemeinhin als Modernisierung diagnostiziert werden, tragen zwar zu Veränderungen im Geschlechterverhältnis bei, dies bedeutet jedoch nicht unbedingt, daß alte hierarchische Strukturen abgelöst werden, um eine gesellschaftliche Gleichrangigkeit von Frauen und Männern herzustellen.

Wir versuchen in unseren Beiträgen die verschiedenen Ebenen im Verhältnis zwischen Frauen und Männern zu berücksichtigen: Rollenzuweisungen, geschlechtsspezifische Zuschreibungen, Verhaltensnormierungen und Handlungsorientierungen innerhalb eines bestimmten kulturellen Kontextes, aber auch welcher Platz den Geschlechtern gesellschaftlich zugewiesen wird und wie dies institutionell festgeschrieben wird. Dabei legen wir den Fokus immer auf die Frage danach, wie gesellschaftliche Verhältnisse und individuelles bzw. soziales Verhalten zusammenwirken. Der sozialwissenschaftliche Horizont wird also erweitert um eine sozialpsychologische Perspektive.

Die sozialwissenschaftliche Frauenforschung hat sich bisher schwerpunktmäßig auf zwei Problemfelder konzentriert. Der eine Strang läßt sich gruppieren um die Frage nach »Geschlecht« als sozialer Konstruktion (im Englischen »Gender«). Diskutiert wird – in Abgrenzung gegenüber naturalisierenden Konzeptionen von Geschlecht – wie »Weiblichkeit« und »Männlichkeit« gesellschaftlich produziert werden und wie weit diese Produktionen dazu beitragen, den Geschlechtern einen bestimmten Ort in der Gesellschaft vorzugeben. Dazu sind eine Fülle von Untersuchungen entstanden, die sich mit Fragen der Geschlechtersozialisation und -enkulturation, mit Mechanismen der Stereotypisierung und Rollenfixierung befassen. Ausgelotet wird dabei auch, wie gesellschaftliche Interpretationen der Geschlechterdifferenz mit der Herausbildung von Hierarchien und Machtgefällen zwischen Männern und Frauen zusammenhängen. Die in diesem – von der theoretischen Herkunft her – durchaus heterogenen – Spektrum vertretenen Ansätze sind handlungsorientiert und fragen in einer mikrosoziologischen Perspektive nach den Prozessen, in welchen Individuen qua Genus klassifiziert und Institutionen geschlechtlich strukturiert werden. Sie sind weniger auf die Gesellschaft als Ganze bezogen und gehen auch kaum auf innerpsychische Dynamiken in der Konstitution geschlechtlicher Subjektivität ein.

# 1 Zur Entwicklung der Diskussion um Feminismus

Der Horizont erweitert sich, wenn »Geschlecht« nicht nur als Phänomen sozialer Konstruktion begriffen wird, sondern auch untersucht wird, inwieweit übergreifende Zusammenhänge und Bedingungen das Verhältnis der Geschlechter beeinflussen. Ins Zentrum rücken damit die geschichtlichen Wechselprozesse von subjektiver und objektiver Realitätsentwicklung, von Verhalten und Verhältnissen, von intersubjektiven Beziehungen und ihrer gesellschaftlichen Institutionalisierung.

Die gesellschaftstheoretischen Aspekte stehen im Mittelpunkt des zweiten großen Strangs sozialwissenschaftlicher Frauenforschung. Folgende Fragestellungen sind hier von Relevanz: 1. Inwieweit entstehen Grenzziehungen innerhalb einer Gesellschaft entlang der Trennung zwischen Frauen und Männern, und welcher strukturbildende Einfluß kommt dieser Trennlinie zu im Vergleich mit anderen Kategorien sozialer Ungleichheit wie Klasse oder Ethnie? 2. Besteht eine wechselseitige Abhängigkeit zwischen der Verfaßtheit einer Gesellschaft und der institutionellen Ausgestaltung des Geschlechterverhältnisses? Andersherum gefragt: Tragen bestimmte Organisationsprinzipien im Geschlechterverhältnis über diesen Herrschaftszusammenhang hinaus zur Aufrechterhaltung gesellschaftlicher Machtstrukturen bei? (...)

Grob sei schon hier verdeutlicht, warum wir es für wichtig halten, die Erforschung des Geschlechterverhältnisses an gesamtgesellschaftliche Analysen rückzubinden.

Moderne Industriegesellschaften sind durch die Aufteilung in voneinander klar unterschiedene Sektoren gekennzeichnet. Das gesellschaftliche Ganze reproduziert sich durch das arbeitsteilige Zusammenwirken von Funktionsbereichen, die zwar voneinander getrennt, aber doch abhängig voneinander sind: Private Lebenswelten, Bildungswesen, Produktionssphäre, Dienstleistungssektor, Staat.

Das Zusammenwirken der ausdifferenzierten Sphären vollzieht sich jedoch nicht in einem Abstimmungsprozess, der den wechselseitigen Abhängigkeiten Rechnung trüge. Denn diese gesellschaftlichen Teilbereiche stehen nicht gleichwertig nebeneinander, sie unterliegen vielmehr Hierarchien. Manche verfügen über große gesellschaftliche Gestaltungsmacht, während andere kaum Einfluß auf die Richtung der gesellschaftlichen Entwicklung nehmen können. In industriell-kapitalistischen Systemen nehmen die ökonomisch-technologischen Sektoren – auch vermittelt über staatlichen Einfluß – eine dominante Stellung ein; Interessen, die die Institution Familie oder den Bereich »Kultur« betreffen, können dagegen sehr viel schlechter durchgesetzt werden. Wirtschaft und Staat bestimmen in starkem Maße, wie sich Gesellschaft formiert, welche Gestalt etwa Geburtenregelungen, Arbeit, Technik und Wissenschaft annehmen. Die Auswirkungen haben Einfluß auf die Lebensverhältnisse der Menschen bis in die vermeintlich selbstbestimmten Bereiche hinein. Durch sie wird weitgehend der

Rahmen für die Lebensäußerungen jeder und jedes einzelnen abgesteckt: für die individuelle Gewichtung von Liebe, Arbeit, Freizeit, Bildung. Gesellschaftspolitische Schwerpunktsetzungen – z.B. Technologieentwicklung und Rationalisierungsmaßnahmen – entscheiden auch über soziale Ungleichheitslagen. In Normen und Verhaltensanforderungen für bestimmte Bevölkerungsgruppen drücken sich ebenfalls soziale Dominanzen aus.

Die Hierarchisierung der gesellschaftlichen Sphären – vor allem die Dominanz des Erwerbsbereichs gegenüber der Institution Familie – spiegelt sich in der Hierarchie der Geschlechter wider. Traditionellerweise ist die Erwerbssphäre – wie andere Foren der Öffentlichkeit – eine Domäne, in der Männer im Vergleich zu Frauen privilegiert werden. Nach wie vor hat die Erwerbsarbeit im Leben eines Mannes absoluten Vorrang gegenüber der Hausarbeit. In erster Linie gilt die männliche Erwerbsarbeit als das Fundament, auf dem die Existenzsicherung der Familie beruht. Der Mann soll auf Grund seiner monetären Leistungen der Familienernährer sein. Auch heute hat sich trotz der hohen weiblichen Erwerbsbeteiligung und deren Bedeutung für den Unterhalt der Familie dieses männliche Selbstverständnis kaum verändert[...].

Da Erwerbsarbeit höher bewertet wird als die Hausarbeit, desweiteren Männerarbeit ausschließlich Erwerbsarbeit meint, Hausarbeit dagegen als Frauensache gilt, ergeben sich Hierarchien im Geschlechterverhältnis. Der Mann dominiert sowohl in der Erwerbssphäre als auch in der Familie, weil in beiden Sphären seine berufliche Arbeit die Verhältnisse und Beziehungen zwischen den Geschlechtern mitbestimmt. Die Minderbewertung der Hausarbeit gegenüber jeder wie auch immer professionalisierten Tätigkeit setzt sich fort in der Abwertung typischer Frauenlohnarbeit – diese wird in der Regel schlechter honoriert, weniger gefördert und gewerkschaftlich weniger geschützt.

Während im Zuge der Modernisierung der Erwerbsbereich arbeitsrechtlich reguliert wurde, blieb die Familienarbeit weitgehend eine Privatsache, geprägt von patriarchalischen Autoritätsstrukturen. Hauswirtschaftliche Arbeit vollzieht sich außerhalb der sonst in der Gesellschaft herrschenden Marktgesetze. Und es sind die Frauen, die dies in erster Linie zu spüren bekommen. Sie erleben in ihrem Lebenszusammenhang Doppelbelastung und Vereinbarkeitsproblematik, da sie meist in beiden Praxisfeldern – Familie wie Beruf – tätig sind.

Frauen sind in zweifacher Hinsicht vergesellschaftet – sie sind Hauptakteurinnen der privaten Reproduktion und partizipieren an den marktvermittelten gesellschaftlichen Sphären. Dieses doppelte gesellschaftliche Engagement bringt ihnen jedoch keine Vorteile ein, sondern im Gegenteil strukturelle Benachteiligungen gegenüber Männern. Da geschlechtliche Hierarchisierungen alle sozialen Bereiche durchziehen, erfahren Frauen sowohl im privaten wie im öffentlichen Bereich Diskriminierungen – ihre Existenzmöglichkeiten sind insgesamt im

# 1 Zur Entwicklung der Diskussion um Feminismus

Durchschnitt eingeschränkter als die der Männer. »Geschlecht« ist daher eine Strukturkategorie im Sinne eines Schichtungskriteriums, das soziale Ungleichheit anzeigt.

Frauen sind als Berufstätige und als Hauptverantwortliche im privaten Bereich doppelt, aber auch grundsätzlich anders vergesellschaftet als Männer. Ihnen wird eine andere Planung ihrer Biographien, die Verknüpfung gegenläufiger Zielvorstellungen und das Ausbalancieren widersprüchlicher Verhaltensanforderungen im Wechsel zwischen privater Lebenswelt und Berufssphäre abverlangt. Sie sind überdies Grenzgängerinnen zwischen den kulturellen Sphären, die – wenn auch in bereichsspezifisch unterschiedlichen Ausprägungen – männlich dominiert oder weiblich konnotiert sind.

Zwar sind auch Männer nicht nur in den Beruf, sondern auch in die Familie eingebunden; aber ihre gesellschaftliche Stellung in der Familie ist weitgehend abgeleitet aus ihrer faktischen bzw. normativen Ernährerrolle. Darum ist es auch nicht sinnvoll, hier im gleichen Sinne von einer »doppelten Vergesellschaftung« der männlichen Genus-Gruppe zu sprechen. [7-11] (...)

Wir möchten (...) mit einem Glossar abschließen, in dem wir noch einmal auf einer anderen Ebene – einer eher lexikalischen – die Dimensionen benennen, die im Begriff »Geschlecht« anklingen (...).

Wir intendieren keine Definitionen – das wäre einem so umfassenden Phänomen gegenüber nicht angemessen; wir wollen vielmehr eine Orientierungshilfe bieten, um die Frage zu klären, auf welche Problemstellungen die einzelnen Elemente des Begriffs »Geschlecht« verweisen.

Etymologisch bedeutet *Geschlecht:* »was in dieselbe Richtung schlägt, übereinstimmende Art«. Es wurde zunächst im Sinne von »Abstammung« oder »Herkunft« gebraucht, dann auch im Sinne von »Gesamtheit der gleichzeitig lebenden Menschen«. In Ausdrücken wie »Menschengeschlecht« oder »von Geschlecht zu Geschlecht« klingt dieser gattungsgeschichtliche Bedeutungshorizont noch an. In Redeweisen wie »sie/er stammt aus dem Geschlecht derer von...« wird eine genealogische Komponente nachvollziehbar, die auf Abstammungslinien (matrilineare, patrilineare) und Familiengeschichte verweist. Es gibt einen engen Zusammenhang zwischen der Durchsetzung patrilinearer Sippen- und Familientraditionen und dem Unsichtbarmachen von Frauen in der Geschichte. Diese Bedeutungsdimension ist deshalb in der feministischen Kulturanthropologie und Geschichtswissenschaft, aber auch in der Philosophie relevant. Im Deutschen gehört »Geschlecht« zu den stark verdichteten Begriffen. Neben den obengenannten Dimensionen umfaßt er Geschlechtszugehörigkeit, d.h. eine klassifikatorische Markierung, die sich auf physiologisch-morphologische Spezifika bezieht; diese binäre Geschlechterklassifikation ist ein grundlegendes und – wie die aufwendigen Verfahren des Geschlechtswechsels von

Transsexuellen zeigen – gesellschaftlich hochgradig reguliertes Ordnungs- und Identifizierungsmerkmal (Geschlecht: weiblich oder männlich). Geschlecht ist mit Sexualität (Geschlechtlichkeit, Geschlechtstrieb) assoziiert, kann sich aber auch auf: geschlechtsspezifische soziale Identitäten (Geschlechtscharaktere) in einer Kultur beziehen.

Im Folgenden sollen die Begriffe »Geschlechterdifferenz« und »Geschlechtsidentität« differenziert werden.

*Geschlechterdifferenz* (psychosexuelle, psychosoziale): In einer ersten Annäherung geht es um die physiologisch begründete Unterscheidung im Rahmen eines Konzepts von Zweigeschlechtlichkeit. Eine naturalisierende Bestimmung der Geschlechterdifferenz ist in der Frauenforschung auf großen Widerstand gestoßen, da davon ausgegangen werden muß, daß Geschlechterdifferenzen, codiert als »Männlichkeit« und »Weiblichkeit«, sozio-kulturelle Konstruktionen sind. Die Kontroverse darüber, ob biologische Attribute ein Geschlecht ausmachen, oder ob wir es mit kulturellen Zuschreibungen zu tun haben, führte zu der im anglo-amerikanischen Feminismus gängigen Unterscheidung von »sex« und »gender«. Diese – wird heute allerdings wieder problematisiert, weil auch die naturwissenschaftliche Bestimmung dessen, was »sex« sei, stets innerhalb spezifischer kultureller Deutungskontexte stattfindet, eine klare Trennung also nicht möglich wäre.

*Geschlechtsidentität* (psychosexuelle, soziale): Wenn Kinder in Gesellschaften, die als sexuierte Gruppen nur Frauen und Männer benennen, nach ihrem Geschlecht zu fragen beginnen, so versuchen sie, sich im System der Zweigeschlechtlichkeit zu verorten. Eine wichtige Orientierung sind dabei Körpererkundungen, Körperbilder und Körpererfahrungen im Umgang mit sich selbst und nahen Bezugspersonen. Sexuelle Erfahrungen und gesellschaftliche Bewertungen von Männlichkeit und Weiblichkeit, die aus anderen Wahrnehmungsfeldern stammen, gehen in Phantasien über Vorteile oder Nachteile der Zugehörigkeit zu einem Geschlecht eine enge Verbindung ein. Sexuelle Identität und soziale Identität sind im Prozeß der Individuation nicht zu trennen, haben jedoch durchaus unterschiedliche Triebfedern: gleich- und gegengeschlechtliche libidinöse Objektwahlen und mimetische Identifikationen. Der Begriff Geschlechtsidentität kann darum bezogen sein auf sexuelle Orientierungen in der Objektwahl und im Selbstbild (homosexuell, transsexuell, heterosexuell). Die Beschäftigung mit der Vielfalt von Ausprägungen sexuellen Begehrens hat in wichtigen Strömungen des Feminismus (Sozialer Konstruktivismus, Ethnomethodologie, Poststrukturalismus) zu einer kritischen Auseinandersetzung mit der gesellschaftlichen Normierung von Sexualität und der Festlegung auf eindeutige Geschlechtsidentitäten geführt: die phallokratische Heterosexualität wurde als Zwangsheterosexualität

# 1 Zur Entwicklung der Diskussion um Feminismus

in Frage gestellt und die Stereotypisierung von Weiblichkeit und Männlichkeit problematisiert.

Geschlechtsidentität bezieht sich über sexuelle Konnotationen hinaus auf die soziale Zuordnung von Individuen zu einem der beiden Geschlechter, denen gesellschaftlich bestimmte Kompetenzen, Verhaltensweisen und Praxisfelder zugeordnet werden. Sozialwissenschaftliche Frauenforschung fragt nach den sozialen Prozessen, in denen Geschlechtszugehörigkeit und soziale Verortung vermittelt sind.

Der Begriff *Gender,* der sich auf Geschlecht als soziale Konstruktion bezieht, zielt schwerpunktmäßig auf die kulturellen Codierungen und Normierungen von Männlichkeit und Weiblichkeit. Er eröffnet zwei Analyseperspektiven: eine, die danach fragt, welche Rolle diese Normierungen in den Interaktionen zwischen Individuen spielen, und eine andere, die sich auf die Relevanz geschlechtlicher Konnotierung sozialer Kontexte und Institutionen richtet.

*Genus-Gruppe:* Dieser Begriff signalisiert, daß Frauen und Männer soziale Gruppen einer Gesellschaft darstellen, die in Relation zueinander stehen. Was macht Frauen bzw. Männer zu einer sozialen Gruppe, die in sich zwar nicht homogen ist, aber die sich doch von der des jeweils anderen Geschlechts signifikant unterscheidet in Lebenslage, Lebensweise, gesellschaftlicher Bewertung? Wann und warum werden Männer und Frauen als sozial differenzierte Gruppen sichtbar?

*Geschlechterbeziehungen:* Frauen und Männer gehen vielfältige soziale Beziehungen ein – persönliche und sachliche, solche des Austauschs (von Arbeit, Leistungen, Bedürfnisbefriedigungen) und solche des Ausschlusses (von Räumen, Praxisfeldern, Ressourcen, Ritualen). Diese kulturellen, politischen und ökonomischen Beziehungen unterliegen gesellschaftlichen Regelungen und Machtverhältnissen. Die Form dieser Regelungen variiert je nach Kultur, geschichtlichem Zusammenhang und Gesellschaftssystem. Selbst innerhalb einer Gesellschaft können sie Unterschiede aufweisen – je nach sozialem Bereich, Altersgruppe, ethnischer Zusammensetzung der Bevölkerung.

*Geschlechterverhältnisse:* Dieser Begriff umfaßt zum einen das gesamte Feld solcher Regelungen in einem sozialen Gefüge. Darüberhinaus zielt er auf die Organisationsprinzipien, durch welche die beiden Genus-Gruppen gesellschaftlich zueinander ins Verhältnis gesetzt werden. Solche Organisationsprinzipien können sein: Trennung und Hierarchisierung oder solche der Egalität und Komplementarität. Zur Bestimmung des Geschlechterverhältnisses gehört die Klärung der Frage, welche Positionen die Genus-Gruppen in den gesellschaftlichen Hierarchien einnehmen und welche Legitimationsmuster es für geschlechtliche Rangordnungen gibt. Sind Geschlechterverhältnisse hierarchisch, ist »Geschlecht« ein Schichtungskriterium, das soziale Ungleichheit markiert. Die Benachteiligung von Frauen kann eine doppelte oder dreifache werden, wenn ihre Geschlechtszugehörigkeit mit anderen Schichtungskriterien wie Ethnie oder sozialer Herkunft zusammenfällt. Geschlechterverhältnisse in diesem systematischen Sinn sind Herrschafts- und Machtzusammenhänge, in denen die gesellschaftliche Stellung der Genus-Gruppen institutionell verankert und verstetigt wird. In historischer Perspektive ist zu fragen, über welche Mechanismen sich Über- und Unterordnungsverhältnisse reproduzieren und wo es Bruchstellen und Verschiebungen gibt, an denen sich Tendenzen zur Veränderung abzeichnen. [15-18] (...)

# 2 Erste Entwürfe zur Beziehung der Geschlechter in der Frauen- und Geschlechterforschung

*Ulrike Vogel*

## Einleitende Hinweise

Dieses Kapitel soll erste Entwürfe zur Bestimmung des Verhältnisses der Geschlechter zueinander in der gegenwärtigen Gesellschaft darstellen. Hierbei wird, wie angedeutet, einerseits auf sozialhistorische Forschungen hingewiesen, die die Geschlechterhierarchie in unserer Gesellschaft als in bestimmten gesellschaftlichen Konstellationen von Menschen selbst konstruiert darstellen. Andererseits wird die marxistisch fundierte feministische Gesellschaftskritik mit ihrer weltweit festgestellten Unterdrückung von Frauen gegenüber Männern angeführt.

Ausgeschlossen wird hier die breite Diskussion um geschlechtsspezifische Sozialisation, die z.B. durch das Buch von Ursula Scheu: „Wir werden nicht als Mädchen geboren – wir werden dazu gemacht" (Scheu 1977) wesentlich unterstützt wurde. Schon im Vorwort dieses Buchs wird die Grundlinie der Argumentation deutlich:

„Wir werden nicht als Mädchen (oder Junge) geboren – wir werden dazu gemacht! Was heißt das? Es heißt, daß Kinder vom ersten Tag an systematisch in eine Geschlechtsrolle gedrängt und zu Wesen deformiert werden, die wir »weiblich« oder »männlich« nennen. Dieser Prozess engt beide ein. Das Mädchen aber wird noch stärker als der Junge in seinen potentiellen Fähigkeiten beschränkt, in seiner Autonomie gebrochen und real benachteiligt." (Scheu 1977: 7).

Weiter heißt es:

„Mädchen werden in allen wichtigen Bereichen schwer vernachlässigt, weniger gefördert und wenn, dann immer nur gezielt auf ihre spätere »Weiblichkeit« hin. Das hinterlässt schwere Schäden und Deformationen. Denn ein Kind entwickelt sich nicht von selbst, »aus sich heraus«, sondern ist angewiesen auf Förderung und Anregung – sonst verkümmert es" (Scheu 1977: 9).

Zum Schluss des Vorworts wird der Zweck des Buchs deutlich gemacht:

„Ich hoffe, dass sich aus diesem Buch Konsequenzen theoretischer und praktischer Art ergeben: zwingende Schritte hier und heute für Erzieher(innen) und Wissenschaftler(innen), die nicht länger die Augen verschließen können, vor den Verbrechen, die an Mädchen im Namen der »Weiblichkeit« begangen werden" (Scheu 1977: 11).

Kennzeichnend für die enge Verbindung von Frauenbewegung und Frauenforschung der damaligen ersten Phase der Frauen- und Geschlechterforschung in der Bundesrepublik werden hier zugleich Ziele der wissenschaftlichen, pädagogischen und gesellschaftspolitischen Veränderung angestrebt.

Ausgeschlossen wird dieser sozialisationstheoretische Forschungsstrang einerseits, weil die breite Diskussion sich sowohl in den Sozialwissenschaften im engeren Sinne als auch in der Pädagogik und Psychologie auswirkte und im begrenzten Rahmen dieser im Wesentlichen auf die Soziologie bezogenen Einführung nicht adäquat berücksichtigt werden könnte. Vor allem aber existiert eine sehr differenzierte und aktuelle Auseinandersetzung mit der damals noch eher holzschnitthaft groben Vorstellung von Sozialisation und Geschlecht in einem Aufsatz von Bettina Dausien, aus dem Auszüge in diesem Band abgedruckt sind. Für die sozialisationstheoretische Auseinandersetzung mit den Konzeptionen der 1970er Jahre, für die dort die Publikation von Scheu als kennzeichnend herangezogen wird, muss allerdings der Aufsatz von Bettina Dausien im Original in Gänze gelesen werden (vgl. Dausien 1999).

Die wissenschaftliche Untermauerung der Erkenntnis, dass Geschlecht nicht eine von der Natur festgelegte, die Entwicklung der Menschheit unverändert begleitende Eigenschaft von Menschen ist, verdankt die Soziologie zunächst im wesentlichen sozialhistorischen Forschungen. In diesem Zusammenhang ist der in diesem Band auszugsweise veröffentlichte Aufsatz von Karin Hausen zur Polarisierung der „Geschlechtscharaktere" () grundlegend. Sie weist nach, dass die „Erfindung" (vgl. Hausen 1976: 369) der „Geschlechtscharaktere" von Mann und Frau zusammenhängt mit der „Dissoziation von Erwerbs- und Familienleben". Männer werden nicht nur zu Repräsentanten der Öffentlichkeit, des Erwerbs, der Ratio, von Macht und Konkurrenz, Frauen dagegen zu Repräsentantinnen der Privatheit, der Fürsorge für die Familie, des Gefühls, der Harmonie und des emotionalen Ausgleichs. Sondern beiden Geschlechtern werden auch komplementäre Eigenschaften zugeschrieben, die als ihre „Natur" zu ihren gegensätzlichen Wirkungsbereichen gehören und insbesondere Frauen auf ihre häuslichen Beschränkungen festlegen. So betont die Historikerin Annette Kuhn, dass der „Durchsetzung der bürgerlichen Familienform als der einzigen öffentlich akzeptierten Lebensform für alle Frauen" (Kuhn 1983: 45) sowie „dem

## 2 Erste Entwürfe zur Beziehung der Geschlechter 45

Ausschluß der Frauen von dem theoretisch formulierten Emanzipationsanspruch des späten 18. Jahrhunderts ihr faktischer sozio-ökonomischer Ausschluß aus der neuzeitlich politökonomisch sich definierenden Gesellschaft vorangegangen" (Kuhn 1983: 42) war. Dieser hängt mit „der Entwicklung der dualen Ökonomie der Neuzeit" (Kuhn 1983: 36) seit dem 16. Jahrhundert zusammen, als sich der neuzeitliche Staat mit dem kapitalistischen Markt einerseits und eine von Frauen zu verantwortende Hauswirtschaft andererseits herauszubilden begannen. Dabei ist „die unentlohnte Frauenarbeit die unverzichtbare Voraussetzung für die Durchsetzung und Erhaltung kapitalistischer Produktionsweisen und -verhältnisse in der Neuzeit" (Kuhn 1983: 39). Seit solche Forschungsergebnisse vorliegen, gilt als erwiesen, dass die Geschlechterstereotype, die sich auf komplementäre Unterschiede der Geschlechter und auf eine Geschlechterhierarchie mit der nachgeordneten Position von Frauen beziehen, in bestimmten Gesellschaftsstrukturen und Herrschaftsverhältnissen entstanden sind.

Eine Analyse der Debatten über diese „Ordnung der Geschlechter" hebt hervor, dass diese erst als „das getreue Abbild der natürlichen Ordnung der Dinge" (Honegger 1991: 1) untermauert werden konnte, sobald nicht mehr im Wesentlichen die Moraltheologie sondern die aufkommende naturwissenschaftliche Medizin im 19. Jahrhundert als Legitimation herangezogen wurde. Erst jetzt gilt „die Generalisierung des Mannes zum Menschen der Humanwissenschaften und die Besonderung der Frau zum Studienobjekt einer mit philosophischen, psychologischen und soziologischen Ansprüchen auftretenden medizinischen Teildisziplin" (Honegger 1991: 6). Anliegen dieses Buches ist es, wesentliche Entwicklungen des Diskurses über Geschlechter zu kennzeichnen und „die Geschlechtertheorie wenigstens zu »modernisieren« und aus einer reduktionistischen Körpertheorie in eine differenzierte und einigermaßen selbstreflexive Kulturtheorie der Geschlechter*verhältnisse* zu überführen" (Honegger 1991: 215).

Diese sozialhistorischen und diskurstheoretischen Untersuchungen gelten dem Ziel, den Biologismus der herkömmlichen Geschlechterstereotypen und damit die entsprechende Legitimation von Geschlechterhierarchien mit nachgeordneten Positionen für Frauen zu hinterfragen und so eine gesellschaftskritische Analyse der Geschlechter, bzw. der Lage von Frauen, zu ermöglichen.

Ein anderer Forschungsstrang der 1970er Jahre kennzeichnet im Anschluss an marxistische Gesellschaftsanalysen Frauen als weltweit unterdrückte Klasse. Dieser wird hier an Publikationen von Maria Mies deutlich gemacht (vgl. Mies 2001 in diesem Band). Sie setzt sich u.a. mit den Begriffen Subsistenzproduktion, Hausfrauisierung und Kolonisierung auseinander (vgl. Mies 1983: 115ff.) und kommt zu dem Schluss: „Bei der Subsistenzproduktion ist das Ziel „Leben", bei der Warenproduktion ist das Ziel Geld, das immer mehr Geld „produziert" oder die Akkumulation von Kapital" (Mies 1983: 117). Für Maria Mies geht es darum,

„die Subsistenzproduktion, die Produktion des Lebens, aus den Fängen des Polypen Kapital zu befreien und Autonomie über unsere Körper und unser Leben zurückzugewinnen" (Mies 1983: 118). Hausfrauisierung bezeichnet nach Mies die Entwertung nicht nur dieser Subsistenzproduktion sondern aller weiblichen Erwerbsarbeit im Kapitalismus, da für diese die vertraglichen Regelungen, die den männlichen Lohnarbeiter vor Ausbeutung schützen, nicht gelten. Dennoch: „Je mehr menschliche Arbeit durch Maschinen und Automaten ersetzt wird, umso größer wird auch die Zahl der Männer, die in solche „hausfrauisierte" Arbeitsverhältnisse eintreten müssen" (Mies 1983: 119). Die Kolonisierung schließlich machte nach Mies in den Metropolen die Kleinfamilie mit Hausfrau erst möglich (vgl. Mies 1983: 121). So hängt für sie das Ausbeutungsverhältnis zwischen erster und dritter Welt eng zusammen mit der Ausbeutung von Frauen durch das Patriarchat. Die Alternative ist für sie eine öko-feministische Gesellschaft, in der weltweit die Subsistenzwirtschaft in den jeweiligen Regionen Vorrang hat und Ausbeutungsverhältnisse unter den Geschlechtern durch reziproke nichthierarchische Beziehungen ersetzt werden. Dabei wird die Trennung zwischen „Produktion" und „Reproduktion" aufgehoben und Subsistenzmittel, z.B. Land, kommen in die Hand von Frauen (vgl. Mies 1987: 48f.). Frauenforschung in diesem Sinne ist nach Mies nur im unmittelbaren Dienst der Frauenbewegung, nur durch Betroffene, in Solidarität mit anderen Frauen denkbar (vgl. Mies 1984: 58).

An diesem, für die Frauenbewegung Partei ergreifenden, Entwurf von Maria Mies konnten sich spätere Forscherinnen kritisierend und differenzierend abarbeiten. Dies gilt auch für ihre erwähnten methodischen Postulate zur Frauenforschung (vgl. Mies 1994), von denen auf jeden Fall gelernt werden konnte, dass zur Frauen- und Geschlechterforschung Empathie und Respekt vor den Forschungssubjekten gehören.

Im Folgenden werden exemplarisch für erste Forschungen in der Frauen und Geschlechterforschung zur Beziehung der Geschlechter einerseits der erwähnte sozialhistorische Text von Karin Hausen (vgl. Hausen 1976) zur Polarisierung der „Geschlechtscharaktere", andererseits der erwähnte gesellschaftskritische Text von Maria Mies (vgl. Mies 2001) zu Hausfrauisierung, Globalisierung, Subsistenzperspektive vorgestellt.

## 2 Erste Entwürfe zur Beziehung der Geschlechter

**Karin Hausen (1976). Die Polarisierung der „Geschlechtscharaktere". Eine Spiegelung der Dissoziation von Erwerbs- und Familienleben. In: Conze, Werner (Hg.): Sozialgeschichte der Familie in der Neuzeit Europas. Neue Forschungen. Stuttgart: Ernst Klett Verlag: 363-393\* – Auszüge**

„Geschlechtscharaktere", dieser heute in Vergessenheit geratene Begriff bildete sich im 18. Jahrhundert heraus und wurde im 19. Jahrhundert allgemein dazu verwandt, die mit den physiologischen korrespondierend gedachten psychologischen Geschlechtsmerkmale zu bezeichnen. Ihrem Anspruch nach sollten Aussagen über die „Geschlechtscharaktere" die Natur bzw. das Wesen von Mann und Frau erfassen. Im folgenden wird der Versuch unternommen, diese dem Stichwort „Geschlechtscharaktere" zugeordneten Aussagesysteme nachzuzeichnen und zu interpretieren. [363] (...)

Dieses lebhafte Interesse an der Abgrenzung (...) ist eindrucksvoll dokumentiert in den zahlreichen Lexika des 19. Jahrhunderts unter Stichworten wie Frau, Weib, Geschlecht, Geschlechtscharakter, Geschlechtseigentümlichkeiten (...) (vgl. Brockhaus 1815: 211). [366] (...)

Die variationsreichen Aussagen über „Geschlechtscharaktere" erweisen sich als ein Gemisch aus Biologie, Bestimmung und Wesen und zielen darauf ab, die „naturgegebenen", wenngleich in ihrer Art durch Bildung zu vervollkommnenden Gattungsmerkmale von Mann und Frau festzulegen. Den als Kontrastprogramm konzipierten psychischen „Geschlechtseigentümlichkeiten" zu Folge ist der Mann für den öffentlichen, die Frau für den häuslichen Bereich von der Natur prädestiniert. Bestimmung und zugleich Fähigkeiten des Mannes verweisen auf die gesellschaftliche Produktion, die der Frau auf die private Reproduktion. Als immer wiederkehrende zentrale Merkmale werden beim Manne die Aktivität und Rationalität, bei der Frau die Passivität und Emotionalität hervorgehoben, wobei sich das Begriffspaar Aktivität-Passivität vom Geschlechtsakt, Rationalität und Emotionalität vom sozialen Betätigungsfeld herleitet. [367] (...)

(...) Derartige Charakterschemata, die erst in der zweiten Hälfte des 20. Jahrhunderts an Überzeugungskraft verlieren, werden im letzten Drittel des 18. Jahrhunderts „erfunden". Im Verlauf des 19. Jahrhunderts bleiben die einmal eingeführten Zuordnungsprinzipien konstant und werden nicht zuletzt durch Medizin, Anthropologie, Psychologie und schließlich Psychoanalyse „wissenschaftlich" fundiert$^{(...)}$.[369] (...)

---

\* Anm. der Herausgeberin in Absprache mit der Autorin: Der Text ist sehr stark gekürzt. Alle Erläuterungen und Einschränkungen der Thesen sind gestrichen worden. Die angeführten Verweise auf Quellen und Forschungsliteratur beschränken sich auf die ausgewählten Textpassagen.

Neuartig ist an der Bestimmung der „Geschlechtscharaktere" (...) der Wechsel des für die Aussagen über den Mann und die Frau gewählten Bezugssystems. Seit dem ausgehenden 18. Jahrhundert treten an die Stelle der Standesdefinitionen Charakterdefinitionen. (...) Das Interesse an der Herausbildung von „Geschlechtscharakteren" (läßt sich, U.V.) als Versuch interpretieren, ein die Verhältnisse stabilisierendes neues Orientierungsmuster an die Stelle des veralteten zu setzen. Eine solche Deutung gewinnt an Plausibilität, wenn man die „kritische" Situation zwischen 1780 und 1810 beleuchtet.

Man wird ausgehen müssen von dem seit Humanismus und Reformation immer lebhafter werdenden Interesse für das Individuum und dessen innere und äußere Autonomie. Dieses Interesse galt zunächst problemlos allein dem Mann bzw. dem Hausvater; Mensch und Mann waren in der Naturrechtsdiskussion eine selbstverständliche Gleichsetzung[1] und die Beanspruchung von Menschenrechten für den männlichen Menschen tangierte zunächst nicht die traditionelle, aus der Bibel legitimierte Position der herrschaftsunterworfenen Frau bzw. Hausfrau. Dieses änderte sich erst, als das gegen die theologische Legitimation staatlicher Herrschaft ins Feld geführte Modell des Gesellschaftsvertrages auch auf das System der Hausherrschaft angewandt wurde, was bei der traditionellen „Strukturanalogie von Staat und Familie" (Schwab 1975: 280) durchaus nahe lag. [370f.] (...)

Diese (...) Vorstellungen hatten vor allem hinsichtlich der Neuinterpretation der sozialen und häuslichen Position der Frauen weiterreichende Konsequenzen. Die eine Konsequenz war die Forderung nach Emanzipation der Frauen aus dem ehemännlichen bzw. väterlichen Regiment und deren mit den Männern gleichberechtigte Integration in die bürgerliche Gesellschaft. Diese Forderung wurde im Zuge der Französischen Revolution erhoben und sogleich als Bedrohung der etablierten Ordnung und speziell der Familienverhältnisse eingeschätzt[2]. Die andere Konsequenz, die gleichzeitig als Bestandteil der neuen Liebesauffassung und als Reaktion gegen unerwünschte Emanzipationsforderungen wirksam wurde, war die Suche nach einer neuen Form der Legitimation für den traditionellerweise auf die Familie eingeschränkten und dem Ehemann untergeordneten Aktionsspielraum der Frau. Es ging darum, im Falle der Frauen die postulierte

---

[1] (im Original Fußnote 22) Diese selbstverständliche Gleichsetzung findet sich z.B. bei Schlözer (1793: 31): „Der Mensch war eher, als der Untertan ... und ehe er sich in eine Stats-Gesellschaft begab, oder hineingeriet, hatte er schon als Ehe-Mann, Vater, Haus-Herr, und Bürger, die Freuden und Leiden des geselligen Lebens gekostet."

[2] (im Original Fußnote 26) 1791/92 forderte A. Condorcet, Sur L'instruction publique, gleiche Bildung für beide Geschlechter. 1792 erschienen Th. G. v. Hippel, Über die bürgerliche Verbesserung der Weiber, und M. Wollstonecraft, A Vindication of the Rights of Women, deutsch 1793/94. Vgl. K.M. Grass, R. Koselleck, Artikel „Emanzipation", in. Geschichtl. Grundbegriffe, Bd. 2: 153-197, Abschnitt „Frauenemanzipation": 185-191.

## 2 Erste Entwürfe zur Beziehung der Geschlechter

Entfaltung der vernünftigen Persönlichkeit auszusöhnen mit den für wünschenswert erachteten Ehe- und Familienverhältnissen. (...) Ziel ist es, den nach der göttlichen Weltordnung für Mann und Frau verschiedenen Naturzweck und die dementsprechend von der Natur eingerichteten verschiedenartigen Naturbegabungen herauszuarbeiten. (...) Die direkt praxis-relevante, da auf Bildung abzielende Richtung der Argumentation liefert die in der pädagogischen Literatur auftauchende Formel von der „Bestimmung des Weibes zur Gattin, Hausfrau und Mutter" (Blochmann 1966: 29-41). Die in wenigen Jahren entworfene „polaristische Geschlechtsphilosophie" (Blochmann 1966: 44; dazu insgesamt 42-48) leistet schließlich die theoretische Fundierung durch die Aufspaltung und zugleich Harmonisierung der von der Aufklärung als Ideal entworfenen vernünftigen Persönlichkeit in die unterschiedlich qualifizierte männliche und weibliche Persönlichkeit. Die Gleichrangig- und Gleichwertigkeit von Mann und Frau ausdrücklich betonend, wird folgenreich für die angemessene soziale Position die unterschiedliche Qualität der Geschlechter herausgearbeitet. Erst die Ergänzung der in der Frau zur Vollkommenheit entwickelten Weiblichkeit mit der im Mann zur Vollkommenheit entwickelten Männlichkeit soll die Annäherung an das Ideal der Menschheit ermöglichen. [372f.] (...)

Deutlich wird in allen diesen Argumentationen die Frau durch Ehe und Familie und Ehe und Familie wiederum durch die Frau definiert. Im Unterschied zu früher aber wird allein die Frau und nicht mehr der Mann durch die Familie definiert; und ebenfalls anders als früher stecken jetzt die Prinzipien bzw. Ergebnisse der Natur, Geschichte und Sittlichkeit zusammen den Rahmen ab, innerhalb dessen hohe Weiblichkeit sich auszubilden und bei Strafe der Unnatur den Übergang beider Charaktere ineinander zu vermeiden hat (vgl. z.B. Ersch/Gruber 1856: 40). [374f.] (...)

Die Charakterbestimmungen dienten zweifellos zum einen der ideologischen Absicherung von patriarchalischer Herrschaft[(...)]. (...) So wird beispielsweise die Forderung, Frauen zur Gymnasial- und Universitätsausbildung zuzulassen, als Gefährdung der Mutterschaft oder als Widersinn angesichts des „physiologischen Schwachsinns des Weibes" (Möbius 1900)[(...)] bekämpft. Die Ende des 18. Jahrhunderts betonte Gleichwertigkeit von Mann und Frau tritt in derartigen Argumentationen völlig zurück. Das hohe Ideal der Weiblichkeit nimmt über der Heftigkeit solcher Verweigerungskämpfe deutlich Schaden und die in der Romantik stilisierte „Mütterlichkeit" bedeutet dann häufig nichts anderes als das durch Brutpflege definierte Geschlechtswesen[3]. [375-377] (...)

---

[3] (im Original Fußnote 43) Besonders taten sich in der Verteidigung ihrer Domäne die Mediziner hervor; vgl. z.B. A. Ander (Dr. med.) Mutterschaft oder Emancipation. Eine Studie über die Stellung des Weibes in der Natur und im Menschenleben. Berlin 1913, bes. S. 28; 1899 wurden auf Beschluß des Bundesrates Frauen zur medizinischen und pharmazeutischen Staatsprüfung zugelassen.

(...) Zugleich ist das Wesen von Mann und Frau (aber zum anderen, U.V.) so konzipiert, daß nur beide zusammen die Summe aller menschlichen Fähigkeiten und Bedürfnisse zu realisieren vermögen. Mann und Frau sind nach Natur und Bestimmung auf Ergänzung angelegt und demgemäß ist es einem einzelnen Menschen unmöglich, sich zur harmonischen Persönlichkeit zu entwickeln. (...) Unter dem Regulativ der Ergänzung wirkt die Entgegensetzung der Geschlechter nicht antagonistisch, sondern komplementär. Die Gegensätze ergänzen sich zur harmonischen Einheit. Die Idee der Ergänzung aber hält mit den Geschlechtern zugleich die jeweils für den Mann und die Frau als wesensgemäß erachteten sozialen Betätigungsfelder Öffentlichkeit und Familie in Harmonie zusammen. So wird es mittels der an der „natürlichen" Weltordnung abgelesenen Definition der „Geschlechtscharaktere" möglich, die Dissoziation von Erwerbs- und Familienleben als gleichsam natürlich zu deklarieren und damit deren Gegensätzlichkeit nicht nur für notwendig, sondern für ideal zu erachten und zu harmonisieren. [377f.] (...)

Allerdings wird die anfangs emphatisch beschworene Harmonie in der zweiten Hälfte des 19. Jahrhunderts zunehmend prekär, als das Ideal der mütterlichen und liebenden Frau im Frieden des Hauses und damit im Windschatten der Gesellschaft immer weniger gedeihen wollte, zugleich aber das von der Frau kultivierte Refugium erstrebenswerter denn je erschien und die Welt des Mannes zunehmend kulturkritisch in Frage gestellt wurde. Prototypisch für dieses Problembewußtsein ist die zuerst 1887 erschienene Analyse „Gemeinschaft und Gesellschaft" von Ferdinand Tönnies. (...) Die von ihm diagnostizierte, (...) fortschreitende Zurückdrängung der Gemeinschaft bedroht (...) die Familie und damit auch die fraulichen Qualitäten. Denn eine Frau, die wie eine Fabrikarbeiterin den Einflüssen der Gesellschaft direkt ausgesetzt ist „wird aufgeklärt, wird herzenskalt, bewusst. Nichts ist ihrer ursprünglichen Natur fremdartiger, ja schadhafter" (Tönnies 1912:197). Offenbar war die Orientierung an einem auf der Geschlechterpolarität aufbauenden Gesellschaftsmodell, wie es Tönnies ausformuliert hat, weit verbreitet. Aufschlußreich (...) ist die Tatsache, daß selbst die bürgerliche Frauenbewegung am Ende des 19. Jahrhunderts diese Vorstellungen teilte. Ihre Forderungen nach bildungsmäßiger und politischer Gleichberechtigung begründeten diese Frauen seit Ende der siebziger Jahre damit, daß es die „Kulturaufgabe" der Frauen sei, in der inhumanen Männerwelt durch Weiblichkeit mehr Humanität zu verwirklichen. Ihres Erachtens hat das bislang allein im häuslichen Kreis der Familie wirkungsmächtige weibliche Wesen jetzt eine Mission in der menschenfeindlichen Welt zu erfüllen (vgl. u.a. Lange 1907: 118; vgl. Zinnecker 1973: 123-127) (...). [379f.]

Mit Phänomenen der gesellschaftlichen Realität korrespondierte die Polarisierung der Geschlechter zunächst ganz offensichtlich einzig und allein dort, wo

## 2 Erste Entwürfe zur Beziehung der Geschlechter 51

sie um die Wende zum 19. Jahrhundert entwickelt wurde, nämlich im gebildeten Bürgertum(...). Geht man davon aus, daß dessen Berufsfeld vorwiegend die staatliche bzw. die ständische Verwaltung, das Bildungswesen und die Seelsorge war, so gibt es eine Reihe von Anhaltspunkten, um diese Hypothese zu stützen. Zunächst einmal beziehen sich die der Frau zugeschriebenen Qualitäten zu einem großen Teil auf deren Fürsorge für die Kinder. Mütterlichkeit in diesem Sinne kann sich aber nur dort entwickeln, wo dem Nachwuchs bereits der Sonderstatus der Kindheit eingeräumt worden ist. Vor allem im Bildungsbürgertum aber erhielt die Kindererziehung entsprechend der vom Vater vorgezeichneten Berufsperspektive großes Gewicht[4]. Ein weiterer Anhaltspunkt ergibt sich daraus, daß im Aussagesystem der „Geschlechtscharaktere" Öffentlichkeit und Familie, Erwerbsarbeit und Hausarbeit als Kontrast angesprochen werden. Die Trennung beider Bereiche aber hat sich wohl zuerst und am intensivsten bei der Gruppe der Beamten angebahnt. [383f.] (...)

Den letzten und zugleich entscheidenden Hinweis auf das gebildete Bürgertum liefert die Kontrastierung von Rationalität und Emotionalität in den „Geschlechtscharakteren". Rationalität muß als spezifisch menschliches Leistungsvermögen ausgebildet sein und als Wert erachtet werden, bevor es sinnvoll ist, Emotionalität als konträre Verhaltensweise davon abzugrenzen. Diejenigen aber, die bis zum 19. Jahrhundert den Luxus und die Mühsal der formalen außerhäuslichen Bildung kennen und schätzen gelernt hatten, waren von Ausnahmen abgesehen Männer aus Adel und Bürgertum. Lateinschulen, Akademien und Universitäten blieben den Frauen verschlossen(...). Aber nicht nur aufgrund von Ausbildung, sondern auch durch ihre aktuellen Tätigkeitsbereiche entwickeln sich die Verhaltensweisen von Mann und Frau im 18. Jahrhundert deutlich auseinander. Charakteristisch für die in der Familie zentrierte generative und konsumtive Reproduktion ist die fortdauernde Vielseitigkeit der Arbeit und deren Konzentration auf die Bedürfnisbefriedigung der zu diesem Haushalt vereinigten Menschen. Demgegenüber wird dem Mann in der zunehmend spezialisierten Produktions-, Distributions- und Verwaltungstätigkeit ein immer nachdrücklicher durchgesetztes diszipliniertes und rationales Berufsverhalten „ohne Ansehen der Person" abverlangt. Die Verschiedenartigkeit der Betätigungsfelder für Mann und Frau dürften sich besonders scharf im Staatsdienst und dort vor allem in der Verwaltung ausgeprägt haben, wo die Rationalität des bürokratischen Prinzips seit dem ausgehenden 18. Jahrhundert verstärkt zum Zuge kommt und die

---

[4] (im Original Fußnote 59) Den Zusammenhang zwischen der Ausgrenzung der Kindheit und dem Interesse an formaler Ausbildung hat Ph. Ariès, L'enfant et la vie familiale. Paris 1960 am französischen Beispiel herausgearbeitet. Zu der über Generationen durchgehaltenen Berufstradition der Akademiker und deren Verbürgerlichung vgl. H. Mitgau, Gemeinsames Leben, 1500-1770. Göttingen 1955: 66-75

Pflichterfüllung für ein größeres und damit abstrakteres Ganzes der Motor zu der in der Karriere honorierten Leistung wird. [385-387] (...)

(...) Alles was zunächst offenbar unbewußt und planlos als verschiedenartige Verhaltensweisen von Mann und Frau zustande gekommen war, wird seit dem späten 18. Jahrhundert immer bewußter als Bildungsziel proklamiert. Die Definition der „Geschlechtscharaktere" ist zugleich die Formulierung eines Bildungsprogrammes. Als man daran ging, auch den Mädchen eine planvolle Ausbildung zukommen zu lassen, stand das Urteil über das „Wesen" der Frau bereits fest. Ausbildung zielte einzig und allein darauf ab, dieses Wesen eindeutiger herauszubilden und so die Frau besser ihrer Bestimmung zuzuführen. Für den Ausbau des Mädchenschulwesens, sofern es nicht um die notfalls auch koedukativen Volksschulen, sondern um die schulische Ausbildung der „höheren Töchter" ging, hatten diese Prämissen weitreichende Konsequenzen. Töchterbildung zielte darauf ab, zum einen die gesellschaftsfähige junge Dame mit Talent und Geschmack und zum andern, teilweise konkurrierend zu ersterem, die zu ihrem „natürlichen Beruf" bestimmte Frau mit den Qualitäten der „Häuslichkeit" und „Mütterlichkeit" auszubilden. (...) Die Disponierung der Frauen für die Funktion als Gattin, Hausfrau und Mutter, also für ihren Einsatz „zur Vervollkommnung des Privatlebens"$^{(...)}$ avancierte zum reflektierten Erziehungsprogramm, während bei der Ausbildung der Männer die spätere außerhäusliche Berufsfunktion immer perfekter die Funktion des Gatten, Hausherrn und Vaters überdeckte. [388f.] (...)

(...) Ausgehend von den „Geschlechtscharakteren" liegt es nun nahe, die unterschiedliche Qualität der innerhalb und außerhalb der Familie geltenden Arbeitsformen hervorzuheben. Seit dem 18. Jahrhundert zeichnet sich die gesellschaftlich organisierte Arbeit gegenüber der innerhalb der Familie verausgabten Arbeit immer eindeutiger dadurch aus, daß über ihre Art, ihren Umfang, Zweck und Wert nicht direkt die mit der Arbeit erzielbare Befriedigung der Bedürfnisse bestimmter Menschen entscheidet. Während die dergestalt objektivierte gesellschaftliche Arbeit gemäß Rentabilitäts- und Effizienzkriterien fortschreitend rationalisiert und normiert wird, entzieht sich die direkt auf die Bedürfnisse der zur Familie gehörenden Menschen abzielende Arbeit innerhalb der Familie derartigen, mit gesellschaftlichem Prestige bedachten „Modernisierungs"-maßnahmen. Hausarbeit, zunehmend ausschließlich von Frauen ausgeführt, bleibt traditionell und erscheint im Vergleich zu der nach Arbeitszeit und Arbeitsentgelt gemessenen Arbeit als unökonomisch und daher als Beschäftigung, die ihren Charakter als Arbeit zunehmend einbüßt. [390f.] (...)

Am folgenreichsten hat die Polarisierung der „Geschlechtscharaktere" bis in unsere Zeit für das Verhältnis der Eltern zu den Kindern und damit für die kindliche Sozialisation gewirkt. Die frühkindliche Sozialisation fällt immer ausschließlicher der Mutter zu. Einzig die Mutter, wesensgemäß als Gefühl definiert, soll imstande sein – und de facto gibt es in der Regel für sie keine Alternative – durch ihre Mutterliebe im Kinde die lebensnotwendigen Gefühlsbindungen zu erzeugen und damit die Existenz des Kindes zu stabilisieren. Die ausschließliche Verantwortung der Mutter für das Wohl der Kinder endet jedoch, sobald zumal für die Söhne das Training zur sozialen Durchsetzungsfähigkeit bzw. Realitätsgerechtigkeit auf dem Erziehungsplan steht. Jetzt tritt der Mann, wesensgemäß als Rationalität definiert, aktiv in die Vater-Funktion ein. An Stelle des mit der Mutter verbundenen Lustprinzips wirkt auf das Kind jetzt das mit dem Vater auftretende Realitätsprinzip ein. Dabei konzentriert sich die Aufmerksamkeit der väterlichen Autorität gemäß der zukünftigen Lebensaufgabe des Kindes stärker auf das männliche als auf das weibliche Kind. Die gesellschaftlich bedingte geschlechtsspezifische Arbeitsteilung zwischen Familie und Gesellschaft findet somit im familialen Erziehungsprozeß in der „natürlichen" Mutter- und Vaterfunktion ihre Entsprechung und damit eine effiziente Form der generationsweisen Durchsetzung. (...) Die zeitlich aufeinanderfolgende und als Kontrast konzipierte Einflussnahme zunächst der Mutter und dann des Vaters, ein von Parsons (vgl. Parsons/Bales 1956: 16f.; 45-54; 81-83) in der zweiten Hälfte des 20. Jahrhunderts mit neuem Vokabular als notwendiges Funktionselement moderner Gesellschaft positiv bewertetes Auseinanderreißen der „expressiven" und „instrumentellen" Funktion im Sozialisationsprozeß, hat offenbar das gesellschaftlich erwünschte Leistungsstreben der so erzogenen Männer stark gefördert. Legt man empirische Befunde der Gegenwart zugrunde, dann wohl nicht zuletzt deshalb, weil die von der Mutter ursprünglich vermittelte Emotionalität auf dem nur über das väterliche Vorbild erreichbaren Weg zu den gesellschaftlich anerkannten Werten mit Erfolg zurückgedrängt wurde[...]. [392f.] (...)

**Maria Mies (2001): Hausfrauisierung, Globalisierung, Subsistenzperspektive: In: Knapp, Gudrun-Axeli/Wetterer, Angelika (Hg.): Soziale Verortung der Geschlechter. Gesellschaftstheorie und feministische Kritik. Münster: Verlag Westfälisches Dampfboot: 157-187 – Auszüge**

(...)
Manche(r) mag fragen, was denn die Begriffe „Hausfrauisierung", „Globalisierung" und „Subsistenz" bedeuten, was sie miteinander zu tun haben und ob sie nach 25 Jahren nicht in den Papierkorb der Geschichte gehören. (...)
  Die Begriffe Hausfrauisierung, Globalisierung und Subsistenz waren nicht nur damals richtige Schlüsselbegriffe für uns Feministinnen, um ein weltweites, kapitalistisch-patriarchales Wirtschaftssystem zu kritisieren, sie erweisen sich

heute richtiger denn je zur Erklärung der Konsequenzen der Globalisierung, denen Frauen und Männer auch in den Industrieländern ausgesetzt sind. Es zeigt sich heute, dass die alten, linken Theorien weder ausreichen, um den global agierenden Kapitalismus adäquat zu erklären, noch, um eine Perspektive zu eröffnen, die allen Menschen auf dieser Erde und der Natur eine Zukunft sichert, auf der Basis von ökologischer und kultureller Vielfalt, Selbstorganisation und Demokratie, einem „guten Leben", d.h. befriedigten Bedürfnissen und befriedeten Verhältnissen innerhalb der Grenzen unseres Planeten. Dies und mehr ist durch den Begriff Subsistenzperspektive ausgedrückt. [157] (...)

*Die Anfänge*

In den Jahren 1978 und 1979 wurden am Fachbereich Soziologie der Universität Bielefeld Konferenzen zum Thema „Unterentwicklung und Subsistenzreproduktion" durchgeführt. Sie waren maßgeblich vorbereitet worden von u.a. Veronika Bennholdt-Thomsen, Claudia von Werlhof, Georg Elwert und Hans-Dieter Evers. Damals war ich Professorin für Soziologie am Fachbereich Sozialpädagogik der Fachhochschule Köln. Ich wurde zu mehreren dieser Konferenzen eingeladen, weil ich, wie Veronika Bennholdt-Thomsen, Claudia von Werlhof und die anderen Bielefelder Kollegen lange in einem Entwicklungsland – Indien – gearbeitet und geforscht hatte. In diesen Konferenzen wurden die Anfänge gelegt für das, was später „Bielefelder Ansatz" oder „Subsistenzansatz" genannt wurde. Ich habe stets den zweiten Begriff vorgezogen, denn ich habe zwar an der Erarbeitung des „Subsistenzansatzes" mitgewirkt, lebte und arbeitete aber nie in Bielefeld, sondern in Köln.

Den Bielefelder EntwicklungssoziologInnen ging es damals vor allem um die Klärung des theoretischen Problems, wie denn die Produktionsweise zu bezeichnen sei, durch die die Mehrzahl der Menschen dieser Welt – bis heute – ihre „Reproduktion" sichern. (...)

Als Feministinnen versuchten wir Frauen, so den Aspekt der Hausarbeit in die Debatte einzuführen. (...) Meine Freundinnen und ich hatten schon seit einigen Jahren versucht, Klarheit zu bekommen über die theoretischen und strukturellen Zusammenhänge zwischen Hausarbeit und der Arbeit der Bauern in Entwicklungsländern, über die wir geforscht hatten. Als Feministinnen waren wir aber nicht mehr bereit, die von linken und liberalen Ökonomen bislang ignorierte Arbeit der Frauen weiterhin in der Dunkelheit zu lassen. Wir sahen vielmehr, dass diese Arbeit, genau wie die der Kleinbauern in Mexiko oder Indien, nicht nur vergessen worden war, sondern dass dieses Vergessen eine notwendige Bedingung für das Funktionieren des kapitalistischen Systems war und ist. (...)

## 2 Erste Entwürfe zur Beziehung der Geschlechter

Die männlichen Kollegen in Bielefeld folgten uns nicht bei diesem theoretischen Unterfangen, die Frauenarbeit grundsätzlich in die Analyse der Subsistenz-„Reproduktion" einzubeziehen. Sie gaben den Subsistenzansatz, der als „Bielefelder Ansatz" bekannt wurde, schließlich auf. [158-160] (...)

Wir hatten aber gar nichts gegen das, was da Reproduktion genannt wurde, ich bestand vielmehr darauf, dass dies die eigentliche Produktion ist, nämlich die Produktion des Lebens oder der Subsistenz, die im Gegensatz zur Produktion von Waren zum Zwecke der Profitmaximierung steht. Ich sprach darum nicht mehr von Subsistenzreproduktion sondern von Subsistenzproduktion (vgl. Mies 1983).

Doch es genügte nicht, einfach festzustellen, dass in der kapitalistischen Wirtschaft Hausarbeit – speziell Mütterarbeit – keinen Wert hat. Es genügte nicht, diese Tatsache einfach der Bosheit der Männer zuzuschreiben oder sie, wie etliche linke Männer versuchten, als feudalen Rest zu interpretieren. Wieso braucht das Kapital diese unbezahlte, unbezahlbare, „wertlose" Arbeit?

Hier half uns Rosa Luxemburgs „Akkumulation des Kapitals" weiter. Sie hatte dieses ökonomische Hauptwerk geschrieben, als sie sich politisch und theoretisch mit dem Imperialismus auseinandersetzte und gegen die Kriegstreiberei des Deutschen Kaiserreichs kämpfte. In diesem Werk kritisierte sie Marx, der in „Das Kapital", Band. II dargelegt hatte, dass die „erweiterte Reproduktion des Kapitals", also der unendliche Prozess der Kapitalakkumulation, heute sagt man Wachstum, sich allein durch die Ausbeutung der Lohnarbeiterklasse durch das Kapital vollzieht. (...)

Rosa Luxemburg weist jedoch nach, dass das Kapital zur Aufrechterhaltung seiner ständigen Akkumulationsbewegung stets zusätzliche Produktionsmittel und Rohstoffe, zusätzliche Arbeitskräfte und zusätzliche Märkte braucht, die es in seinen Kerngebieten nicht mehr vorfindet und nicht mehr herstellen kann. Rosa Luxemburg nennt dies „nichtkapitalistische Produktionsformen", die das Kapital auch in seiner höchstentwickelten Form ständig braucht, wenn es weiter wachsen bzw. akkumulieren will. (...) (Luxemburg 1975: 313).

Diese „nichtkapitalistischen" Gesellschaften und Schichten waren ursprünglich die Bauern in England und Europa, die Indianer in den USA, die Sklavinnen und Sklaven aus Afrika, die in die Karibik und die USA verschleppt wurden, und schließlich alle Kolonien, die das westliche Kapital sich überall unterwarf. (...)

Eine weitere, zentrale Einsicht ergab sich aus dieser Analyse für Rosa L., nämlich, dass der Kapitalismus von Anfang bis zum Ende auf die Ausplünderung der ganzen Welt aus ist [163f.] (...)

*Frauen, die letzte Kolonie, oder: die Hausfrauisierung der Arbeit [165]*

(...)
Wir haben Rosa Luxemburgs Analyse ausgedehnt auf die Frauenarbeit, speziell die Hausarbeit im Kapitalismus. Diese Arbeit und diese Arbeiterinnen subventionieren zusammen mit den Kolonien, den Subsistenzbauern, den vielen Menschen im sog. informellen Sektor weltweit und mit der Natur das, was Wirtschaft genannt wird, nämlich den Zusammenhang von Kapital und Lohnarbeit. Hausfrauisierung der Arbeit war und ist der Trick, durch den das Kapital Frauenarbeit generell entwertet, unorganisiert/atomisiert erhält, sie dauernd zur Verfügung hat und jederzeit – ohne Kosten – wieder aufgeben kann. (...)

(...) Feministinnen haben nachgewiesen, dass die Hausfrau, die die Arbeitskraft der männlichen Lohnarbeiter „reproduziert", zur Produktion des Mehrwerts beiträgt, vor allem deshalb, weil ihrer eigenen Arbeit überhaupt kein Wert im Sinne von Geld zugesprochen wird. Sie bleibt unbezahlt und wird daher nicht ins Bruttosozialprodukt aufgenommen. (...) Hausarbeit wird nicht einmal als Arbeit definiert, sondern gilt entweder als Ausdruck der weiblichen Anatomie oder als „Liebe". Sie ist zeitlich unbegrenzt, scheint in Überfülle verfügbar, wie Sonne und Luft, wie eine Naturressource oder, wie die Ökonomen sagen, als „freies Gut", das Mann und die Kapitalisten sich einfach aneignen können. (...)

Ich habe den Begriff der Hausfrauisierung 1978/79 im Zusammenhang meiner Forschung über Spitzenhäklerinnen in Narsapur, in Südindien, geprägt. (...) Die Ausbeutung dieser Frauen, die nach dem Verlagssystem und für Stücklohn arbeiteten, funktionierte, weil die Exporteure, die inzwischen Millionäre geworden waren, diese Frauen als Hausfrauen ansahen, die sowieso zu Hause säßen und ihre freie Zeit produktiv nützen könnten. Hausfrauisierung bedeutete also nicht nur kostenlose Reproduktion der Arbeitskraft durch private Hausarbeit, sondern auch die billigste Art der Produktionsarbeit in Form von Heimarbeit oder ähnlichen Arbeitsverhältnissen, speziell für Frauen (vgl. Mies 1982).

Diese Hausfrauisierung der Frauen wird aber auch nicht in Frage gestellt, wenn Frauen erwerbstätig sind oder wenn sie die einzigen Ernährerinnen der Familien sind, was zunehmend der Fall ist. Frauenlöhne sind fast überall auf der Welt niedriger als Männerlöhne: In Deutschland betragen sie etwa 70% der Männerlöhne. Begründet wird diese Lohndifferenz u.a. mit dem Argument, das Einkommen der Frauen sei nur eine Ergänzung zum Einkommen des männlichen Familienernährers. Frauen bekommen häufig keine sicheren Jobs, weil die Arbeitgeber erwarten, dass sie bei Schwangerschaften oder in Krisenzeiten zurück zu Haus und Herd gehen. Die Kategorie der „geringfügigen Beschäftigung" und der „Leichtlohngruppen" wurden vor allem für Hausfrauen erfunden. Zu Zeiten der Rezession sind sie die ersten, die entlassen werden. Ihre Aufstiegschancen

## 2 Erste Entwürfe zur Beziehung der Geschlechter

sind gegenüber den Männern drastisch reduziert, selbst in akademischen Berufen. In den höheren Sparten des Managements oder den Universitäten gibt es kaum Frauen.

Die Analyse der Hausfrauisierung wäre jedoch unvollständig, wenn wir sie nicht im Zusammenhang mit der Kolonisierung oder, wie man heute sagt, der internationalen Arbeitsteilung betrachteten. Hausfrauisierung und Kolonisierung sind nicht nur zwei Prozesse, die historisch zeitgleich – nämlich im 18. und im 19. Jahrhundert – abliefen. Sie sind auch inhaltlich miteinander verknüpft. Ohne die Eroberung von Kolonien, die Ausbeutung ihrer Rohstoffe und der dortigen menschlichen Arbeit wäre die europäische Unternehmerklasse nicht in der Lage gewesen, ihre industrielle Revolution zu beginnen; die Wissenschaftler hätten kaum Kapitalisten gefunden, die an ihren Erfindungen interessiert gewesen wären, die bürgerlicher Klasse der Gehaltsempfänger hätte kaum genug Geld gehabt, sich eine „nicht-arbeitende Hausfrau" und Dienstpersonal zu leisten und die Arbeiter hätten weiterhin ein miserables Proletarierleben geführt. Der Kolonialismus war die materielle Grundlage für die Steigerung der Produktivität der menschlichen Arbeit, die die industrielle Expansion erst ermöglichte. Die heutige internationale Arbeitsteilung basiert auf den gleichen ausbeuterischen Strukturen. Ohne sie wären der Warenreichtum und der vergleichsweise hohe Lebensstandard, selbst unter der Arbeiterklasse in den Industrieländern, nicht aufrechtzuerhalten (vgl. Mies 1988 (...)).

(...)
Inzwischen ist aber deutlich geworden, dass „Hausfrauisierung der Arbeit" nicht nur die beste Methode war und ist, um die Kosten für die Reproduktion der Arbeitskraft so gering wie möglich zu halten, sondern dass sie auch die optimale Arbeitskraft für die Warenproduktion ist. (...) Die klassische Form der hausfrauisierten Produktionsarbeit im Weltmarkt ist jedoch die Heimarbeit, bei der Frauen ihre Haus- und Familienarbeit mit der Herstellung von Produkten für den Weltmarkt verbinden können, keinerlei Arbeitsschutz unterliegen, total vereinzelt arbeiten, die geringsten Löhne und oft die längsten Arbeitszeiten haben. Auch in anderen Produktionsbereichen, in der Landwirtschaft, im Handel, in den Dienstleistungen, werden weibliche Arbeitskräfte nach dem Modell der Hausfrau engagiert (...).

Das drückt sich auch in den vielen Entwicklungsprojekten aus, die für Frauen in der Dritten Welt ausgedacht wurden. Die meisten fallen unter die Bezeichnung „income generatings activities" (einkommenschaffende Aktivitäten). Diese Programme gehen im Prinzip davon aus, dass frau verheiratet und Hausfrau ist, deren Lebensunterhalt von einem Mann als „Ernährer" herbeigeschafft wird. Ihr Einkommen gilt dann als zusätzlich zu dem des Mannes. Darum wird ihre Arbeit auch nicht als Erwerbsarbeit definiert, sondern als „Aktivität". Würde sie als Erwerbsarbeit gelten, dann könnten diese Frauen Rechte wie andere Arbeitnehmer einklagen, z.B. das durch das Internationale Arbeitsamt zugesicherte Recht auf Mutterschutz oder die Bildung von Gewerkschaften. (...)

Es ist interessant, dass der Begriff „Unternehmerin" hier die Frauen nicht von ihren Familienpflichten entbindet, anders als bei männlichen Unternehmern, die nicht abzuwägen haben, ob es günstiger für sie ist, Hausmann zu spielen oder Geschäfte am Markt zu machen. Auch der Begriff der „Deregulierung" ist aufschlussreich. Er beinhaltet, dass diese Kleinproduzentinnen, Kleinhändlerinnen, Kleinbäuerinnen usw. keinerlei Anspruch auf gewerkschaftliche oder soziale Arbeitsrechte haben. Sie gelten als „Selbstständige". In diesem Sinne ist dann auch die Hausfrau eine Unternehmerin. Es geht aber nach wie vor um die Ausbeutung dieser billigsten Arbeitskraft für die Weltmarktproduktion. [166-169]

*Globalisierung der Wirtschaft und weitere Hausfrauisierung*

(...)
Was wir vor mehr als zwanzig Jahren über den Zusammenhang zwischen der Ausbeutung der hausfrauisierten weiblichen Arbeitskraft und der Kapitalakkumulation geschrieben haben, zeigt gerade heute, im Zeitalter der sogenannten Globalisierung der Wirtschaft, seine eigentliche Relevanz. Man könnte sogar sagen, dass diese Form der Ausbeutung von Arbeit das Modell für die Ausbeutung von Arbeit generell in der globalisierten Wirtschaft geworden ist.

Das Normalarbeitsverhältnis ist heute nicht mehr das zwischen einem (männlichen) „freien Lohnarbeiter" und dem Kapital, sondern das zwischen „flexibilisierten", „untypischen", „drittweltisierten", „ungeschützten", „prekärer", kurz: hausfrauisierten Arbeiterinnen und Arbeitern und dem Kapital. (...)

Der Begriff „Globalisierung der Wirtschaft" bezieht sich auf die Öffnung aller Wirtschaftsräume der Welt für die kapitalistische Marktwirtschaft. (...)

Wir können drei Phasen der Globalisierung unterscheiden:
Erstens die koloniale Phase, die bis zum Ende des Zweiten Weltkrieges dauerte und durch den Entwicklungs-Kolonialismus ersetzt wurde, zweitens die Phase der sogenannten internationalen Arbeitsteilung, die in den frühen siebziger Jahren begann. Sie ist gekennzeichnet durch die Verlagerung ganzer Produktionszweige wie Textilien, Elektronik, Spielwaren aus den alten Industriezentren in sogenannte Billiglohnländer wie Südkorea, Philippinen, Malaysia, Mexiko, und drittens die Phase, in der wir uns zur Zeit befinden. Sie ist gekennzeichnet durch die Abschaffung aller protektionistischen Handelsschranken weltweit, die

## 2 Erste Entwürfe zur Beziehung der Geschlechter

Förderung des Freihandels und die Ausdehnung der Warenproduktion und des Warenkonsums auf alle Bereiche der Wirklichkeit. [170f.] (...)

Wir erleben heute nicht nur faktisch (...) die Niederreißung aller Schranken, die Länder zum Schutz ihrer eigenen Wirtschaften errichtet hatten, sondern auch die weltweite Zunahme von Gewalt, vor allem gegen Frauen, Kinder und andere schwächere Gruppen. Diese Gewalt nimmt nicht nur in den Gebieten der Dritten Welt zu, (...) sondern auch in den kapitalistischen Zentren, die sich als „Zivilgesellschaft" verstehen. (...)

Was unter dem Einfluss der Globalisierung jedoch geschieht, ist nicht das, was alle Zukurzgekommenen bisher erwartet haben, nämlich, dass sie per „nachholender Entwicklung" aufsteigen würden; sondern mehr und mehr Lohnarbeiter und Lohnarbeiterinnen in der sichtbaren Ökonomie verlieren ihren Job und sinken ab in die unsichtbare Ökonomie. Das heißt aus festen Arbeitsplätzen wird Gelegenheitsarbeit, aus Fabrikarbeit Heimarbeit, aus gewerkschaftlich und rechtlich geschützter Arbeit werden ungeschützte, hausfrauisierte, „prekäre" Arbeitsverhältnisse. (...) Im globalen kapitalistischen Patriarchat kann es nicht Gleichheit für alle geben. [174f.] (...)

Angesichts der neuen Globalisierung und Liberalisierung des Weltmarkts, verbunden mit der oben beschriebenen „Deregulierung", „Flexibilisierung" bzw. „Hausfrauisierung" von Arbeitskraft reicht die traditionelle Gewerkschaftsstrategie nicht mehr aus. Sie basiert nicht nur auf der patriarchalisch-kapitalistischen Trennung von bezahlter Erwerbs- und unbezahlter Hausarbeit, sondern auch auf der Annahme, das Modell der westlichen Industriegesellschaft, sein Produktions- und Konsummuster sei im Zuge der „nachholenden Entwicklung" zu verallgemeinern. (...)

Eine Strategie, die diesem evolutionären Denken folgt und nur eine Umverteilung des ökonomischen Kuchens einfordert (...), oder größere Anteile für Frauen verlangt, ohne zu fragen, wie denn dieser Kuchen überhaupt zustande gekommen ist, (...) welche Bereiche unserer Realität kolonisiert werden müssen, um ihn backen zu können, eine solche Strategie macht sich Illusionen über die Wirklichkeit.

Für Frauen und Männer kann es angesichts der neuen weltweiten, patriarchalen Kapitalstrategie nicht mehr ausreichen, nur weiterhin mehr geschützte Lohnarbeitsplätze auf der Grundlage von Wirtschaftswachstum zu fordern. Innerhalb einer globalisierten kapitalistischen Wirtschaft können die Forderungen und Rechte bestimmter ArbeiterInnen stets unterlaufen werden durch ein Ausweichen auf billigere Arbeitskräfte in andere Länder und Regionen. (...) Wir müssen uns Gedanken über ein ganz anderes Wirtschaftsmodell machen. Wir brauchen eine Wirtschaft, die nicht den einen das Brot stiehlt, damit andere Kuchen essen können. Eine solche Wirtschaft kann aber nicht mehr auf permanentem Wachstum und darum auf der Kolonisierung von Frauen, Natur und fremden Völkern basieren (vgl. Mies 1988).

Eine solche nicht-wachstumsorientierte, nicht-koloniale, nicht-patriarchale, nicht ausbeuterische Wirtschaft und Gesellschaft müsste auf den Prinzipien der Subsistenz und der Regionalität aufgebaut sein. Dabei stehen nicht nur die Grenzen unseres Planeten im Vordergrund, sondern das Prinzip der Selbstversorgung, ein anderer Begriff von „gutem Leben", eine Kritik des Konsumismus, die Respektierung natürlicher Zyklen und die Schaffung neuer Verhältnisse zwischen Mensch und Natur, Mann und Frau, Stadt und Land, zwischen verschiedenen Völkern, Rassen und Ethnien (...). Um sie zu realisieren, ist zunächst ein anderer Blick auf die Wirklichkeit notwendig. Wir nennen ihn die Subsistenzperspektive (...).

*Die Subsistenzperspektive: Von der Kritik zur Perspektive*

(...)
Was dem Kapital im Grunde entgegensteht ist die Subsistenz, nicht die Lohnarbeit. (...) Zur Subsistenzperspektive müssen wir andere und lebendige Beziehungen zu anderen Menschen schaffen, um gemeinsam unser Leben zu produzieren. Subsistenzbeziehungen zwischen Menschen und Subsistenzbeziehungen zur Natur. Das Kapital führt seit mehr als 200 Jahren einen Krieg gegen die Subsistenz. [179-181] (...)

Meiner Meinung nach kann die Alternative zum globalen Kapitalismus nur in der Wiedererlangung der Kontrolle von Gemeinwesen über ihre lokalen und regionalen Existenzbedingungen bestehen, über Land, Wälder, Ressourcen, Wasser, Arbeitskraft, Biodiversität, Kultur, Wissen (vgl. Bennholdt-Thomsen/ Mies 1997). (...)

Auch wenn der Begriff „Subsistenz" so nicht überall vorkommt, zielen doch viele Ansätze in eine ähnliche Richtung. Vielen geht es um folgende Prinzipien:

- Regionalisierung (Lokalisierung) statt Globalisierung,
- Selbstversorgung (Self-Reliance) statt Marktabhängigkeit,
- Landwirtschaft vor Industrie,
- Zusammenführung von Produktion und Konsum,
- organische Landwirtschaft statt Agrobusiness,
- Nahrungssouveränität und gesunde Nahrung statt Industrienahrung (...),
- keine Gen-Nahrung,
- Demokratie von unten (direkte Demokratie),

## 2 Erste Entwürfe zur Beziehung der Geschlechter

- neue internationale, demokratische, ökologische, soziale Zusammenarbeit statt „Weltinnenpolitik",
- keine Patentierung des Lebens.

(...) Diese Globalisierung von unten kann nur Erfolg haben, wenn sie auch das Mann-Frau-Verhältnis revolutioniert. [184f.]

# 3 Differenztheoretische Ansätze: Zu Unterschieden zwischen Frauen und Männern

*Ulrike Vogel*

## Einleitende Hinweise

Die polarisierende Sicht auf zwei Geschlechter mit komplementären Eigenschaften wird in Theoriediskussionen heute heftig kritisiert, taucht in popularisierten Formen jedoch immer wieder auf. Umso wichtiger ist es, differenztheoretische Ansätze in der Frauen- und Geschlechterforschung genauer zu betrachten. Als viel diskutierte Beispiele werden hier, wie angedeutet, die Debatte um die „weibliche Moral", die an Erkenntnisse aus den USA anschließt, und die Diskussion um das „weibliche Arbeitsvermögen", die in der Bundesrepublik geführt wurde, skizziert.

Erkenntnisse zur „weiblichen Moral" gehen letztlich auf Forschungen von Kohlberg (1974) zurück, der bei der Entwicklung des moralischen Bewusstseins von Kindern drei Entwicklungsniveaus mit jeweils zwei Stufen erkannte:

„Auf dem ersten, vorkonventionellen Niveau ist der Bezugspunkt der materielle Nutzen bzw. Schaden i.S. von Bedürfnisbefriedigung, auf Stufe 2 die für alle optimale Bedürfnisbefriedigung. Auf dem zweiten, konventionellen Niveau werden soziale Normen zum Bezugspunkt, zunächst auf Stufe 3 die Erwartungen einer bestimmten Bezugsgruppe, auf Stufe 4 die gegebene soziale Ordnung als solche. Auf dem dritten, postkonventionellen Niveau orientiert sich das moralische Bewusstsein an allgemeinen Prinzipien, auf Stufe 5 an dem Gedanken des Vertrages und des konsensuellen Rechts, auf Stufe 6 an universellen ethischen Prinzipien wie z.B. der Würde der menschlichen Person" (Geulen 1991: 51).

Carol Gilligan (1984) entdeckte in der Auseinandersetzung mit den Ergebnissen Kohlbergs zunächst, dass Frauen im Vergleich zu Männern häufiger nicht das postkonventionelle Niveau erreichten. Sie kam dann zur Erkenntnis einer „weiblichen", an der Sorge und Verantwortung für andere neben einer „männlichen", an abstrakten Prinzipien wie Gerechtigkeit orientierten Moral. Viele Forscherinnen halten nach empirischen Untersuchungen diese zwei Ausprägungen von Moral nur in Abhängigkeit von der Lebenssituation für wichtig, womit sich z.B.

die Forschungsfrage nach der jeweiligen Vereinbarung von Autonomie und Bindung im Leben von Frauen ergibt (vgl. Bilden 1991: 296).

Dennoch hat sich eine Grundsatzdebatte über die Gültigkeit einer weiblichen neben einer männlichen Moral ergeben, in der z.B. Gertrud Nunner-Winkler (1998) anhand eigener empirischer Befunde den, wie sie sagt, „Mythos von den zwei Moralen" widerlegt. Sie stellt fest, dass sich Jungen und Mädchen in ihrem moralischen Wissen kaum unterscheiden und dass Fürsorglichkeit eher „dilemmaspezifisch, nicht geschlechtsabhängig" (Nunner-Winkler 1998: 85) auftritt. Die Entwicklung der moralischen Motivation ist „ein langwieriger und mühseliger Lernprozess" (Nunner-Winkler 1998: 88), der nach ihren Ergebnissen bis zum Alter von 10-11 Jahren nicht zu Geschlechtsunterschieden führt. Bei Jugendlichen ohne Adoleszenskrise findet sich zwar eine Fürsorgeorientierung eher bei Mädchen und eine Gerechtigkeitsorientierung eher bei Jungen, bei Jugendlichen mit Adoleszenzkrise jedoch eher Fürsorgeorientierung bei Jungen und Gerechtigkeitsorientierung bei Mädchen (Nunner-Winkler 1998: 93), womit die verschiedenen Ausprägungen einer Moral letztlich durch Lebensumstände nach Nunner-Winkler deutlich werden.

In einer kritischen Würdigung der Argumente von Nunner-Winkler für nur eine Moral, die letztlich beide Perspektiven miteinander verbindet (vgl. Maihofer 1998: 107; 111), weist Maihofer darauf hin, dass nach Gilligan beide Moralen einzelne Normen der jeweils anderen Moral aufnehmen können bei Aufrechterhaltung ihrer jeweils kennzeichnenden Priorität der Gerechtigkeit bzw. Fürsorge (vgl. Maihofer 1998: 107ff.). Nach Maihofer sind aber die zwei Moralen in der Konzeption Gilligans nicht nur Ensembles von Normen, wie Nunner-Winkler nahelegt, sondern „komplexe Verbindungen einer Vielzahl spezifischer Denk-, Gefühls- und Handlungsweisen, Körperpraxen, Wissensformen, aber auch gesellschaftlicher Verhältnisse und Institutionen" (Maihofer 1998: 116). Damit aber ergibt sich die weitere Frage, unter welchen Bedingungen die jeweiligen Prioritäten von Gerechtigkeit bzw. Fürsorge so dominierend werden, dass von zwei Moralen gesprochen werden könnte. In diesem Zusammenhang geht es für Knapp darum, die jeweils entsprechenden materialen Grundlagen unterschiedlicher Ausprägungen von Gerechtigkeits- und Fürsorgeorientierungen und ihre jeweilige Verarbeitung bei verschiedenen Männern und Frauen differenziert zu analysieren (vgl. Knapp 1998a: 178).

Die Konzeption Gilligans von den zwei Moralen bietet somit Anknüpfungspunkte für weitere differenzierte Fragen nach den Lebensumständen, die eine Herausbildung von Gerechtigkeits- bzw. Fürsorge-Orientierungen in moralischen Urteilen bei Männern und Frauen begünstigen.

Das Konzept des „weiblichen Arbeitsvermögens" entstand in den 1970er Jahren an der Universität München im Rahmen des Sonderforschungsbereichs

## 3 Differenztheoretische Ansätze

„Theoretische Grundlagen sozialwissenschaftlicher Berufs- und Arbeitskräfteforschung" (SFB 101) und wurde durch Elisabeth Beck-Gernsheim (1976) und Ilona Ostner (1978) in die Diskussion zur Frauen- und Geschlechterforschung eingebracht.

Beide Forscherinnen zeigen die Zuständigkeit von Frauen für den Bereich bedürfnisorientierter, reproduktiver Arbeit in der Familie im Gegensatz zur Zuständigkeit von Männern für den Bereich tauschwertorientierter, produktiver Arbeit im Beruf auf. Sie leiten aus den dieser gesellschaftlichen Arbeitsteilung entsprechenden Sozialisationserfahrungen von Frauen die Entwicklung eines „für *Frauen* typischen Arbeitsvermögens" (Beck-Gernsheim 1976: 7) und eine besondere Affinität zu Frauenberufen ab, die letztlich eher Karrierenachteile mit sich bringen. Kritisch betont Beck-Gernsheim die Lage von Frauen: *„Ihre nichtberuflichen Dispositionen werden im Berufssystem rigoros ausgenutzt, zu ihrer Unterordnung und Unterbezahlung eingesetzt; ihr Festhalten an der Gebrauchswertorientierung wird gegen sie gewandt, zur Minimierung ihrer Tauschchancen verwandt"* (Beck-Gernsheim 1976: 145). Ostner zeigt die Gegensätze zwischen marktorientierter beruflicher, formal qualifizierter und bedarfsorientierter, reproduktionsbezogener, nicht planbarer Arbeit auf. Widersprüche in der weiblichen Berufsarbeit ergeben sich mit der Anpassung „eines eher am Arbeitsbereich Familie orientierten weiblichen Arbeitsvermögens an die berufliche Realität" (Ostner 1978: 234), so dass es bei Frauen neben inhaltlichem Engagement und Solidarität auch eine instrumentelle Orientierung sowie Konkurrenzverhalten geben kann. Vor allem aber bedeutet der Beruf wegen der daran gemessen geringen Wertigkeit von Hausarbeit eine Chance der Selbstbestätigung für Frauen. So ergibt sich der „Wunsch nach Berufstätigkeit und Verzicht auf die „große Familie", auf unbezahlte Aufopferung" (Ostner 1978: 244), die in der Tendenz aber auch im Beruf immer weniger mit eingebracht wird (vgl. Ostner 1993: 120).

Die heftige Kritik an der Kategorie „weibliches Arbeitsvermögen" entzündete sich vor allem an der Gefahr einer Zuordnung von „weiblichem Arbeitsvermögen" als Eigenschaft von Frauen – ohne hinreichende Berücksichtigung der gesellschaftlichen Widersprüche und historischen Konstellationen, die die Zuschreibung solcher Fähigkeiten erst ermöglichen bzw. deren Wertigkeit auch verändern. So fragt Gudrun-Axeli Knapp nach der Konstitution der Subjektpotentiale von Frauen, die unter Kategorien wie „weibliches Arbeitsvermögen" für sie als „idealisierende Abstraktionen" (Knapp 1988: 11) ohne Bezug zu historischen bzw. gesellschaftlichen Zusammenhängen erfasst sind. Für die Lage von Frauen gilt nach Knapp: „Die Darstellung des Geschlechterverhältnisses als objektiver Strukturzusammenhang dürfte verdeutlichen, dass „Weiblichkeit" einerseits eingefordert, andererseits gebrochen bzw. verhindert und schließlich auch noch permanent unterlaufen wird, weil Frauen, die dem Klischee wirklich entsprächen, für diese Gesellschaft dysfunktional wären" (Knapp 1988: 13).

Diese Kritik zeigt, dass die Kategorie „weibliches Arbeitsvermögen" einer Diskussion der widersprüchlichen gesellschaftlichen Zusammenhänge dienen kann, in denen sie entstanden ist und verwendet wird. Dabei kann genauer bestimmt werden, welche Aspekte der Realität sie im Rahmen gegebener Herrschaftsverhältnisse erfasst.

Obwohl also die Kategorien der „weiblichen Moral" und des „weiblichen Arbeitsvermögens" kennzeichnend sind für vergangene Etappen der Theorie-Entwicklung in der Frauen- und Geschlechterforschung, können sie noch immer Ausgangspunkt einer differenzierenden Diskussion um die Konstitution von Geschlechterunterschieden sein. Im Folgenden werden als Beispiele für diese differenztheoretischen Erkenntnisse zu „weiblicher Moral" und „weiblichem Arbeitsvermögen" die entsprechenden Ausführungen von Nunner-Winkler (1995) und Beck-Gernsheim (1979) angeführt.

**Gertrud Nunner-Winkler (1995): Gibt es eine weibliche Moral? In: Nunner-Winkler, Gertrud (Hg.): Weibliche Moral. Die Kontroverse um eine geschlechtsspezifische Ethik. München: DTV: 147-161 – Auszüge**

Gibt es eine weibliche Moral? Eine Diskussion dieser Frage setzt voraus, daß man vorab klärt, was unter Moral zu verstehen ist. (...) Unter Moral verstehe ich i.f. allgemeine Grundprinzipien, die in allen Kulturen und zu allen Zeiten gelten: Prinzipien, von denen ich – Kantisch gesprochen – wollen kann, daß sie allgemeines Gesetz würden; (...) Universalisierbarkeit und Unparteilichkeit sind also die zentralen Momente, die moralische Regeln vor anderen normativen Regulierungen auszeichnen.

Man mag vielleicht einwenden, diese Bestimmung von Moral entspreche gerade der von Carol Gilligan kritisierten, typisch männlich-abstrakten Denkweise, die Moral durch rigide Regeln und allgemeine Prinzipien definiert, statt zu begreifen, daß Moral in je konkrete Lebensformen eingewoben ist. Darum sei erwähnt, daß bereits kleine Kinder, etwa ab 4 Jahren, nach den gleichen Kriterien klare Unterscheidungen zwischen moralischen Regeln, bloßen Konventionen und idiosynkratischen Wertorientierungen treffen. (...) Bereits kleine Kinder begreifen, daß bestimmte Regeln allgemeine, von Autoritäten unabhängige Gültigkeit besitzen. Diese Regeln, die überall und jederzeit, wo Menschen zusammenleben, Geltung besitzen, sind die moralischen Regeln.

## 3 Differenztheoretische Ansätze 67

Wenn die Bedeutung von Moral nun auf einen universalistische Geltung beanspruchenden Kern von Regeln eingegrenzt wird, dann scheint sich die Frage nach einer >weiblichen Moral< von selbst zu beantworten: Nach dieser Konzeptualisierung nämlich kann es nur eine oder keine Moral geben. Aber ganz so einfach ist es nicht. Es gibt zwei Punkte, in denen auch nach diesem Moralverständnis Unterschiede in der Deutung auftauchen können:

*Ausnahmen von negativen Pflichten:* Eine Kontroverse ergibt sich einmal bei den sogenannten negativen Pflichten, die die Unterlassung bestimmter Handlungen fordern: >du sollst nicht töten, lügen, stehlen, jemanden verletzen, seiner Freiheit berauben< etc. Dabei geht es um die Frage, ob diese Pflichten strikt und ausnahmslos (...) einzuhalten sind oder ob (...) Ausnahmen moralisch gerechtfertigt werden können. Rechtfertigbar wären sie, wenn durch die Befolgung der Norm ein größerer Schaden für andere als durch ihre Übertretung erzeugt wird (z.B. Notlüge, Tyrannenmord) (...). Nach Gilligan (1984) wird in der >männlichen< Moral eher die strikte oder ausnahmslose Geltung abstrakter Prinzipien unterstellt, wohingegen Frauen eher dazu neigen, Regeln flexibel und kontextsensitiv unter Berücksichtigung konkreter, Randbedingungen und Situationsumstände anzuwenden. Ohne diese Frage i.f. weiter behandeln zu wollen, möchte ich nur kurz die Ergebnisse aus einer Untersuchung von Rainer Döbert und mir erwähnen (...). Wir haben in 4-6stündigen Intensivinterviews, die wir mit 112 14-22jährigen weiblichen und männlichen Jugendlichen unterschiedlicher Schichtherkunft geführt haben, u.a. über die Legitimität von Schwangerschaftsabbruch und Wehrdienstverweigerung diskutiert. Dabei zeigte sich, daß in der Tat – wie Gilligan behauptet hatte – die männlichen Befragten in der Abtreibungsdiskussion abstrakt und prinzipalistisch argumentierten (>Frauen haben das Recht, selbst zu entscheiden< oder: >töten darf man nicht<), während die weiblichen Jugendlichen ausführliche und sehr konkrete Überlegungen über mögliche Situationsbedingungen anstellten (>wenn die Mutter sehr jung ist, keine Ausbildung hat, das Kind mißgebildet ist< etc.). Bei der Diskussion über Wehrdienstverweigerung aber kehrte sich die Situation völlig um: Nunmehr waren es die weiblichen Befragten, die kurz und bündig antworteten (>töten darf man nicht< oder aber: >Verteidigung muß sein<), und es waren die männlichen Befragten, die Kontextbedingungen berücksichtigt wissen wollten (Frage nach einem >gerechten< Krieg, Folgen eines möglichen Atomkrieges etc.). Döbert und ich (1986) folgerten aus diesem Ergebnis, daß die Bereitschaft, allgemeine moralische Prinzipien kontextsensitiv anzuwenden, nicht eine Frage der Geschlechtszugehörigkeit, sondern vielmehr eine Frage der Betroffenheit oder auch eine Frage der Reife des moralischen Urteils (...) ist.

*Interpretation positiver Pflichten:* Der zweite Punkt, an dem Differenzen im Verständnis von Moral auftreten können, betrifft die Interpretation der positiven

Pflichten. Diese fordern die Ausführung von Handlungen: >du sollst jemandem in Not helfen, übernommene Verpflichtungen erfüllen< etc. Anders als die negativen Pflichten, die als bloße Unterlassung jederzeit und gegenüber jedermann eingehalten werden können, bedürfen positive Pflichten einer Spezifizierung: die prinzipielle Knappheit aller Ressourcen (Zeit, Geld, Kraft) erzwingt eine Entscheidung darüber, wem wann wieviel Hilfe zuteil werden soll. Nach Gilligan ist nun die männliche Ethik eine Gerechtigkeitsethik, d.h. sie besteht aus einer wohldefinierten Menge klar abgegrenzter Rechte und Pflichten; weiblich hingegen sei eine Ethik der Fürsorglichkeit und Verantwortlichkeit. (...)

Die Behauptung, es gäbe geschlechtsspezifische Unterschiede in der Ausdeutung moralischer Pflichten, setzt voraus, daß sich allgemeine Merkmale des weiblichen im Gegensatz zum männlichen Dasein ausmachen lassen, die diese Unterschiede fundieren. Zwei solcher Erklärungsmodelle werden in der feministischen Diskussion erörtert:

*Objektive, biologische Differenzen:* Ausgangspunkt einer eher biologistischen Ableitung (...) ist die Feststellung, nicht der Kontrakt, wie in vertragstheoretischen Ethiken unterstellt, sondern die Eltern-Kind-Beziehung sei das prototypische Modell menschlichen Zusammenlebens. Aus mehreren Gründen sind es dabei spezifisch weibliche Erfahrungen, aus denen die moralische Orientierung einer Fürsorglichkeit für konkrete andere sich speist. In letzter Instanz ist die Frau für die Existenz eines Kindes verantwortlich: sie entscheidet, das Kind auszutragen (...); sie gebiert das Kind unter Schmerzen, und vorrangig wendet sie Mühe und Arbeit für seine Versorgung und Erziehung auf; (...). Aus rein biologischer Perspektive also ist für den Mann ein spezifisches Kind weitgehend zufällig und austauschbar; die intensive Zuwendung zu dem je individuell gegebenen Kinde hingegen eine >natürliche< Tendenz der Frau. Diese wird zu der weiblichen Fürsorglichkeitshaltung gegenüber je konkreten anderen generalisiert, die mit der männlichen Orientierung an abstrakten Prinzipien klar kontrastiert.

*Frühkindliche Erfahrungen:* Gilligan (...) hat in neueren Aufsätzen die These eines biologischen Determinismus zurückgewiesen: Gerechtigkeit und Fürsorglichkeit begreift sie nunmehr als zwei gleich notwendige, einander jedoch ausschließende Perspektiven. Wiewohl Männer wie Frauen im Prinzip jede der beiden Perspektiven einnehmen könnten, präferieren faktisch Männer die Gerechtigkeitsperspektive, Frauen hingegen die Fürsorglichkeitsperspektive. Zur Erklärung verweist Gilligan – auf Nancy Chodorow sich berufend – auf Unterschiede in der frühkindlichen Mutter-Kind-Beziehung. Für Jungen wie Mädchen ist die Mutter die erste Bezugsperson, zu der sie eine enge Bindung aufbauen. Für das kleine Mädchen ist ein Festhalten an dieser engen Identifikation mit der Mutter unproblematisch: es darf - ja es soll sogar - so werden wie die Mutter ist. Der Junge hingegen begreift, daß er anders werden muß, wenn er ein Mann wer-

# 3 Differenztheoretische Ansätze

den will. Eine zu enge Identifikation mit der Mutter – wofür ein ungebrochen spontanes Gewähren und Empfangen von Fürsorglichkeit ein Indiz wäre – wird als Bedrohung der männlichen Identität erfahren. Während das Mädchen also ein Selbst aufbaut, für das die Eingebundenheit in Beziehungen konstitutiv ist, muß der Junge sein Selbst klar gegen zu enge Bindungen abgrenzen; er erfährt sich als abgetrennt, es geht ihm nicht um Beziehungen, sondern um Autonomie. (...) Solche Unterschiede in der Selbsterfahrung lassen sich nach Gilligan (1984) schon am Spiel von Vorschulkindern nachweisen.

Beide Erklärungsmodelle möchte ich i.f. bestreiten. Fürsorglichkeit gehört zu den positiven Pflichten. Diese bedürfen einer Spezifizierung, die nicht primär persönlichkeitsspezifisch oder geschlechtsspezifisch erfolgt; vielmehr – so meine These – legen gesellschaftlich vorgegebene Normierungen inhaltlich relativ detailliert fest, wann wem wieviel an Fürsorglichkeit geschuldet ist. Zur Illustrierung der Argumentationslogik beginne ich mit gruppen- und kulturspezifischen Normierungen, um dann die eigentliche These, >weibliche< Moral sei eine Rollenmoral, empirisch zu fundieren.

*Gruppen- und kulturspezifische Normierungen:* (...) Ein Beispiel möchte ich unseren eigenen alltagsweltlichen Erfahrungen entnehmen: (...) Jeder, der die Türkei oder auch entlegenere Gegenden Griechenlands bereist hat, ist überrascht und beeindruckt, mit welcher Herzlichkeit und Offenheit man in diesen Ländern dem Fremden begegnet, ihm Gastfreundschaft oder kleine Geschenke anbietet; zugleich aber wird er sich bestimmt vergegenwärtigen, wie türkische oder griechische Gastarbeiter bei uns aufgenommen und behandelt werden. Diese krassen Diskrepanzen spiegeln kulturspezifische Normen über den Umgang mit Fremden wider, die ihrerseits Korrelat des je unterschiedlichen Modernisierungsgrades sind. Ist der Besuch eines Fremden ein seltenes Ereignis und ist man selbst als Reisender in unwirtlichen Gegenden auf Unterstützung angewiesen, macht die Norm einer jedem Fremden geschuldeten Gastfreundschaft (>Gastrecht<) Sinn. Sieht man sich hingegen im Großstadtverkehr täglich einer anonymen Masse Fremder konfrontiert, so wird die klare Grenzziehung zwischen Vertrauten, die Gastfreundschaft genießen, und Fremden, gegen die man sich abschottet, zur Selbstverständlichkeit. [147-152] (...)

Die klare Abgrenzung wechselseitiger Rechte und Pflichten in spezifischen Beziehungen ähnelt dem, was Gilligan als charakteristisch für die männliche Gerechtigkeitsperspektive schildert: der isolierte Aktor bemißt die Berechtigung konfligierender Ansprüche der Beteiligten an explizierten Normen und Standards. Bei der Fürsorglichkeitsperspektive hingegen steht – ähnlich wie in der diffusen Rollenorientierung – nicht der Aktor, sondern die Beziehung im Zentrum, und es werden nicht Rechte und Pflichten aufgerechnet, sondern jeder ist gehalten, alle Bedürfnisse des anderen wahrzunehmen und zu erfüllen.

In unserer Kultur übernehmen Frauen vorwiegend und zum Teil sogar ausschließlich diffuse Rollen (z.B. Familienrollen), während Männer vor allem in spezifische Rollen (z.B. Berufsrollen) einsozialisiert werden. (...) Sollten Frauen also in der Tat, wie Gilligan behauptet, moralische Konflikte eher aus einer Fürsorglichkeits- als aus einer Gerechtigkeitsperspektive betrachten, so könnte dies Folge der Tatsache sein, daß sie fast ausschließlich in diffusen Rollen agieren.

Diese These, Gilligans >weibliche< Fürsorglichkeitsmoral sei eine Rollenmoral (...) will ich i.f. empirisch zu belegen versuchen. Dabei ziehe ich Daten über die weibliche Moralauffassung zu drei unterschiedlichen Zeitpunkten im weiblichen Lebenslauf heran: in der frühkindlichen Phase, in der Adoleszenz und im Erwachsenenleben.

*1. Frühkindliche Phase.* Bereits für das Vorschulalter erwartet Gilligan (...) geschlechtsspezifische Unterschiede in der Selbsterfahrung und Moralauffassung, die sich Unterschieden in der frühkindlichen Mutter-Kind-Beziehung verdanken. Diese These findet jedoch in den von Beate Sodian und mir (vgl. Nunner-Winkler/Sodian 1988; vgl. Nunner-Winkler 1989) im Rahmen einer (...) Längsschnitt-Untersuchung erhobenen Daten keine Bestätigung. 221 4-5jährigen Kindern wurden mehrere Bildgeschichten vorgelegt, in denen der Protagonist einfache Regelverletzungen begeht (...); gefragt wurde nach der Regelkenntnis (...), nach dem Regelverständnis (Warum?) und nach der Emotionszuschreibung zu dem Täter (...). (...) So gut wie alle Kinder kannten die vorgelegten Regeln und verstanden ihre autoritäts- und sanktionsunabhängige Gültigkeit. Weder bei der Regelkenntnis noch bei der Regelbegründung zeigen sich Geschlechtsunterschiede.

Wie steht es nun bei der Emotionszuschreibung? Mit dieser Frage sollte die motivationale Verankerung moralischer Regeln überprüft werden. (...) Die meisten jüngeren Kinder erwarteten, der Protagonist werde sich wohlfühlen – schließlich hat er seine Bedürfnisse befriedigt. Dieser Befund erwies sich als stabil und wurde zwischenzeitlich vielfach repliziert. (...) Wichtig im vorliegenden Kontext: Es gibt keine Geschlechtsdifferenzen in der Emotionszuschreibung. Entgegen Gilligans Erwartung zeigen die kleinen Mädchen also keine größere Bereitschaft, positive Pflichten (Teilen, Helfen) als verbindlich zu erachten oder bei deren Nichterfüllung Reue oder Mitgefühl mit dem Opfer zu antizipieren. [152-154] (...)

Unsere Ergebnisse legen also folgende – Kohlbergs Beschreibung der präkonventionellen Phase differenzierende – Deutung des moralischen Lernprozesses nahe: zuerst lernen alle Kinder, daß es moralische Regeln gibt und warum diese Geltung beanspruchen. Danach aber bedarf es noch eines weiteren Lernprozesses, bis die Kinder begreifen, daß es nicht genügt, Normen zu kennen und zu verstehen, sondern daß man Normen befolgen wollen soll, auch dann, wenn

## 3 Differenztheoretische Ansätze 71

dies den eigenen Interessen zuwiderläuft, d.h. bis den Kindern die Befolgung der Norm selbst zum Bedürfnis wird (Verinnerlichung). Dieser zweite Lernschritt erstreckt sich über mehrere Jahre und nicht alle schließen ihn erfolgreich ab.

Diese Daten widerlegen Gilligan in doppelter Hinsicht: zum einen lassen sich – trotz der unbestritten unterschiedlichen Bedeutung, die eine frühkindliche Mutterbindung für Jungen und Mädchen besitzt – keine Geschlechtsunterschiede im Moralverständnis von Vorschulkindern nachweisen. Zum zweiten ist es ein Mißverständnis, zu glauben, Moral erwachse aus Mitgefühl und spontaner Empathie. Diese vermögen zwar in der Tat altruistische Handlungen anzuleiten. Daß aber als gültig erkannte moralische Normen auch denen gegenüber einzuhalten sind, mit denen man spontan Empathie nicht empfindet, und daß sie auch dann einzuhalten sind, wenn dies den eigenen Interessen widerspricht – das muß erst mühsam gelernt werden: Dieser zweite moralische Lernprozeß verläuft – wie die Daten zeigen – bei den einzelnen Kindern unterschiedlich schnell und auch unterschiedlich erfolgreich: Diese Unterschiede aber sind individuelle Unterschiede – nicht geschlechtsspezifische.

Doch vielleicht kristallisieren sich die erwarteten Geschlechtsunterschiede in der Moralauffassung erst in der Adoleszenzphase heraus, die ja für die Ausbildung einer weiblichen oder männlichen Identität entscheidend ist. [155]

*2. Adoleszenzphase.* (...) Die Frage nach Verteilungsgerechtigkeit eignet sich gut zur Erfassung unterschiedlicher Moralperspektiven, da es – auch auf philosophischer Ebene – keinen Konsens darüber gibt, welches der möglichen Gerechtigkeitskriterien: Gleichheit, Leistung oder Bedürfnisse, den Vorrang haben solle. (...)

Wie urteilen nun die Jugendlichen in der Untersuchung von R. Döbert und mir (vgl. dazu Nunner-Winkler 1985)? I. f. diskutiere ich nur die Antworten der älteren (über 16jährigen) weiblichen Befragten, die ich (aufgrund von Indikatoren wie: intensives Nachdenken über den Sinn des Lebens, über Religion, über Selbstmord; Stimmungslabilität; starker Einstellungswandel; Konflikt mit Autoritäten etc.) nach der Heftigkeit ihrer Adoleszenzkrise (...) in zwei Gruppen eingeteilt habe. (...)

Es scheint (..), daß die krisenhaften weiblichen Jugendlichen Verteilungsgerechtigkeit unter der >männlichen< Gerechtigkeitsperspektive wechselseitig aufrechenbarer Rechte und Pflichten diskutieren, die krisenfreien hingegen unter der >weiblichen< Fürsorglichkeitsperspektive, die Bedürfnisse berücksichtigt, Schwächen zu kompensieren erlaubt und bereit ist, dem Individuum mehr zu geben als ihm seiner Leistung nach zusteht. (...)

Aufgrund dieser (...) Daten neige ich zu folgender Interpretation: In der Krisenerfahrung rebellieren die Jugendlichen gegen gesellschaftliche Rollenzumutungen oder dominante Wertorientierungen. Die krisenhaften Frauen rebellieren gegen die traditionelle weibliche Geschlechtsrollenzuschreibung, die krisenfreien Frauen hingegen übernehmen sie. Sollte diese Deutung triftig sein, so würden die unterschiedlichen Argumentationsweisen beim Verteilungsproblem meine Globalthese bestätigen: Die Interpretation positiver Pflichten, das Ausmaß also, in dem Fürsorgeverpflichtungen wahrgenommen werden, ist vermittelt durch Rollennormen. Wer die traditionelle weibliche Geschlechtsrollenidentität bruchlos (krisenfrei) übernimmt, nach der die Frau primär in affektive, diffuse, partikularistische Rollenzusammenhänge eingebettet bleibt, der mag in der Tat Gilligans Fürsorglichkeitsperspektive generalisieren und spontan bei der Beurteilung der unterschiedlichen sozialen Konflikte anwenden. Wer hingegen die Autonomie und Unabhängigkeit für sich beansprucht, die bislang eher den Männern zugestanden oder auch zugemutet wird, urteilt eher nach Gilligans Gerechtigkeitsethik.

Wie neuere Analysen der Längsschnitts-Studie mit den nunmehr 22-jährigen Befragten gezeigt haben, finden sich Geschlechtsunterschiede zwar nicht in der moralischen Orientierung (Gerechtigkeit versus Fürsorge) oder in der Bereitschaft Ausnahmen zuzulassen, aber doch in der Stärke der moralischen Motivation, und zwar in Abhängigkeit von der Identifikation mit der eigenen Geschlechtsrolle. Bei Befragten mit niedriger Geschlechtsidentifikation finden sich keine Geschlechtsunterschiede. Bei den hoch geschlechtsidentifizierten Befragten finden sich jedoch deutlich mehr Jungen als Mädchen mit niedriger und deutlich weniger Jungen als Mädchen mit hoher moralischer Motivation (Nunner-Winkler in Journal of Moral Education, in preparation).

*3. Die Phase des Erwachsenenlebens.* Daß in der Tat Fürsorglichkeit und das Bestreben, soziale Vernetzungen und Beziehungen nicht zu gefährden, mit Rollenauffassung zu tun haben, scheint mir durch die feministischen Emanzipationsdebatten, also auch in der Lebensphase des Erwachsenendaseins bestätigt zu werden. [156-158] (...)

(...) Dieses neue Selbstverständnis spiegelt sich auch in den Gleichstellungsforderungen wider. Es geht um Verteilungsgerechtigkeit: Wie können knappe Stellen gerecht verteilt werden? Quotierungsforderungen können als gerecht gelten – fürsorglich sind sie nicht. Eine Fürsorglichkeitsargumentation würde den auf Männern noch immer stärker lastenden sozialen Erwartungsdruck hinsichtlich Berufserfolg zumindest mitbedenken. In dem Maße, in dem Frauen sich von den traditionellen weiblichen Geschlechtsrollen lösen, in dem sie teilhaben am gesellschaftlichen Modernisierungsprozeß, ja diesen sogar aktiv mit vorantreiben, fordern sie Gleichheit, Gerechtigkeit und Autonomie – Prinzipien einer >männlichen< Gerechtigkeitsethik.

Um kurz zusammenzufassen: Wenn Frauen mehr Fürsorglichkeit zeigen, dann nicht, weil sie die Fähigkeit haben, Kinder zu gebären, und nicht, weil sie aufgrund einer engeren frühkindlichen Mutteridentifikation ein beziehungs- und

## 3 Differenztheoretische Ansätze

fürsorgeorientiertes Selbst aufgebaut haben, sondern weil sie häufiger diffuse Rollen innehaben. Es liegt nun, wenn ich das zum Schluß anmerken darf, eine gewisse Ironie in der Tatsache, daß die Frauen just in dem Moment, in dem sie gegen traditionelle Rollenzuschreibungen protestieren, in dem sie rechenhaft die Gleichverteilung aller Rechte und Pflichten in Beruf, Haushalt und Familie einklagen, und damit nicht nur für eine Umverteilung von Rollenzumutungen plädieren, sondern eigentlich Familie als diffus strukturierte Einheit selbst auflösen und an deren Stelle eine Beziehung auf Sozialvertragsbasis setzen – daß die Frauen also just in dem Moment, in dem sie deren sozialstrukturelle Basis untergraben, Fürsorglichkeit als zentralen Aspekt von Moral entdecken und als spezifisch >weiblich< für sich reklamieren. [159]

**Elisabeth Beck-Gernsheim (1979): Männerrolle, Frauenrolle – aber was steht dahinter? Soziologische Perspektiven zur Arbeitsteilung und Fähigkeitsdifferenzierung zwischen den Geschlechtern. In: Eckert, Roland (Hg.): Geschlechtsrollen und Arbeitsteilung. Mann und Frau in soziologischer Sicht. München: C. H. Beck – Verlag: 165-201 – Auszüge**

*1. Die Widersprüchlichkeit der gegenwärtigen Situation: Weiterbestehen traditioneller Geschlechtsrollen – Aufkommen alternativer Lebensformen*

(...)
Die soziale Stellung von Männern und Frauen (ihr Selbstbild und Selbstverständnis, ihre Lebenspläne und Lebenschancen, auch die Beziehungen zwischen den Geschlechtern), dies alles ist heute durch zwei widersprüchliche Tendenzen gekennzeichnet. Auf der einen Seite besitzen die alten Rollendefinitionen – das, was als typisch „männlich" bzw. typisch „weiblich" zugeschrieben und erwartet, bestärkt und aufgezwungen wird – noch immer Durchsetzungskraft. Die Verantwortung für den Innenbereich der Familie, für Haushalt und Kindererziehung, ist weiterhin primär der Frau zugewiesen. (...) Gleichzeitig – und wohl nicht zufällig, wenn man diese Art der innerfamilialen Aufgabenverteilung vor Augen hat – ist auch in der Berufswelt eine „Chancengleichheit" zwischen den Geschlechtern nirgendwo in Sicht. Immer noch werden Frauen schlechter bezahlt als Männer, seltener befördert, in leitenden Stellen kaum beschäftigt und in Krisenzeiten eher entlassen. Hier im Beruf, dort in der Familie – die alten Etikettierungen, die alten Zuweisungen sind noch immer existent.

Und doch ist nicht zu übersehen, wie viel die traditionellen Rollendefinitionen schon an Geltung verloren haben. So gibt es zwar noch das gesellschaftlich definierte Stereotyp von „Männlichkeit", das letztlich eine moderne Version der alten Kriegertugenden ist.

(...) Aber stärker als früher beobachten wir einen Bruch zwischen gesellschaftlich definierter Vorgabe und tatsächlichem Verhalten der Männer. Gerade in der jüngeren Generation wächst die Zahl derer, die die volle Konzentration auf Berufsarbeit nicht mehr mitmachen wollen oder können, die sich den festgeschriebenen, festgefahrenen Spielregeln der männlichen „Normalbiographie" (...) zumindest ein Stück weit entziehen. (...)

Aber stärker noch als die Männer brechen die Frauen aus ihrer traditionellen Geschlechtsrolle aus. Die gesellschaftlich vorgeschriebene Form von „Weiblichkeit" ist bestimmt von Fürsorglichkeit, Freundlichkeit, Wärme, von Opferbereitschaft, Selbstlosigkeit und Aufgehen im Dienst der Familie. Was aber machen die Frauen? Sie entziehen sich zunehmend (...) der Mutterschaft; (...) – die Scheidungszahlen steigen, und es sind die Frauen, nicht die Männer, die häufiger die Scheidungsanträge stellen. Dagegen dringen die Frauen immer weiter in Bereiche ein, die einst den Männern vorbehalten waren. Sie werden berufstätig – und wollen häufig den Beruf auch nach der Heirat, ja sogar nach der Geburt eines Kindes nicht aufgeben; sie finden selbst Zugang zu Berufsfeldern, die einst ganz als „Männerdomäne" galten (...).

Genau diese widersprüchliche, spannungsreiche Situation in der gesellschaftlichen Stellung von Männern und Frauen – Konstanz *und* Wandel zugleich – müssen wir einfangen können, wenn wir Geschlechtsrollen untersuchen. [165-168] (...)

*2. Die Besonderheiten des weiblichen Arbeitsvermögens*

(...) Im Alltag, aber auch in der Wissenschaft wird häufig gesagt, es sei die „Doppelrolle" der Frau, die die Sonderstellung der Frau in der Arbeitswelt bedingt: die zeitliche Summierung von Beruf und Hausarbeit erlaube kein volles Engagement im Beruf, beschränke die Wahrnehmung der dort gebotenen Chancen. (...) Für mich ist es nicht so sehr die bloß quantitative Überlastung, die zeitliche Summierung von Hausarbeit und Berufsarbeit, die hinter den Problemen berufstätiger Frauen steht. Es ist eher der innere Gegensatz, der „qualitative Unterschied" (vgl. Beck-Gernsheim/Ostner 1978) zwischen Hausarbeit und Berufsarbeit, der zur Sonderstellung der Frau in der Berufswelt führt. (...)

Jedermann weiß, daß es in den Industriegesellschaften zwei Formen von Arbeit gibt, berufliche Arbeit und private Hausarbeit. Aber man sieht meist nicht, daß diese beiden Arbeitsformen ganz unterschiedlich organisiert und aufgebaut sind, nämlich eine je eigene „Logik" und innere „Gesetzmäßigkeit" besitzen (...) und unterschiedliche Anforderungen an das „Arbeitsvermögen" der

## 3 Differenztheoretische Ansätze

arbeitenden Personen stellen – d. h. an ihre Denkweisen und Verhaltensmuster, Interessen, Einstellungen, Situationsdeutungen, Wertorientierungen. (...)
Im Beruf arbeitet man nicht für die eigenen, unmittelbaren Bedürfnisse, sondern *für die Bedürfnisse anderer, oft weitentfernter und unbekannter Personen* (Kunden, Klienten). Es gibt keine direkte Beziehung zwischen der eigenen Arbeit und den Personen, die die Produkte dieser Arbeit nutzen. (So als Beispiel der ungelernte Arbeiter am Fließband: Er fügt ein paar Schrauben oder Einzelteile zusammen, die zu einem größeren Produkt, etwa einem Auto gehören; aber er weiß nie, wer eines Tages mit diesem Auto fahren wird.) Statt direkt für die eigenen Bedürfnisse zu arbeiten, arbeitet der Berufstätige für Geld. Mit diesem Geld kann er bezahlen, was immer er zu seinem Lebensunterhalt braucht, Nahrung, Kleidung, Wohnung. (...)
So gesehen muß der Berufstätige immer *zwei Zwecke zugleich verfolgen* (...). Auf der einen Seite hat er eine Aufgabe zu erfüllen, die auf fremden Bedarf ausgerichtet ist, gesellschaftliche Probleme, Bedürfnisse anderer Personen lösen bzw. befriedigen muß. Auf der anderen Seite muß diese Arbeit aber auch die Eigeninteressen des Arbeitenden – seinen „standesgemäßen" Lebensunterhalt, seine sozialen und ökonomischen Ansprüche usw. – sichern. (...)
Alle Berufsarbeit ist damit von einer eigenen inneren „Logik" bestimmt: Stets muß man zwei Ziele zugleich verfolgen. Und in dieser Logik ist auch vorgezeichnet, welchem Ziel man den Vorrang einräumen muß, wenn die beiden kollidieren sollten: Zuallererst muß man an den eigenen Lebensunterhalt denken – und dann erst an die Bedürfnisse anderer Personen. Das ist das ökonomische, egoistische Gesetz des Marktes. (...)
Der beruflich Arbeitende (...) muß seine Leistung immer auch *sichtbar machen, darstellen und „verkaufen" können*, gegenüber dem Chef zum Beispiel oder gegenüber dem potentiellen Kunden.
(...) *Die anderen sind tendenziell „Konkurrenz".* (...) Wer hier überleben will, kann nicht immer nett und freundlich und hilfsbereit sein. Zumindest manchmal muß man „clever" sein, geschickt und listig, zielstrebig und hart, nicht zurückschreckend auch vor Tricks und Taktik. [169-172]
Im Vergleich dazu ist die Hausarbeit ganz anders. Sie ist nicht Arbeit für Geld, für einen anonymen Markt, sondern für die *elementaren und unmittelbaren, physischen und psychischen Bedürfnisse von Personen*. Diese sind dem Arbeitenden auch *nahestehend und vertraut* (Ehepartner, Kinder, Verwandte, Freunde, die eigene Person). Da er für die Familie, nicht für irgendwelche anonymen Kunden arbeitet, sieht der Arbeitende hier auch sehr viel eher die Konsequenz, die Erfolge oder Nichterfolge seines Tuns. (...)
Damit ergibt sich, grob zusammengefaßt, eine Gegenüberstellung etwa folgender Art: *Berufsarbeit folgt der „Logik" von Tausch, Hausarbeit der „Logik"*

*unmittelbarer Bedürfnisbefriedigung.* Die jeweilige Eigenart dieser Arbeitsformen fungiert als eine Art Bezugsrahmen, der bestimmte Verhaltensweisen der arbeitenden Person – ein je besonderes „Arbeitsvermögen" – strukturell nahelegt. Wie aber kommt dieses Arbeitsvermögen zustande? Wie also kommt es – nun konkreter gefragt -, daß Frauen typischerweise eher solche Fähigkeiten und Verhaltensweisen zeigen, die für die Arbeit in der Familie wichtig sind? (...)

Geschlechtsspezifische Sozialisationsbedingungen, die von differierenden (einmal beruflichen, einmal familialen) Arbeitserfahrungen und -anforderungen geprägt sind, setzen sich um in die Verinnerlichung von Leitbildern und Motivationen, in „männliche" versus „weibliche" Lebenspläne und -wege, Fähigkeiten und Unfähigkeiten, Eignungen und Neigungen, biographische Zwänge und Ziele. Sie ermöglichen und verstärken damit wiederum die geschlechtsspezifische Arbeitsteilung, die Herausbildung und Gegenüberstellung von beruflichen und familialen Tätigkeiten. [173-175] (...)

In der hier vorgestellten Perspektive *ist es die Eigenart der Hausarbeit – und nicht die Natur der Frau – die hinter den sogenannt „frauentypischen" Eigenschaften steht. Es ist die grundsätzliche Arbeitsteilung zwischen den Geschlechtern, nicht die Biologie, die Frauen zu dem macht, wie wir sie kennen*: mehr gefühlsbetont, fürsorglich, zärtlich, weniger aggressiv und machtorientiert als Männer. (...)

Hausarbeit heute ist durch eine tiefgreifende Ambivalenz gekennzeichnet, die ebenso auch das weibliche Arbeitsvermögen bestimmt (vgl. Ostner 1978): Weil Hausarbeit Auseinandersetzung mit unmittelbar erfahrbaren, konkreten Bedürfnissen bedeutet, gehören Elemente wie Fürsorglichkeit, Einfühlungsvermögen, Geduld zu den typisch „weiblichen" Qualitäten. Aber weil Hausarbeit heute auch Isolation, Enge, Abhängigkeit bedeutet, sind im weiblichen Arbeitsvermögen ebenso auch Passivität, Ohnmacht, ja Borniertheit eingebunden. (...) Was bedeuten die Besonderheiten des weiblichen Arbeitsvermögens für die Berufsbiographie und Berufspraxis von Frauen? [177f.]

## 3. *Weibliches Arbeitsvermögen und berufliche Arbeit [179]*

(...) Vor dem Hintergrund dieser unterschiedlichen Grundprinzipien von Beruf und Hausarbeit – Konfliktvermeidung versus Konfliktdurchsetzung – wird dann sichtbar, warum über die Besonderheiten des weiblichen Arbeitsvermögens die Ungleichheit im Beruf stetig stabilisiert wird. Denn die im familialen Bereich geforderten Verhaltensweisen wie „Selbstbeschränkung" und „Harmonisierungsbereitschaft" sind – auf den beruflichen Bereich übertragen – *strukturell unangepaßt:* Sie sind untauglich für jene *Auseinandersetzung* (um Einkommen, Aufstiegschancen, Arbeitsbedingungen, Arbeitsplatzsicherheit), die vom berufs-

## 3 Differenztheoretische Ansätze

tätigen Subjekt alltäglich gefordert wird. (...) Was für die Arbeit in der Familie richtig und angemessen ist, was dort als Fähigkeit stetig gefordert wird – erscheint umgekehrt in der Berufsarbeit als Mangel und Unfähigkeit, die jede Bemühung um „Chancengleichheit" von vornherein aussichtslos macht. [180f.] (...) Was den mittleren und vor allem oberen Bereich der beruflichen Hierarchie angeht, so ist die im Vergleich zu Männern fast immer niedrigere Einstufung von Frauen in nicht wenigen Fällen auch das Ergebnis einer von Elementen des „weiblichen Arbeitsvermögens" getragenen Bereitschaft, arbeitsinhaltliche und persönliche Interessen wichtiger zu nehmen als beruflichen Aufstieg um jeden Preis. Hier äußert sich in der Konzentration auf die je zweitrangigen Positionen auch eine Form des für Frauen typischen Protests. (...) Es ist die „weibliche" Kritik am vorherrschenden Berufssystem, das einseitig und dominant von „männlichen" Wertungen – hierarchischen Kriterien, karrierebezogenen Zwängen – bestimmt wird. [183] (...)

Gerade in den sozialen Berufen, bei denen als Berufsmotiv doch die konkret-inhaltliche Tätigkeit im Vordergrund steht, ist Erreichung und Ausübung von leitenden Positionen nur über weitgehenden Verzicht auf konkret-inhaltliche Tätigkeit möglich – Berufsmotivation und Berufspraxis stehen also in einem eigentümlichen Gegensatz zueinander. Angesichts dieses Dilemmas ist zu vermuten, daß diejenigen, die im Sozialisationsprozeß eher Orientierungen eines bedürfnis- und personenbezogenen Arbeitsvermögens gelernt haben, eher auch diejenige Form der Berufspraxis wählen, in der die ursprüngliche, konkretinhaltliche Berufsmotivation am stärksten bewahrt bleibt. Dann ist zu vermuten, daß Frauen überrepräsentiert sind in der Gruppe jener, die zur Distanzierung von Patienten und Klienten, zum Agieren zwischen bürokratischen Prozeduren und technischem Management weniger „fähig" sind, daß Frauen eher zu denjenigen zählen, die ihre wissenschaftlichen Fähigkeiten „verkümmern" lassen beim Gespräch mit Patienten und Angehörigen, bei der (rein wissenschaftlich weniger anspruchsvollen) Unterrichtung von Anfangssemestern, bei der alltäglichen Sorge um die Betreuten. Wenn Frauen derart die konkret-inhaltlichen Interessen des weiblichen Arbeitsvermögens vor die impliziten Spielregeln des Karrierebetriebs setzen – dann freilich sind sie auch entsprechend unterrepräsentiert in den höheren Rängen der sozialen Institutionen. (...)

Die berufsinterne Differenzierung in das „Fußvolk" der Praktiker einerseits, die „Elite" der Spezialisten und Manager andererseits wird wesentlich dadurch ermöglicht, daß es eine Gruppe von Arbeitenden gibt, die von den Orientierungen des weiblichen Arbeitsvermögens geprägt sind und nicht-berufliche, nichtkarrierebestimmte Einstellungen in die berufliche Situation einbringen. (...)

Die besonderen Qualitäten des weiblichen Arbeitsvermögens sind nicht invariant in der Persönlichkeitsstruktur von Frauen verankert, sondern werden stets

überlagert – abgeschwächt oder auch verstärkt – durch die jeweilige Besonderheit von Lebensgeschichte, Berufstyp, Betrieb. [185-187] (...)
1. Frauen sind die „Rand- und Problemgruppe" des Arbeitsmarktes. Weil sie nicht rücksichtslos vorwärtsstreben und alles zur Seite drängen, bekommen sie weniger Einkommen und weniger Aufstiegschancen. (...)
2. Das bedeutet aber nicht, daß diese Besonderheiten des weiblichen Arbeitsvermögens – oder genauer: die in der Hausarbeit angelegten Qualitäten – nutzlos, überflüssig, „dysfunktional" wären. Ganz im Gegenteil, sie werden ständig gebraucht, und zwar vor allem in den sogenannt „weiblichen" Berufsfeldern. In diesen Zusammenhang gehört etwa die Genauigkeit und Geschicklichkeit, die Frauen bei Präzisionsarbeiten am Fließband zeigen; und hierher gehört ebenso die Fähigkeit, auf Menschen einzugehen und mit ihnen zu reden, das Einfühlungsvermögen und die Geduld, die in „Frauen"berufen wie Krankenschwester, Lehrerin, Sozialarbeiterin benötigt werden. Nirgendwo ist von diesen Qualitäten die Rede, nirgendwo sind sie in einem Leitfaden zur Arbeitsbewertung berücksichtigt. Die Männer bekommen oft eine Sonderzulage, wenn ihre Arbeit besondere physische Anstrengung verlangt; aber die sozialen, personenbezogenen Fähigkeiten der Frauen werden nie eigens honoriert. Und doch sind diese Qualitäten wichtig und unverzichtbar. [188f.] (...)

*4. Geschlechtsspezifische Arbeitsteilung und geschlechtsspezifische Fähigkeitsdifferenzierung [190]*

(...) Die Zuweisung zu Beruf/Hausarbeit ist die soziale Grundlage der Geschlechtsrollen. (...) Der „qualitative Unterschied von Beruf und Hausarbeit" greift von früh an in die Biographie von Männern/Frauen ein. Vor der realen Erfahrung von Beruf/Hausarbeit stehen immer schon die nach männlich/weiblich differenzierten Erwartungen in Familie, Schule, Ausbildung (...) (vgl. Beck-Gernsheim 1976). [191f.] (...)

(...) Nicht wegen weiblich-wesensmäßiger Anlagen und Eigenschaften, sondern infolge der grundlegenden geschlechtsspezifischen Arbeitsteilung suchen Frauen Erfolg und Bestätigung in anderen Bereichen als Männer. *Das „Motiv der (beruflich-intellektuellen) Erfolgsvermeidung" liefert damit einen entscheidenden Ansatzpunkt für das Verständnis des weiblichen Arbeitsvermögens.* Denn darin schließen sich Anforderungen des familialen und des beruflichen Arbeitsbereichs insofern zusammen, als die *Zulassungsregeln zum „weiblichen" Arbeitsbereich immer schon bestimmte Verhaltensvorschriften und -beschränkungen im „männlichen" Arbeits- und Leistungsbereich beinhalten.* [193f.] (...)

## 3 Differenztheoretische Ansätze

**5. *Nur wenn wir an der geschlechtsspezifischen Arbeitsteilung ansetzen, können wir den Wandel der Geschlechtsrollen erfassen***

Es ist die geschlechtsspezifische Arbeitsteilung und die damit verknüpfte geschlechtsspezifische Sozialisation, über die biologisch weibliche Wesen zu „Frauen" (in der uns bekannten Form), biologisch männliche Wesen zu „Männern" sich entwickeln – das ist, ganz knapp zusammengefaßt, der Grundgedanke der hier vorgestellten Perspektive. Wenn man ihr folgt, dann sind „Mann" und „Frau" in bestimmtem Sinne keine fixe Kategorie mehr. Jenseits ihrer unmittelbar biologischen Unterschiede werden die Grenzen zwischen ihnen durchlässig, verschwimmen an einigen Punkten. Es gibt nicht mehr eine polare Gegenüberstellung von Geschlechtsrollen, hier Geschlechtsrolle Mann, dort Geschlechtsrolle Frau. (...) Ja, genau genommen können wir nicht einmal mehr von männlichem und weiblichem Arbeitsvermögen sprechen – vielmehr sind es berufliches und hausarbeitsnahes Arbeitsvermögen, was wir beobachten, und die gesellschaftliche Zuordnung der Männer zum Beruf, der Frauen zur Hausarbeit, einst selbstverständlich vorgegeben, heute an vielen Stellen schon aufbrechend (vgl. Ostner/Beck-Gernsheim 1979). (...)

Und in dem Maß, wie hier Veränderungen sich andeuten, kann die Geschlechtsrollen-Kategorie allein nicht mehr genügen, sie wird zu grob, zu pauschalisierend. Sie läßt erstarren, was längst schon im Fluß ist: die Wechselbeziehung, die Annäherung und Distanz zwischen männlichem und weiblichem Lebenszusammenhang. Sie blendet gerade aus, was die typische Erfahrung vieler Männer und Frauen heute ausmacht: die Frage und Suche nach der eigenen Identität – zwischen und jenseits vorgegebener Geschlechts-Schablonen; (...) die Suche nach dem Selbst als ein chancenreicher, aber auch schmerzhafter Prozeß. [196f.] (...)

*Erst bricht die alte Arbeitsteilung auf, dann ein ganzes Geflecht von Bedingungen, die sie gestützt haben. Es ändern sich die „Rollen" der Männer und Frauen, bis schließlich ihre veränderten Erwartungen und Ansprüche wieder auf die Arbeitsteilung zurückwirken, neue Verschiebungen auslösen.* So kommt es, daß heute Frauen mehr und längerfristiger denn je in die „Männerwelt" des Berufs vordringen. Wo aber die Frauen berufstätig sind und zum guten Teil berufstätig bleiben, auch noch nach Heirat und Geburt eines Kindes, da kann wiederum die innerfamiliale Arbeitsteilung nicht ganz unberührt bleiben. (...) So, *im ständigen Wechselspiel zwischen Arbeitsteilung und Geschlechtsrollen*, werden manche der tradierten Zuweisungen, ja der „ewig naturgegebenen" Erwartungen allmählich aufgerieben. Neue Formen der Arbeitsteilung bringen auch neue Denkweisen und Fähigkeiten, neue Wert- und Entscheidungsmuster hervor, die der alten Schematisierung nach männlich/weiblich sich nicht mehr einpassen lassen. [200f.]

# 4 Aktuelle Konzeptionen in gesamtgesellschaftlicher und auf Individuen bezogener Perspektive

Aktuellere Ansätze der Frauen- und Geschlechterforschung betrachten das Zustandekommen von Geschlechterunterschieden entweder von gesamtgesellschaftlichen oder von auf Individuen bezogenen Perspektiven her, wobei beide letztlich aufeinander bezogen sind.

## 4.1 Ansätze mit gesellschaftsstruktureller Perspektive

*Ulrike Vogel*

**Einleitende Hinweise**

Nachfolgend werden acht Vertreterinnen und Vertreter von gesellschaftsstrukturellen Begründungen zur Geschlechterungleichheit berücksichtigt. Zunächst geht es um die Ansätze von Regina Becker-Schmidt (1990), Gudrun-Axeli Knapp (2001b) und Lothar Böhnisch (2000), die in ihrer Konzeption von Gesellschaft mehr oder weniger direkt an Konzeptionen der Frankfurter Schule anknüpfen, danach um Helga Krüger (2002) mit ihrem theoretischen Entwurf von Territorien, dann Beate Krais (2001), die den Analysen Bourdieus verpflichtet ist, sowie Ilse Lenz (1995a) mit ihrer Untersuchung geschlechtssymmetrischer Gesellschaften und zuletzt Irene Dölling (1993) und Hildegard Maria Nickel (2001) mit Vergleichen zwischen Ost und West in Deutschland.

Nicht berücksichtigt werden in diesen Diskursen weniger häufig diskutierte, z.B. systemtheoretisch begründete Ansätze, wie sie insbesondere von Bettina Heintz und Eva Nadai (1998) repräsentiert werden. Diese stellen mit der nicht mehr strikten Zuordnung von Frauen zur privaten, häuslichen Sphäre und von Männern zu den öffentlichen, beruflichen und politischen Bereichen eine partielle Annäherung der Lebenslagen von Frauen und Männern fest: „Die Differenz zwischen den Geschlechtern ist nun nicht mehr ausschließlich strukturell vorgegeben, sondern muss aktiv hergestellt werden" (Heintz/Nadai 1998: 76). Sie sprechen von einer „De-Institutionalisierung" sowie „Kontextualisierung" von

Geschlecht. Sie fragen in bezug auf die Berufswelt „unter welchen Bedingungen – in welchen Kontexten – Geschlecht nach wie vor ein relevanter Faktor ist und wo sich Unterschiede abbauen" (Heintz/Nadai 1998: 88). Ihre entsprechend differenzierten Analysen zu verschiedenen Berufsmilieus stellen eine Bereicherung für weitere Diskussionen um die Kontextgebundenheit der Auswirkungen von Geschlecht dar. Die Annahme einer De-Institutionalisierung von Geschlecht jedoch dürfte mit den übrigen Diskursen, wie im Folgenden zu zeigen sein wird, so kaum kompatibel sein.

Regina Becker-Schmidt geht es um das Geschlechterverhältnis in einer Gesellschaft, in der Frauen nicht nur, wie die Männer auch, den Widersprüchen „gesellschaftlicher" sondern zusätzlich auch „patriarchalischer" Herrschaft unterliegen (vgl. Becker-Schmidt 1987: 18). „Ihre Position hängt zum einen von ihrem sozioökonomischen Status ab und ist zum anderen festgelegt durch ihr Geschlecht. Gegenüber den männlichen Mitgliedern einer Klasse oder einer Schicht ist ihre Lage gleich und ungleich in eins. Das macht es ... notwendig, zwei Strategien gleichzeitig zu verfolgen: Gleichstellung *und* Beachtung geschlechtsspezifischer Besonderheiten" (Becker-Schmidt 1987: 20) – im Sinne der Aufhebung von Frauendiskriminierungen. Für Männer wird eine „einsinnige Doppelsozialisation" mit einer Integration in die Gesellschaft vorrangig über den Beruf, dann auch über die Familie, gesehen. Im Gegensatz dazu steht „die widersprüchliche Doppelorientierung von Frauen auf Familie und Beruf" (Becker-Schmidt 1995: 12), die Frauen nicht nur im Beruf benachteiligt. Denn die Widersprüche in der Produktion von Waren und Dienstleistungen zwischen Gewinn- und Gebrauchswertorientierung, in der Familie zwischen Individuation und Anpassung an herrschende gesellschaftliche Verhältnisse rufen ambivalente Reaktionen bei Frauen hervor, die stets auf beide Bereiche bezogen sind (vgl. Becker-Schmidt 2003: 118). Hinzu kommt die männliche Hegemonie in den gesellschaftlich einflussreichen Sphären von Beruf, Öffentlichkeit und Politik (vgl. Becker-Schmidt 1995: 12), die die widersprüchliche Lage von Frauen verstärkt: „In der doppelten Vergesellschaftung von Frauen gibt es keine Partizipation ohne Deklassierung, keine Integration ohne Segregation, keine Ausgrenzung aus einem gesellschaftlichen Bereich ohne Vereinnahmung in einen anderen" (Becker-Schmidt 1991b: 394). Beim Vergleich der Lage von Frauen in unterschiedlichen Gesellschaften gilt es einerseits die jeweiligen spezifischen Verhältnisse zu beachten, und nicht etwa Kategorien, die in der eigenen Geschichte verwurzelt sind, wie z.B. „Hausfrauisierung" (vgl. Becker-Schmidt 2003: 106), ohne weiteres zu übertragen, andererseits Gemeinsamkeiten, wie die fast überall verbreiteten Geschlechterhierarchien, aufzugreifen (vgl. Becker-Schmidt 2003: 127). Die Widersprüchlichkeit der Lage insbesondere der Frauen und ihre Reaktionen der Ambivalenz

## 4 Aktuelle Konzeptionen

sind Thema auch des in diesem Band abgedruckten Textes von Regina Becker-Schmidt (1990).

Angesichts der soziokulturellen Unterschiede unter Frauen z.B. nach Klasse, Ethnie, unterschiedlicher Hautfarbe und verschiedenen sexuellen Präferenzen geht es Gudrun-Axeli Knapp um die Relevanz von Geschlecht als Strukturmerkmal zur Kennzeichnung sozialer Ungleichheit (vgl. Knapp 2001c: 19f.). Gefragt werden muss nach „Chancen auf Aneignung, Anerkennung und Gleichwertigkeit von Frauen im Kontrast zu Männern ihrer jeweiligen sozialen Schicht oder Klasse" (Knapp 2001c: 27), d.h. nach den „Achsen der Differenz", die sich aus der Verquickung dieser Ungleichheitsdimensionen miteinander ergeben (vgl. Knapp 2001c: 44ff.). Nach Knapp liegt feministischem Denken die Aporie zugrunde, dass es zwischen Wissenschaft und Politik, zwischen der Beachtung von Ungleichheiten und der Annahme von Gemeinsamkeiten unter Frauen angesiedelt ist (vgl. Knapp 2003: 244f.). Zu berücksichtigen sind in dieser Forschung der *„Wirklichkeitsbezug", „die begrifflichen Mittel"* und *„normative Begründungsprobleme"* (Knapp 2003: 258). Gerade dieses Beachten von unterschiedlichen Widersprüchen mit dem grundsätzlichen Ziel der Aufdeckung von Unterprivilegierungen zeichnet nach Knapp die Produktivität feministischen Denkens aus (vgl. Knapp 2003: 260; vgl. Knapp 1998b: 69). Vor diesem Hintergrund muss das Plädoyer von Gudrun-Axeli Knapp in ihrem Text in diesem Band für die Aufrechterhaltung der Kategorie Geschlecht in der Forschung gerade auch angesichts der Vielfalt sozialer Lagen und Optionen von Frauen und Männern in unserer Gesellschaft gesehen werden (vgl. Knapp 2001b).

Wie die Frankfurter Schule bezieht sich Lothar Böhnisch auf eine Kritik der kapitalistischen Gesellschaft und die Anknüpfung an tiefenpsychologische Ansätze. In einem Text zur männlichen Sozialisation, den Lothar Böhnisch als Ko-Autor verfasst hat (vgl. Böhnisch/Winter 1993), wird gefragt, inwieweit sich „die gesellschaftlichen und kulturellen Rahmenbedingungen auflösen, welche das traditionelle Mannsein „auf Kosten anderer und gegen sich selbst" perpetuieren und stützen" (Böhnisch/Winter 1993: 214). Einen Abbau geschlechtshierarchischer Strukturen sieht er „vor allem in den Bereichen des sozialen Zusammenlebens und der gesellschaftlichen Kultur " (Böhnisch 2003: 10), daneben jedoch die weitere kapitalistische Entwicklung mit „ökonomischer Intensivierung der Geschlechterhierarchie" (Böhnisch 2003: 11). Dabei gilt „die besondere und einseitige Bindung der Männlichkeit an die Logik der Kapitalverwertung" (Böhnisch 2003: 55). Um angesichts brüchiger werdender Möglichkeiten identitätsstiftender Erwerbsarbeit die Bewältigung von Männlichkeit über die „männliche Dividende" zu vermeiden, sieht Böhnisch die Notwendigkeit, „der Tendenz zur externalisierten Sozialform ‚Mann' im digitalen Kapitalismus einen gesellschaftlichen Diskurs gegenüberzustellen, in dem gesellschaftlich lebbare Sozialformen des Mannes sichtbar werden, welche die Vereinbarkeit von gemeinnütziger Tätigkeit, Beziehungsarbeit und beruflicher Erwerbsarbeit in den Mittelpunkt stellen" (Böhnisch 2003: 96). – In dem für diesen Band ausgewählten Text von Lothar Böhnisch geht es in der segmentierten Arbeitsgesellschaft um „die historisch gewandelten Machtstrukturen der fortgeschrittenen industriekapitalistischen Gesellschaft" sowie „die Widersprüchlichkeiten des Mannseins, wie sie eine kritisch-dialektische Sichtweise auf die Totalität dieser Gesellschaft aufschließen kann" (Böhnisch 2000: 123).

Ebenfalls gesellschaftskritisch ist der Beitrag von Helga Krüger zur Theoriediskussion in der Frauen- und Geschlechterforschung mit ihrem Konzept der „Territorien". Institutionen bzw. Territorien (vgl. Krüger 2001b: 65) strukturieren als geschlechtsbezogen definierte gesellschaftliche Aktivitätsfelder in ihren Wechselwirkungen miteinander männliche und weibliche Lebensläufe als widersprüchliches Geschlechterverhältnis. Dieses ist durch Individualisierung und Verflechtung gleichermaßen gekennzeichnet (vgl. Krüger 2001a: 260f.). Die Familie ist dabei ein „institutionaler Knotenpunkt von verschiedenen Lebensläufen" (Krüger 2001a: 269). Verschiedene Institutionen mit ihren Territorien wirken auf sie ein, nämlich „Abschnitts-Institutionen ... (Herkunftsfamilie, Bildung, Arbeitsmarkt und Verrentung)", ... „Tandem-Institutionen ... (Herkunfts-)Familie und Arbeitsmarkt" ... „Anlieger- oder Schatteninstitutionen" (Krüger 2001a: 277ff.) wie z.B. Bildungsinstitutionen, Ämter, Geschäfte, Institutionen des Sozialstaats. Diese Institutionen sind nach Krüger verschiedenen Dimensionen sozialer Ungleichheit zuzuordnen: die Abschnitts-Institutionen den sozialen Schichten, die Tandem-Institutionen den Geschlechterhierarchien, die Anlieger- oder Schatteninstitutionen den hierarchischen Geschlechterverhältnissen in den verschiedenen Lebensbereichen der Gesellschaft (vgl. Krüger 2001a: 282). Über die Analyse von Territorien als Segmente von Institutionen lassen sich Ungleichheiten nach Geschlecht in ihrer Verquickung mit anderen Dimensionen sozialer Ungleichheit im gesellschaftsstrukturellen Zusammenhang und zugleich in ihrer Handlungsrelevanz empirisch nachweisen (vgl. Krüger 2001b: 84). Der im Folgenden aufgeführte Text von Helga Krüger (2002) beschreibt Territorien als Bindeglied zwischen der Sozialisation von Individuen und der Sozialstruktur.

Die Ungleichheit nach Geschlecht wird bei Beate Krais mit Bezug auf die Analysen Bourdieus zur männlichen Herrschaft (vgl. Bourdieu 1997a) dargestellt. Sie betont, dass durch „die beiden grundlegenden Dimensionen sozialer Ungleichheit in der modernen Gesellschaft, Klasse und Geschlecht ... im Zusammenwirken ... eine Fülle von Reibungspunkten, von heterogenen Erfahrungen für das Subjekt angelegt sind" (Krais 1993: 220). Es gibt Widersprüche zwischen privilegierter Klassenlage und Behinderung beruflicher Entwicklung durch das Geschlecht sowie unterprivilegierter Klassenlage und deren Zuspit-

## 4 Aktuelle Konzeptionen

zung durch Geschlecht bei dennoch größerer Notwendigkeit zu Erwerbstätigkeit (vgl. Krais 1993: 220f.). Diese Widersprüche aber schlagen sich in einem entsprechend brüchigen geschlechtsspezifischen Habitus – als „geronnene Erfahrung" und „generierendes Prinzip" (Krais 1993: 216) – nieder und geben Gelegenheit zur „aktiven Auseinandersetzung" (Krais 1993: 221) und somit zu Aufklärung und sozialem Wandel. Mit Bourdieu sieht Beate Krais das Geschlechterverhältnis als Herrschaftsverhältnis, das sich über gesellschaftliche Arbeitsteilung, symbolische Repräsentationen und den Habitus immer wieder reproduziert und zugleich Anlass zu Kritik und Wandel gibt (vgl. Krais 1993: 243). Der nachfolgend angeführte Text von Beate Krais (2001) macht ihren feministischen theoretischen Ansatz in seiner Beziehung zu den gesellschaftskritischen Analysen Bourdieus deutlich.

Ilse Lenz sieht Ungleichheiten nach Geschlecht und Klasse bzw. Schicht vor allem im Vergleich unterschiedlicher Gesellschaften. Sie fragt, „wie *soziale und politische Gleichheit bei kultureller Differenz* zu verwirklichen sind" (Lenz 1996: 203). Alle Zuordnungen nach Rasse, Ehnizität, Geschlecht sowie Klasse sind in historischen Kontexten „sozial geschaffen" und unterliegen entsprechend wechselnden Bewertungen (vgl. Lenz 1996: 213f.). Frauen und Männer unterliegen dabei einer dreifachen Ungleichheit durch Geschlecht, Klasse und Nationalität (vgl. Lenz 1996: 216; vgl. Lenz 1995b: 34f.): Zur Vergesellschaftung in der Familie mit ihrer geschlechtshierarchischen Arbeitsteilung kommt die weitere im kapitalistischen Arbeitsmarkt und als Drittes diejenige im modernen Nationalstaat in seinen internationalen Einbindungen. Unterprivilegierungen wirken „in ihren *Konfigurationen* zusammen", die widersprüchliche „‚konfigurative Handlungsstrategien'" (Lenz 1996: 219) mit sich bringen. Ilse Lenz fordert zum Abbau von Ungleichheiten in den verschiedenen Dimensionen der Vergesellschaftung „ein Konzept von Gleichheit, das kulturelle Unterschiede nicht als einen Grund zum Ausschluß betrachtet, sondern abstimmt auf eine Konvergenz in der Frage, wie individuelle und Gruppenrechte auf Freiheit, Gleichheit und Würde zu erfüllen sind" (Lenz 1996: 223). In diesem Rahmen interessiert ein Gesellschaftsvergleich mit der Frage nach Verwirklichungen von Geschlechtssymmetrie, auf die Ilse Lenz in ihrem Beitrag in diesem Band (vgl. Lenz 1995a) eingeht.

Der Gesellschaftsvergleich unter dem Aspekt der Geschlechterungleichheit wird bei Irene Dölling bezogen auf die ehemalige DDR bzw. die neuen Bundesländer und die Bundesrepublik. Für einen solchen Vergleich schlägt sie die Verwendung der Kategorien „Geschlechterverhältnis", „Geschlechtervertrag" und „Geschlechterarrangement" vor. Ähnlich wie Regina Becker-Schmidt und Gudrun-Axeli Knapp versteht sie im Geschlechterverhältnis „die grundlegende Art und Weise, wie in einer Gesellschaft die beiden Genusgruppen kulturell und strukturell zueinander ins Verhältnis gesetzt sind" (Dölling 2003: 76). Der Begriff Geschlechtervertrag richtet sich eher auf die Stabilität eines gewachsenen Konsenses in Bezug auf Leitbilder und Institutionen, während der Begriff Geschlechterarrangement eher die veränderlichen Wechselwirkungen zwischen diesen und dem Handeln von Individuen bezeichnet (vgl. Dölling 2003: 75). So kann man die fortdauernde starke Erwerbsneigung von Frauen in den neuen Bundesländern als Auswirkung des die Erwerbstätigkeit beider Geschlechter umfassenden Geschlechtervertrags in der ehemaligen DDR verstehen. Wenn Frauen weiterhin einen wichtigen – u.U. heute auch tragenden – Beitrag zum Familieneinkommen liefern, könnte sich mit diesen Geschlechterarrangements letztlich ein Wandel der herkömmlichen Geschlechterhierarchie als Grundstruktur der Gesellschaftsverhältnisse in der Bundesrepublik andeuten (vgl. Dölling 2003: 78ff.). Auch die kurz nach der Wende von Irene Dölling registrierte Neigung von Frauen, sich eher in den häuslichen Bereich zurückzuziehen und damit Männern einen Vortritt in der Erwerbstätigkeit zunächst zuzubilligen, kann als Geschlechterarrangement und Auswirkung des Geschlechtervertrags in der ehemaligen DDR gesehen werden. Denn dieser hatte die Zuständigkeit der Frauen für Haushalt und vor allem Kinder neben der staatlichen Fürsorge letztlich nie in Frage gestellt (vgl. Dölling 1991). In dem im Folgenden angeführten Text (vgl. Dölling 1993) zeigt Irene Dölling auf, wie dringlich eine Aufarbeitung der gesellschaftlichen Veränderungsprozesse insbesondere in den neuen Bundesländern zum Verständnis der Geschlechterverhältnisse heute ist.

In ähnlicher Weise macht Hildegard Maria Nickel auf mögliche Auswirkungen der besonderen Geschlechterverhältnisse in den neuen Bundesländern aufmerksam. Wenn sie feststellt, dass Modernisierung in Ost und West „Entwicklung von Anpassungsstrategien an einen enger werdenden, stärker an Effizienzkriterien orientierten strukturellen Rahmen und soziale Spaltung von Chancen, an gesellschaftlichen Ressourcen (ökonomischen, politischen, kulturellen und sozialen) teilzuhaben" (Nickel 1991: 149) bedeutet, so sieht sie diesen Trend besonders deutlich in den neuen Bundesländern. Eine Grundlage ist bereits die „patriarchale Gleichstellungspolitik" der DDR (Nickel 1991: 152), die nicht nur eine relative Unterprivilegierung von Frauen am Arbeitsmarkt (vgl. Nickel 1993: 235ff.) bei Aufrechterhaltung der häuslichen Verantwortung (vgl. Nickel 1993: 245ff.) mit sich brachte, sondern auch den Rückzug ins Private im Sinne individuellen Wohlbefindens begünstigte (vgl. Nickel 1991: 162f.). Die Relativierung von Erwerbsarbeit neben anderen pluralisierten Lebensformen deutet sich an, aber ebenso gibt es „Polarisierungen zwischen den Geschlechtern" sowie die Verstärkung der „sozialen Differenzierungen innerhalb der Geschlechtergruppen" (Nickel 1991: 163; vgl. Nickel 1993: 254). Die „Umverteilung" von Chancen sowie „Anerkennung" (Nickel 2003: 73f.) neuer, die traditionelle Geschlechterhierarchie verändernder Strukturen zu beachten, ist eine Aufgabe der Frauen-

und Geschlechterforschung. Der im Folgenden angeführte Text von Hildegard Maria Nickel (vgl. Nickel 2001) zeigt u.a. die mögliche Vorreiterrolle auf, die die Entwicklung der Geschlechterverhältnisse in den neuen Bundesländern dabei haben könnte.

Anschließend finden sich, wie angekündigt, die ausgewählten Texte von Regina Becker-Schmidt, Gudrun-Axeli Knapp, Lothar Böhnisch, Helga Krüger, Beate Krais, Ilse Lenz, Irene Dölling und Hildegard Maria Nickel, die jeweils in unterschiedlicher Weise das Geschlechterverhältnis auf gesellschaftsstrukturelle Perspektiven hin bezogen sehen.

**Regina Becker-Schmidt (1990): Widerspruch und Ambivalenz. Konflikterfahrung als Schritt zur Emanzipation. In: Arbeitsgemeinschaft interdisziplinäre Frauenforschung und -studien (Hg.): Symposium 1989. Frauenforschung und Kunst von Frauen. Pfaffenweiler: Centaurus Verlag: 112-121 – Auszüge**

Wissenschaftlerinnen, die sich mit weiblichen Lebenszusammenhängen beschäftigen, wird ein hohes Maß an Ambiguitätstoleranz abverlangt. Ambiguitätstoleranz meint, das Für und Wider einer Sache abzuwägen, ehe ich urteile oder mich entscheide. In dialektischen Zusammenhängen macht jeder Sinn einen Gegensinn – wenn ich mich auf die eine Seite eines Problems schlage, muß ich im Gedächtnis behalten, wovon ich im Augenblick abstrahiere; wenn ich mich gegen eine Strebung in mir entscheide, muß ich wissen, worauf ich verzichte. Das ist eine Herausforderung, die durch bestimmte Konsequenzen gesetzt ist, die feministische Sozialforschung gezogen hat. Sie unterscheidet sich von traditioneller empirischer Forschung dadurch, daß sie soziale Komplexität nicht reduziert. Im Gegenteil: die gesellschaftliche Wirklichkeit des weiblichen Geschlechts ist nur dann wirklich zu begreifen, wenn wir verstehen, wie die verschiedenen Dimensionen von geschlechtsspezifischen Benachteiligungen zusammenhängen, an welchen Fronten gleichzeitig gekämpft werden muß, wenn sich die soziale Situation von Frauen grundsätzlich und als ganze verändern soll. Aber nicht nur das Bestehen auf Komplexität und Zusammenhangsanalyse wird von dem Gegenstandsbereich der Frauenforschung eingefordert. Zu den wichtigsten Ergebnissen feministischer Empirie gehört die Einsicht in die Widerspruchsstrukturen weiblicher Realitäten. Hier bei den Analysen nicht zu kurz zu greifen, fordert nicht nur einen langen Atem auf der kognitiven Ebene. Wir stoßen auch überall auf Unstimmigkeiten und Unvereinbarkeiten, die uns emotional berühren – auch wenn sie uns nicht direkt individuell angehen, so betreffen sie doch unser Geschlecht.

Unstimmigkeiten in weiblichen Lebenszusammenhängen sind nicht zu übersehen. Die Geschichte konfrontiert uns mit Ungleichzeitigkeiten in der Entwicklung, die die Bemühungen um die gesellschaftliche Gleichstellung von Frauen genommen hat: während wir in bestimmten Bereichen Siege errungen haben, etwa im Kampf ums Wahlrecht, blieb uns in anderen Bereichen die Gleichberechtigung faktisch versagt – z.B. bei der realen Einlösung der Forderung: „gleicher Lohn für gleiche Arbeit". Die objektiven Verhältnisse, in die Frauen eingebunden sind, umfassen Bereiche (Familie, Beruf, Öffentlichkeit), die nicht nur jeweils in sich, sondern auch gegeneinander widersprüchlich strukturiert sind. Verhaltenszumutungen in der einen Sphäre (z.B. Disziplinierung der Sinne, Unterdrückung von Spontaneität, Einhalten von rigiden Arbeitszeitnormen im Büro oder in der Fabrik) vertragen sich nicht mit Anforderungen in der familialen Kooperation und Interaktion. Ein anderes Problem: die gesellschaftliche Notwendigkeit der privaten Reproduktionsarbeit steht in krassem Gegensatz zu ihrer sozialen Bewertung – eine psychosoziale Zumutung für alle Hausfrauen. Dann: in bestimmten Sphären des gesellschaftlichen Lebens verändern sich die Rollenerwartungen, die mit „Weiblichkeit" assoziiert werden, in anderen unterliegen sie einem „cultural lag". Insgesamt gilt, daß Frauen mit zwei unterschiedlichen Herrschaftsformen konfrontiert sind, deren Effekte in einzelnen weiblichen Lebensläufen auf unterschiedliche Weise kumulieren. In unserer Gesellschaft überlagern sich patriarchalische und kapitalistische Macht- und Privilegienstrukturen. So sind die Lebensverhältnisse von Frauen einmal durch ihre Position in der Geschlechterhierarchie bestimmt, zum anderen durch die Klassen oder Schichtzugehörigkeit. Historisch-geschlechtliche und klassen- bzw. berufsspezifische Arbeitsteilung verschränken sich, normative Anforderungen, die aus tradierten Weiblichkeitsbildern herrühren, und faktische, die aus dem Eindringen von Frauen in ehemalige Männerdomänen erwachsen, geraten in Widersprüche zueinander. Diskontinuitäten und biographische Brüche gehören zu weiblichen „Normalbiographien", wenn Phasen des Familienlebens quer zu beruflichen Statuspassagen liegen. [113-115] (...)

(...) Die komplexe Widersprüchlichkeit, die sich für Frauen allerorts erfahrbar in der Koexistenz inkompatibler Verhaltensanforderungen ausdrückt, ist Konsequenz ihrer doppelten Vergesellschaftung. Durch geschlechtsspezifische Sozialisation vermittelt, werden sie für die sachlichen und emotionalen Versorgungsleistungen in der Privatsphäre eingespannt. Die Einlösung familialer Aufgaben erfordert die Ausbalancierung kontroverser Orientierungen. Die Regeneration und Rekreation unmittelbaren Lebens findet zwar abgetrennt von der Öffentlichkeit statt, ist aber keineswegs Privatsache. Sie ist Teil des gesamtgesell-

## 4 Aktuelle Konzeptionen

schaftlichen Reproduktionsprozesses und wird an deren historischen und sozialen Standards gemessen. Das läßt sich besonders gut an der Funktion familialer Erziehung ablesen. Schulreife des Kindes etwa ist etwas, was Mütter, die sich dem Nachwuchs zuwenden, erreichen müssen, wollen sie nicht als Versagerinnen dastehen. Gleichzeitig gelingen kindliche Entwicklungsschritte nur, wenn Anpassungszwänge nicht zu rigide sind. Mütter müssen daher Freiräume für Autonomie ebenso gewähren, wie Disziplinierung einüben. Des weiteren: Frauen unterliegen zwar den Gesetzmäßigkeiten geschlechtlicher Arbeitsteilung, die sie stärker als Männer auf die häuslichen Belange verpflichten, sie überschreiten jedoch auch ständig die Trennlinien zwischen Öffentlichkeit und Privatheit. Die Ausbildung von Berufsperspektiven entlang fast aller Branchen gehört heute zu jeder Mädchensozialisation, und es gibt kaum noch Frauen ohne Berufswünsche und Berufserfahrungen. Auch diese sind, wie ich gleich zeigen werde, in sich kontrovers und mehrwertig. Diese Doppelorientierung hin auf Familie und Beruf impliziert für Frauen außer der Konfrontation mit jeweils berufsimmanenten Zwiespältigkeiten einen Antagonismus spezifischer Art: Die gesellschaftlichen Praxisfelder – Privatheit/Öffentlichkeit – an denen Frauen gleichermaßen teilhaben wollen, unterliegen unterschiedlichen Zweckbestimmungen und Funktionszuweisungen. Sie sind in differenter Weise organisiert und formbestimmt. Auch diese Differenz drückt sich in gegenläufigen Handlungsmaximen aus: die Berufswahl verlangt andere Verhaltensweisen als die familialen Tätigkeiten und Interaktionen. Darum besteht die Schwierigkeit, häusliche und außerhäusliche Arbeit zu vereinbaren, nicht nur im Problem zeitlicher Ressourcen. Ein Großteil weiblicher Energien wird gebraucht und verbraucht, um Umstellungsprobleme im Wechsel der Praxisbereiche zu bewältigen. Die Vereinbarkeit immer wieder aufs Neue subjektiv gegen die objektiven Gegebenheiten durchzusetzen, bedeutet auch immer wieder, sich mit den inneren Strebungen auseinanderzusetzen, einen der beiden Erfahrungsbereiche zu relativieren oder gar aufzugeben. [115f.]

(...) Wenn wir Wissenschaftlerinnen diese objektiv vorhandenen Widersprüchlichkeiten begrifflich auf den Punkt bringen wollen, müssen wir die Anstrengung zu einer bestimmten, methodisch angeleiteten Selbstreflexion aufbringen: Nicht nur im Alltagsbewußtsein, sondern auch beim wissenschaftlichen Arbeiten gibt es offensichtlich das psychische Bedürfnis, Widersprüche aus dem Bewußtsein, aus der Wahrnehmung zu eliminieren, um sich von den Spannungen zu befreien, die die Konfrontation mit gesellschaftlichen Ungereimtheiten auslöst, vor allem, wenn diese aus unserer Stellung in der Geschlechterhierarchie herrühren. Geben aber wir Feministinnen diesem Drang nach Widerspruchsbereinigung nach, so verfehlen wir nicht nur die antagonistische Realität, der Frauen in besonderem Maße ausgesetzt sind. Wir begeben uns auch der politisch-praktischen Möglichkeit, soziale Probleme von Frauen als komplexe und mehrwertige zu begreifen. Wir verlieren den Kontakt zu den vielschichtigen Bedingungen, die zur Entstehungsgeschichte von Konfliktkonstellationen und zu Versuchen, sie zu lösen, gehören. Uns entgehen dann möglicherweise die spezifischen weiblichen Formen der Realitätsverarbeitung, von denen eine aktive, konfliktfähige Reaktion auf soziale Wirklichkeit abhängt. Das würde genau dem Anspruch widersprechen, der feministische Forschung kennzeichnet: mit unserer wissenschaftlichen Arbeit zum Emanzipationsprozeß der Frauen beizutragen. Denn der innovatorische Wert unseres sozialwissenschaftlich generierten Wissens liegt doch in erster Linie darin, daß es rückübersetzbar gemacht wird in den Erfahrungshorizont von Frauen. Denn nur aus diesem heraus läßt sich Handlungsfähigkeit entwickeln. Frauenforschung ist damit wesentlich charakterisiert durch ein hohes Maß an solidarischer Verbundenheit mit den Menschen, denen ihre Forschung gilt. Deshalb betrifft sie immer auch ein Stück weit die Forscherinnen selbst: wir sind alle abhängig von einem befreienden Emanzipationszuwachs, und wir können diese Entwicklung nur gemeinsam – jede auf ihre Weise – vorantreiben. Was liegt also näher, als den Anforderungen, die uns aus der Verfaßtheit unserer wissenschaftlichen Gegenstände zuwachsen, genauso wenig auszuweichen, wie es Frauen tun, die den sozialen Unstimmigkeiten und den zwiespältigen Gefühlen faktisch in der Praxis ausgesetzt sind?

Ich denke, eine beachtliche Fähigkeit, die Frauenforschung ausweisen kann, ist die Verweigerung, Trennungen vorzunehmen, wo sie unsinnig sind. Sie macht die Grenzziehung zwischen subjektiven und objektiven Problemlagen nicht mit. Das kann weder bedeuten, daß wir glauben, Frauen könnten die Welt verändern, wenn diese nicht selbst schon in ihrer Brüchigkeit Angriffsflächen für Revolutionierungen bietet. Noch kann es heißen, daß wir individuelle Handlungsentwürfe oder die Verarbeitung von Konfliktkonstellationen quasi widerspiegelungstheoretisch aus den strukturellen Vorgegebenheiten ableiten. Die subjektiven Wahrnehmungen von objektiven Widersprüchen können von Frau zu Frau unterschiedlich ausfallen – je nach biographischen Vorerfahrungen, psychischer Verfaßtheit und sozialen Ressourcen; auf antagonistische Verhältnisse kann mit Verleugnung, Resignation, Harmonisierung oder Widerstand und Veränderungswillen geantwortet werden.

Die Tatsache, daß es in der Frauenforschung einen weitgehenden Konsens darüber gibt, daß wir es in unseren Gegenstandsbereichen mit uneindeutigen, mehrwertigen Phänomenen zu tun haben, gibt uns die Chance, auch eine Handlungstheorie für Frauen zu entwerfen, die der gesellschaftlichen Dynamik ebenso Rechnung trägt wie den kognitiven und affektiven Bewegungen im Subjekt. Wir können zwar Verhaltensweisen der einzelnen weder prognostizieren noch vorgeben. Wir können aber auf einer erkenntnistheoretischen Ebene ausloten, welche

## 4 Aktuelle Konzeptionen

Handlungsmöglichkeiten denkbar sind, wie sie sich begründen lassen und welche Folgen sie haben. [116f.]

Ich habe versucht, mit dem Begriffspaar „Widerspruch und Ambivalenz" ein solches Erkenntnismodell kategorial zu entwickeln und es auch in der empirischen Forschung, in der Erfassung realer Verhaltensstrategien von Frauen zu erproben. Ich will ein paar Worte zur theoretischen Klärung sagen – wobei Kategorien nicht mit der Empirie verwechselt werden sollten.

Der Ambivalenzbegriff ist eine sozialpsychologische Kategorie, die zum ersten kognitive und emotionale Dimensionen verknüpft: Ambivalenz ist eine Reaktion der Attraktion und Repulsion, die an die affektive Wahrnehmung äußerer doppeldeutiger Phänomene gebunden ist. Diese Wahrnehmung muß nicht immer bewußt bleiben, sie muß auch nicht immer in Permanenz bestehen – sie kann kommen und gehen. Immer aber wird sie, wenn emotional aufgeladen, Spuren hinterlassen. Darüberhinaus: auch die verdrängte Wahrnehmung bleibt aktiv – z.B. indem sie Energien bindet, die das Unstimmige, Peinigende im Unbewußten niederhalten sollen, oder indem sie sich jederzeit als reaktivierbar erweist. Zum zweiten ist Ambivalenz eine dynamische Kategorie – die Gewichtung von Für und Wider in ihr ist beweglich, je nach den affektiven Besetzungen, die vorgenommen werden.

So kann z.B. ein winziger Pluspunkt in einer Rechnung voller Negativposten doch den Ausschlag zum Positiven geben. Ein Lichtblick in einer problematischen Situation kann den Funken ausmachen, an dem Handeln sich entzündet. Und umgekehrt kann eine objektiv scheinbar geringfügige Kränkung eine insgesamt eher positive Bilanz ins Negative kippen. Ambivalenz ist nicht wie die Kategorie der kognitiven Dissonanz an der Verteilung von Lust- und Unlustgefühlen im Sinne von Subtrahierung oder Addition orientiert, sondern an der Differenzierung von Wahrnehmungen, die auf Zwiespältigkeiten objektiver Art verweisen. Drittens: der Ambivalenzbegriff ist eine Kategorie des Responses – er ist „Reaktion auf etwas". Ist dieses „Etwas" soziale Realität, so hat diese an der Gestaltung von Ambivalenzkonflikten teil.

Die Art und Weise, wie in der sozialen Realität Ambivalenzen wahrgenommen und psychisch verarbeitet werden, hat maßgeblichen Einfluß auf den Umgang mit, auf die Bewältigung von äußerer Realität selber. Ambivalenztoleranz ist ein wesentlicher Bestandteil des Wirklichkeitssinns. Ich möchte das an einem konkreten Beispiel verdeutlichen (...):

Frauenarbeit in der Fabrik bedeutet in der Regel repetitive Teilarbeit. Frau N. arbeitet im Einzelakkord. (...) Der Zeittakt, die Akkordminuten sitzen ihr im Nacken. Frau N. haßt diese Arbeit, die körperlich schwer, ungesund, monoton und stressig ist. (...) Und dennoch bedeutet ihr diese Tätigkeit etwas: gut und zuverlässig zu arbeiten, bringt ihr Anerkennung und Bestätigung ein (...).

Die Ambivalenz, die die industrielle Tätigkeit in ihr auslöst, drückt sich in einer zwiespältigen Arbeitshaltung aus. Auf der einen Seite machen die Akkordbedingungen sie so zornig, daß es ihr schwerfällt, die Arbeitsnormen einzuhalten. (...)
Andererseits verstößt Schludrigkeit gegen ihr Selbstbild als zuverlässige, gute Arbeiterin. (...) Dieser Ambivalenzkonflikt spiegelt die objektive Zwiespältigkeit der Akkordarbeit: auf der einen Seite fordert das Interesse an effektiver Verwertung, daß in kurzer Zeit viel produziert wird, ein Maximum an Ausstoß, es geht um die Quantität der Teilprodukte, nicht um ihre Güte. Andererseits werden Gebrauchswerte produziert – die Autoreifen müssen sich verkaufen lassen, also von guter Qualität sein. Dieser Widerspruch im Verwertungsprozeß (in kürzester Zeit viel Ausstoß, aber keinen Ausschuß zu produzieren) schlägt sich in der auseinanderweisenden Verhaltenszumutung nieder: „Und dann soll man bei der Geschwindigkeit noch einwandfreie Arbeit machen!"

Der folgende Konflikt betrifft vor allem angelernte Arbeiterinnen: Auf der einen Seite ist die Arbeit, die sie tun müssen, „abstrakt", d.h. sie erfordert von den Ausführenden kaum besondere Qualifikationen, die Angelernten sind – nach einer kurzen Einarbeitungszeit – austauschbar. Auf der anderen Seite verlangt die konkrete Ausführung dieser „abstrakten" Arbeit eine Vielzahl persönlicher Fertigkeiten und Fähigkeiten: Genauigkeit, Kraft, Geschicklichkeit, Ausdauer. Verantwortungsgefühl, Kenntnis der Maschinen und des Materials usw.

Die Arbeitenden haben wenig Grund, ihren Arbeitsplatz und die Arbeitsinhalte zu schätzen, aber sie können ihre *persönlichen Entäußerungen,* die den Produktionsprozeß in Gang halten, *nicht nicht* positiv besetzen: das, was sie von sich hergeben, kann für sie nicht ohne Wert sein. Sie identifizieren sich nicht mit der Arbeit – sondern sie bewerten ihre eigenen Ausübungen. Insofern darf die Tatsache, daß die Fabrikarbeit nicht nur gehaßt wird, sondern ihr auch positive Züge abgerungen werden, nicht einfach nur als sekundäre Harmonisierung mißverstanden werden. (...) Wir gehen dagegen davon aus, daß das ambivalente Verhältnis, das aus einer doppelten Verneinung resultiert, als Reaktion auf *objektive* Widersprüche zu gelten hat. Die Anerkennung einer zwiespältigen Realität erweist sich dabei nicht als Affirmierung schlechter Verhältnisse, sondern als deren Nichtverleugnung. Diese psychische Verarbeitungsweise ist nur möglich, weil der betriebliche Alltag selbst zweiwertig ist: In der Fabrik zu arbeiten heißt, dort verbraucht zu werden, aber auch dort gebraucht zu werden. Entmündigung und Anerkennung, Passivierung und Aktivierung, Konkurrenz und Solidarität, Vereinzelung und Kooperation bezeichnen Polaritäten, die in Arbeitserfahrungen als *gleichzeitige* gesetzt sind und als solche wahrgenommen werden. [117-119]

Wir können an dem geschilderten Beispiel ablesen, warum das Prinzip der Selbsterhaltung der Neigung Einhalt gebieten muß, Unangenehmes zu verdrängen. Würde Frau N. die Zwangsmomente verleugnen, die ihre Arbeitsdisziplin aufrechterhalten, so liefe sie Gefahr, sich selbst zu instrumentalisieren. Ein rein positives Verhältnis zu den Arbeitsnormen oder der eigenen Leistung schwächte ihre Wachsamkeit gegenüber Überforderung. Nähme Frau N. keine Rücksicht auf sich selbst, würde sie ihr Arbeitsvermögen ruinieren. Ihr Widerstandshandeln wäre gelähmt: Lethargie, Destruktion und Realitätsverkennung wären die Folge. Der Zorn auf die menschenunwürdigen Arbeitsbedingungen stärkt die Bereitschaft zu überprüfen, wo Arbeitsnormen unterlaufen werden können, wo Renitenz gegen Anpassung stehen muß. Resistenz gegen Unterwerfung fordert aber Selbstbewußtsein. Frau N. kann die positiven Bewertungsmöglichkeiten ihrer Leistung also nicht vor sich selbst unterschlagen. Sie sind notwendige Bezugspunkte für Eigensinn. Menschen, die von sich selbst nicht viel halten, haben selten den Mut, sich zu wehren. Deshalb sind die Selbstbezüge wichtig, die sich berechtigterweise an das Tätigsein des arbeitenden Subjektes binden.

Die positiven Besetzungsmöglichkeiten, die noch der entfremdeten Arbeit innewohnen, sind zwar keine Entschädigung für Arbeitsleid, aber doch Befriedigungsreste; sie stellen ein Stück „Rekompense" (Belohnung, Lohn) dar. (...)

Diese Rekompense ist nicht nur Bezugspunkt der Selbsterhaltung im Sinne einer Stabilisierung der personalen und sozialen Identität. Sie ist darüber hinaus Bedingung dafür, daß man den Kopf nicht in den Sand steckt, weil sie Verdrängungsmotive hemmt und korrigiert. Sie weist dem Handeln die Wege, indem sie innere Antriebe, die ansonsten gebunden oder nur impulsiv entladen werden könnten, der *Möglichkeit* nach für eine aktive Auseinandersetzung mit der Umwelt zur Verfügung hält. (...)

Ambivalenz enthält also in sich selbst zwiespältige Tendenzen: Konflikt- und Kompromißbereitschaft. Aber Kompromißbereitschaft ist hier nicht gleichzusetzen mit Anpassung. Wenn wir davon ausgehen, daß abstoßende und anziehende Kräfte sich meistens nicht die Waage halten, so bestünde der Kompromiß zum Teil in der Ausbalancierung einer Asymmetrie: das stärkere Gefühl darf das weniger vehement auftretende nicht unterdrücken. Handlungslähmung droht gerade bei der Abspaltung einer Seite des Konflikts: Überwiegen die Harmonisierungstendenzen, so wird der streitbare Impuls zur Veränderung gehemmt. Gibt es gar nichts mehr, worum es sich lohnt, zu kämpfen, erlischt die Bereitschaft, gegen Unzumutbarkeiten anzugehen.

Zum Ende hin möchte ich noch einmal die Differenz zwischen Frauenforschung und traditioneller akademischer Empirie deutlich machen: Feministische Forschung ist ihrer Intention nach ein Prozeß des sozialen Gebens und Nehmens; wir können von den Frauen lernen, über die und mit denen wir forschen und wir können unsere Einsichten zurückvermitteln.

Ambivalenztoleranz im wissenschaftlichen Bereich heißt deshalb für mich: die Bereitschaft zum Umdenken – aber Umdenken kann ohne das Abwägen von Für und Wider nicht auskommen. In praktischer Perspektive bedeutet Ambivalenztoleranz für mich: hinter einer problematischen Wirklichkeit bessere Möglichkeiten zu suchen und neue Handlungswege zu eröffnen. [119f.]

**Gudrun-Axeli Knapp (2001b): Kein Abschied von Geschlecht. Thesen zur Grundlagendiskussion in der Frauen- und Geschlechterforschung. In: Hornung, Ursula/Gümem, Sedef/Weilandt, Sabine (Hg.): Zwischen Emanzipationsvision und Gesellschaftskritik: (Re)konstruktionen der Geschlechterforschung in Frauenforschung – Frauenbewegung – Frauenpolitik. Münster: Verlag Westfälisches Dampfboot: 78-87 –Auszüge**

Die Spatzen pfeifen es allerorten von den Dächern, daß die Frauen- und Geschlechterforschung von einer Grundlagenkrise erfaßt worden ist. (...) Inzwischen hat diese, in den USA vor allem unter dem Etikett des „postmodernism" geführte Debatte auch den deutschsprachigen Raum erreicht. In wissenschaftlichen Texten ist die Rede von „Umbruch und Krise" (Annuß 1996), von „Dezentrierung" (Schein/Strasser 1997), (...) sogar von der „Auflösung der „Geschlechterdifferenz" (Heintz 1993). Bücher und Aufsätze beginnen mit Fragen wie „Ist die Kategorie „Geschlecht" überholt?" (Maihofer 1995)[...].

Die Debatte findet ihr Echo in den Massenmedien, die genüßlich das Ende des verkniffenen Latzhosen-Feminismus beschreiben. Die postfeministische[...] Ära der Individualistinnen, der selbstbewußten Girlies und Superwomen hat begonnen, die nicht jammern, sondern sich einfach das nehmen, was sie brauchen. In meinem Kommentar will ich mich nicht auf einzelne Positionen dieser Grundlagendiskussion konzentrieren. Charakteristisch sind in diesem Fall ohnehin weniger die SolistInnen als das crossover-Konzert von Wissenschaft und Massenmedien. Es ist der Zusammenklang der Stimmen, der eine Stimmung erzeugt, deren Wirkungen im akademischen wie im breiteren öffentlichen Diskurs die identifizierbaren Tonfolgen, die sachlichen Aussagen der einzelnen übersteigen, sogar übertönen. Insofern haben wir es mit einem Phänomen zu tun, das beinahe Gerücht-Struktur aufweist: Seine Auslöser sind schwerer zu fassen als die emergenten Effekte – seine Effekte sind nicht einzeln zurechenbar. Gleichwohl gibt es benennbare Komponenten der Komposition.

Theoretische Impulse zu dieser Diskussion gehen wesentlich von zwei Bereichen aus: Zum einen von der variantenreichen Auseinandersetzung mit den Fundierungen feministischer Kritik, die sich auf die Unterstellung kollektiver

# 4 Aktuelle Konzeptionen

Soziallagen und strukturell geteilter Probleme beziehen. Hier sind die Anstöße aus der amerikanischen Auseinandersetzung mit der sozialen Heterogenität von Frauen(...) entscheidend. Zum anderen von der Sex/Gender-Debatte und ihrer Befragung aller Annahmen einer naturgegebenen Zweigeschlechtlichkeit der Gattung. (...) Eingebettet sind diese Entwicklungen in den weiteren Kontext der aktuellen modernisierungstheoretischen Diskussion, deren Kennzeichen Begriffe wie Pluralisierung, Individualisierung und Differenzierung sind. Darüber hinaus sind sie getragen und angestoßen von einer Verschiebung der Gewichte zwischen Disziplinen(...), und, disziplinübergreifend, zwischen wissenschaftlichen Paradigmen bzw. Ansätzen(...).

Sowohl die Sex/Gender-Debatte als auch die Diskussion um „Differenzen"(...) unter Frauen haben trotz mancher modischer Züge zu einer Sensibilisierung vor allem für epistemologische Probleme und Wichtiges zur Kritik identitätspolitischer Fundierungen beigetragen. Insofern sind sie inspirierend und produktiv.

Gleichzeitig ist es zu begrifflichen Verschwommenheiten und perspektivischen Einengungen gekommen. Dies hängt nicht zuletzt mit dem „Gender"-Begriff zusammen, der die interne Vielschichtigkeit der Dimensionen, mit denen wir es analytisch zu tun haben, zudeckt. Wer von „Geschlecht" – und vom „Bedeutungsverlust" der Kategorie spricht, sagt noch nichts darüber aus, um was es geht. Wenn zehn Autorinnen von der Relativierung und De-Zentrierung von Geschlecht sprechen, können zehn unterschiedliche Gründe impliziert sein, ohne daß sie auf der kategorialen Ebene ausgewiesen würden. Geschlecht ist, ähnlich wie „Differenz", eine Reflexionskategorie, die „an sich" inhaltsleer ist. Deshalb ist eine Klärung von Hinsichten unabdingbar: Meint die Rede von „Geschlecht" Geschlechterdifferenz als Eigenschafts- und Identitätskategorie, zielt sie auf Geschlechterbeziehungen als Relationen und Formen des Austauschs zwischen Männern und Frauen; auf Geschlechterordnungen als symbolisch-kulturelle Klassifikations- und Regulationssysteme oder auf Geschlechterverhältnisse als sozialstrukturelle Organisationsform des Verhältnisses zwischen den Genus-Gruppen? Die Dimensionen, die der Geschlechtsbegriff unter sich subsumiert, sind überaus vielfältig: sie reichen von personalen Attributionen bis hin zu Fragen der Gesellschaftstheorie: wie sind Geschlechterverhältnisse in die Gesellschaft eingebettet und durch sie geprägt, wie konstitutiv ist eine bestimmte Verfaßtheit von Geschlechterverhältnissen für die jeweilige Gesellschaft? Hier werden Aussagen über Organisationsformen gesellschaftlicher Reproduktionsprozesse gemacht, nicht über Individuen und deren Handlungen oder über Gruppenbeziehungen aus der Perspektive des Handelns. Alle diese Dimensionen lassen sich analytisch voneinander trennen, praktisch und historisch stehen sie in einem Vermittlungszusammenhang, den es zu bestimmen gilt. Um Hinsichten klären zu können, in denen „Geschlecht" weniger relevant sein soll als zuvor, müßte überdies deutlich gemacht werden, ob es sich bei der Rede vom „Bedeutungsverlust" um eine sozialdiagnostische oder um eine epistemologische Aussage handelt und in welchem Verhältnis beide zueinander stehen.

Diesbezügliche Klärungen und Reflexionen sind vergleichsweise rar. Es gibt eine gewisse Disproportion zwischen den spezifischen Begrenztheiten der Problemausschnitte, die jeweils angepeilt werden, und der Wende- und Enderhetorik, die sie begleitet. So bezieht sich in der Sex-Gender-Diskussion, dem einem Zentrum der gegenwärtigen Debatte, der Begriff „Geschlecht" schwerpunktmäßig auf Fragen der Geschlechts*zugehörigkeit*, nicht etwa auf spezifische Strukturen der Vergesellschaftung der Genus-Gruppen oder auf die Frage nach dem historischen Zusammenhang unterschiedlicher Formen von Herrschaft. Dies betrifft sowohl den ethnomethodologisch-wissenssoziologischen Geschlechtsbegriff, der wesentlich an Studien zu Transsexuellen entwickelt wurde, als auch Judith Butlers Geschlechtsbegriff, der ebenfalls aus einem sexualpolitischen Kontext kommt, jedoch in einem sprachphilosophischen Horizont erörtert wird. Ihnen geht es um die soziale Produktion von Geschlechtszugehörigkeit, um Identität, Identitätszwänge und deren Normalisierung. Die pauschale Rede von „Gender" verdeckt diese spezifische Engführung. In Kombination mit einem oft wagemutig vagen Gebrauch des Begriffs „dekonstruktivistisch", der allmählich zu einem modischen Synonym für, „Kritik" gerät$^{(...)}$, entsteht eine brisante diskursive Mischung aus Gerücht, wahrgenommenen Veränderungen, wichtigen, aber leider übergeneralisierten Einsichten und Positionierungsinteressen im Wissenschaftsfeld.

An der Rezeptionsgeschichte von Judith Butlers Buch „Das Unbehagen der Geschlechter" (1991) könnte dies vermutlich exemplarisch studiert werden. Dabei läßt sich in bezug auf Butlers Ansatz, die ja oft als eine der Mütter des neuen Paradigmas genannt wird, gar nicht von einem Bedeutungsverlust oder einer Dezentrierung der Kategorie Geschlecht sprechen: weder im sozialdiagnostischen noch im epistemologischen Sinne. Im Gegenteil: Bei ihr ist der Dekonstruktionsbegriff, der ja oft als Topos des Abschieds vom „klassischen Feminismus" gelesen wird, geradezu per definitionem an die Diagnose eines Zustandes gebunden, in dem Geschlecht als normatives Ordnungssystem stabil institutionalisiert ist. Ihr geht es zum einen um die Analyse der heterosexuellen Matrix, die den binären Rahmen des Begriffs „Geschlecht" sichert, und um die Untersuchung der normativen Prinzipien, die das biologische Geschlecht (Sex) regulieren. Zum anderen betreibt sie eine vehemente Kritik der identity-politics, d.h. aller Versuche, Politik über die Setzung eines mit bestimmten Eigenschaften versehenen Kollektivsubjekts „Frauen" zu fundieren. Butler würde aber nie im sozialdiagnostischen Sinne von einem Bedeutungsverlust, einer De-Institutionalisierung von Geschlecht oder einer Relativierung seiner strukturellen Effekte sprechen. Sie operiert mit ihrem sprachphilosophischen Zugang theoretisch an den Grenzmarkierungen der symbolischen Ordnung, an denen Fundamentalnormen kultureller Geltung sich über den Ausschluß von „verworfenen Anderen" (abjects) begründen. Ihre Analysen kreisen mit großer Intensität um die regulative Macht des Geschlechterdualismus für kulturell zentrale Konzeptionen wie etwa die des Subjekts. Die Fragerichtung ist grundlagenkritisch, antifoundationalist: Wie wird die innere Stabilität des binären Rahmens des Begriffs „Gender" gesichert, und wie muß man den Begriff „Gender" reformulieren, damit er auch jene Machtverhältnisse umfaßt, die den Effekt eines vordiskursiven Geschlechts (Sex) hervorbringen und dabei diesen Vorgang der diskursiven Produktion selbst verschleiern. Die Stabilität dieses Grundrahmens und die Mechanismen seiner Immunisierung gegen Veränderung sind ihr Thema, nicht Diagnosen seiner Aufweichung oder Relativierung.

Referenzpunkt für feministische Forschung sind die Disparitäten, die Benachteiligung und Diskriminierung von Frauen im Verhältnis zu Männern in all ihren Ausprägungen, kumulativen Effekten und Widersprüchlichkeiten. Dieser Analysefokus beinhaltet weder logisch noch historisch die Annahme, daß es sich bei den Genus-Gruppen um in sich homogene Einheiten mit spezifischen „Identitäten", „Mentalitäten" oder mit identischen Lebensbedingungen handelt. Wenn nicht ‚Geschlecht' der Referenzpunkt des Vergleichs ist, sondern Schicht, Ethnie oder Hautfarbe, dann müssen in der feministischen Forschung auch die sozialen, kulturellen und politischen Differenzen zwischen Frauen zur Kenntnis genommen werden (Becker-Schmidt (...) / Knapp – Einfügung U.V. / 2000). Um derartige Verhältnisbestimmungen geht es in der gegenwärtigen feministischen theoretischen Diskussion.

Allerdings scheint mir für die anstehenden Verhältnisbestimmungen m.E. zweierlei wichtig:

Wenn nicht Unterschiede und Ungleichheiten zwischen den Genus-Gruppen, sondern Unterschiede und Ungleichheiten unter Frauen in den Blick genommen werden, bekommen wir es mit Konstitutionsverhältnissen zu tun, in denen Geschlechterdifferenzen nicht die primären Konstituentien sind oder sein müssen. Diese Konstitutionsverhältnisse können nicht erfaßt werden, wenn sich der Blick ausschließlich auf Frauen konzentriert.

So wie Analysen des Geschlechterverhältnisses nicht davon absehen können, daß es sich um eine kapitalistische Gesellschaft handelt, die durch die Trennung von Arbeit und Produktionsmitteln konstituiert ist, kann z.B. Ethnizität als kulturell-strukturelle Formation nicht erfaßt werden, wenn man sie über Unterschiede zwischen Frauen fokussiert.

Dies sprengt, und das ist der zweite Punkt, den identitäts- und subjekttheoretischen Horizont dieser Diskussion. Die starke Ausrichtung auf Fragen der Zugehörigkeit, der Distinktion im Sinne des „doing difference", und der mehr oder weniger „multiple identities" ist unzureichend, wenn es auch darum geht, Strukturzusammenhänge und kulturelle Formationen zu analysieren, in denen „Differenzen" als soziale Relationen, als Distributions- und Anerkennungsverhältnisse historisch entstanden sind und wirksam werden. Man kommt sonst nicht an das Problem heran, welches spezifische Gewicht bestimmten Relationen in einem historisch-gesellschaftlichen Kontext zukommt und welche Verknüpfungen es zwischen ihnen gibt. Dies sprengt dann auch den sprach- und wissenstheoretischen Horizont eines Großteils der hier einschlägigen Ansätze. Der Kontext dieser Fragen wäre der systematische Ort, sich über die spezifischen Produktivitäten von Zugangsweisen zu verständigen.

Für die Zukunft der feministischen Forschung (...) habe ich drei Wünsche:

Erster Wunsch: Ich wünsche mir eine stärkere Ausprägung der vergleichenden Komponente und mehr Offenheit in der Diskussion der Grundlagen der jeweils eigenen Position. Ich halte es hier mit Wolfgang Welsch: „Ein Diskurs, der das Niveau von Wissenschaftlichkeit besitzen möchte, kann heute nur derjenige sein, der innerhalb der Doppelstruktur von Aussage und Aussagebedingungen operiert ... Im Idealfall führt solche Bedingungstransparenz zur Konturierung der Grenzen und Ausschlüsse, die mit dem jeweiligen Bedingungsrahmen verbunden sind." (Welsch 1992: 48). Eine solche Orientierung würde die wissenschaftliche Streitkultur befördern können, weil sich auf dieser Grundlage nicht nur „Hinsichten", sondern auch die jeweiligen Grenzen und blinden Flecke klarer herausarbeiten lassen. Dann könnte man beispielsweise begründen, weshalb eine gesellschaftstheoretische Orientierung, wie ich sie in der Tradition der älteren Kritischen Theorie für unverzichtbar halte, in bezug auf bestimmte Fragestellungen – etwa die Kritik der normativen Heterosexualität – die ich ebenfalls für unverzichtbar halte, an ihre Grenzen stößt (...).

Zweiter Wunsch: Es sprechen viele Zeichen dafür, daß sich die gesellschaftlich-politischen Grundkoordinaten derzeit gravierend ändern und daß wir in eine neue Phase kapitalistischer Expansion und eine postnationale Konstellation eintreten. Die wissenschaftlichen Theorien hinken wieder einmal der Wirklichkeit hinterher. Es stellen sich Fragen, die mit dem zukünftigen Gesicht Europas und der Welt zusammenhängen, mit veränderten Zusammensetzungen von Bevölkerungen, mit ungleichzeitigen ökonomischen Entwicklungen, Rückbau von Sozialstaatlichkeit und großrahmigeren politisch-rechtlichen Regulationen. Feministische Theorie, wenn sie nicht provinziell, konservativ und langweilig werden will, muß sich stärker auf diese Prozesse einstellen. Ich sehe darin eine ungeheure Herausforderung auch für meine Generation und fühle mich als Lehrende in die Verantwortung genommen, die Wissenschaft, die ich gelernt habe, in bezug auf ihre Tauglichkeit für die Analyse der veränderten Gesellschaft zu überprüfen. Zu solchen Überprüfungen gehört die Frage der Kontextbindung der eigenen theoretischen Traditionen: in welchem Gesellschaftsbezug wurden sie entwickelt, welche historische Erfahrung geht in sie ein, wo liegen Grenzen der Übertragbarkeit. Mein Wunsch ist, daß auch in der feministischen Theoriebildung solche Kontextbezogenheit stärker in den Blick genommen wird. Das Problem der „Übersetzung" wird umso dringlicher, je mehr die feministische Diskussion sich internationalisiert oder – in jüngster Zeit – amerikanisiert. Bestimmte Theoreme, die aus den USA herübergekommen sind, greifen nicht unbedingt in bezug auf europäische Verhältnisse und umgekehrt. Dies gilt in gewisser Weise sogar für den englischsprachigen Zentralbegriff „Gender", dessen linguistische Konnotationen nicht in alle Sprachen übertragbar sind$^{(...)}$. Solche Fragen (...) hätte ich gern intensiver diskutiert.

Mein dritter Wunsch betrifft den Zusammenhang von Wissenschaft und Politik: Ich gehe davon aus, daß feministischer Theorie ein Stück Distanz zu jeglichen identitätspolitischen Fundierungen not tut. (...) Wenn aber, was gelegentlich getan wird, im Zusammenhang einer grundlegenden Kritik des identitätspolitischen Paradigmas für eine „Entpolitisierung" der Geschlechterforschung plädiert wird, dann liegt dem eine fragwürdige Gleichsetzung von „politisch" und „identitätspolitisch" zugrunde.

Nun ist aus einer sozialpsychologischen Perspektive klar, daß Erkenntnis und Interesse immer – mehr oder weniger offenkundig – miteinander verbunden sind, und daß eine besondere Aufmerksamkeitsbindung entsteht, wenn es um Probleme geht, die einem nahe kommen. Ich halte solches Involviertsein für eine der unverzichtbaren Quellen feministischer Kritik und im übrigen auch institutioneller Praxis. [78-83] (...)

**Lothar Böhnisch (2000): Körperlichkeit und Hegemonialität – Zur Neuverortung des Mannseins in der segmentierten Arbeitsgesellschaft. In: Janshen, Doris (Hg.): Blickwechsel. Der neue Dialog zwischen Frauen- und Männerforschung. Frankfurt a.M.: Campus Verlag: 106-125 – Auszüge**

(...) Die *Jugendbewegung* ist (...) ein exemplarisches Beispiel dafür, wie in einer kulturell offenen und gleichzeitig unübersichtlichen Zivilisationskrise die Suche nach dem neuen Menschen und die Suche nach dem neuen Mann ineinander übergehen können.

*Die Suche nach Körperlichkeit I: Die Jugendbewegung als Männerbewegung*

Das Erlebnis einer gebrochenen Männlichkeit zieht sich durch fast alle zeitgenössischen Materialien der Jugendbewegung. (...) Der Haß auf die Väter war gepaart mit der Enttäuschung an der Mutter. Aus dieser Erfahrung mit den Lehrern und Vätern wurde die Ablehnung der Werte und Verkehrsformen der Gesellschaft – vielen gar nicht so bewußt – zur Ablehnung des von den Vätern und gesellschaftlichen Autoritäten vorgelebten Mannseins in dieser Gesellschaft. Der von der Jugendbewegung angeprangerte „äußerliche" Rationalismus und Materialismus wurde auch als eine sich im Äußern genügende und erschöpfende Männlichkeit der Väter erlebt.

Diesem seelenlosen Außen, dem „falschen Schein" wurde die „innere Form" entgegengesetzt. Der Weg nach dem Innen wurde in der Jugendbewegung eindrücklich als Weg zum anderen Mann erlebt: *als Suche nach der anderen Väterlichkeit, als Weg zum eigenen Geschlecht, als innere Verbindung mit anderen und schließlich im neuen Verhältnis zu Mädchen und Frauen.* [106-108] (...)

*Die Suche nach Körperlichkeit II: Die Vergesellschaftung des Männerkörpers*

(...) Nicht die „Flucht aus der Gesellschaft", sondern die Gefahr des Überflüssigwerdens, das „Abgekoppeltsein von der Gesellschaft" ist zum Thema unserer Jahrhundertwende geworden. Körperlichkeit ist damit nicht wie damals eine Chiffre für eine gesellschaftliche Gegenwelt, sondern für individuelle Selbsterfüllung. (...)

Zugespitzte Biographiesierung als „Vereinzigung" und Entkoppelung der Lebenswelten von den systemischen Entwicklungen der Gesellschaft eröffnen heute Möglichkeiten des Mannseins, die von dem klassischen patriarchalischen Männertypus und -habitus signifikant abweichen können. Gleichzeitig wird dieses lebensweltliche Suchen nach einer neuen Männlichkeit von der Konsumkultur offensiv aufgenommen und in entsprechenden Männerbildern vermarktet. Das macht die Ambivalenz dieser neuen Entwicklung aus. Dieser Zusammenhang macht uns deutlich, daß die Entstrukturierung des traditionellen Mannseins Teil eines Modernisierungsprozesses der kapitalistischen Industriegesellschaft ist, in dem der Mensch – hier der Mann – nicht mehr unbedingt als verfügbarer Anbieter von Arbeitskraft, wohl aber als neuer Konsument gebraucht wird. Die Konsumentenrolle war bisher – analog der fordistischen Reproduktionsdefinition – vornehmlich über die Haushaltsrolle (der Frau) definiert. Dieser historische Entstrukturierungsprozeß und die neue Vergesellschaftung des Mannes läßt sich über den Wandel der Vergesellschaftung des Männerkörpers beschreiben.

## 4 Aktuelle Konzeptionen

In unserem Rediskurs auf die Jugendbewegung als Männerbewegung ist deutlich geworden, daß *Körperlichkeit* dort einen Zustand meinte, in dem die Sehnsucht nach einer *eigenen* (körperlich vermittelten) Gefühlswelt mit dem Versuch der Neubestimmung der sozialen Beziehungen, aus dieser leibseelischen Befindlichkeit und Betroffenheit heraus, einherging. Körper in dieser sozialen Kontextualisierung von *Körperlichkeit* meint die leibseelisch gesteuerte, aber sozial gerichtete Austauschbeziehung des Menschen mit seiner stofflich-dinglichen und sozialen Umwelt. (...) Diese soziale Körperlichkeit äußert sich im *Habitus* des Menschen, die sozialen Gesetzmäßigkeiten sind zu inkorporierten Gesetzmäßigkeiten geworden (vgl. Bourdieu 1998). In der kultur- und milieugenetischen Formung des Habitus verbindet sich das Personale und das Gesellschaftliche und kann von den einzelnen Menschen nicht einfach durch Willen suspendiert werden (...).

Körperlichkeit ist widersprüchlich: Sie ist zum einen triebgesteuert, auf Selbstschutz und Selbstbehauptung angelegt, widerständig und damit antisozial, und entzieht sich somit der Verwertung und Zurichtung durch die Gesellschaft. Deshalb entwickelte sich historisch die gesellschaftliche Tendenz, den Körper sozial zu modellieren, in Klassifikationen zu zwingen, ihn zu beherrschen. Diese Kontrolle der Körperlichkeit – ihre Verfügbarkeit und ihre Beherrschbarkeit – geschieht geschlechtstypisch: Männliche Intimität wird verwehrt und geächtet, weibliche Intimität so zugelassen, daß sie reproduktiv funktionalisiert werden kann.

Die gesellschaftliche Verfügbarkeit des Mannes symbolisiert sich also in der Verwehrtheit des Innen bei gleichzeitiger Externalisierung der leibseelischen Befindlichkeiten und Austauschbeziehungen. Dieser gesellschaftlich verfügte externalisierte Habitus des Männlichen ist aber ein zwiespältiger, denn die Externalisierung gelingt nur auf Kosten der Unterdrückung des Innen, das aber nicht ausgelöscht werden kann. In kritischen Lebenssituationen bricht es bei Männern als innere Hilflosigkeit immer wieder auf, mit der aber nicht umgegangen, die nicht integriert werden kann. (...)

(...) In der modernen Industriegesellschaft ist es der *Maschinenkörper,* in dem die mechanische Symmetrie von Maschine und Körper abgebildet, der menschliche Eigensinn zum Störfall geworden ist. Maschinenkörper und Soldatenkörper verbinden sich zur Kampfmaschine Mann, die bedingungslos externalisiert ist. (...)

(...) Der neue gehetzte Mann spürt die strukturelle Gewalt dieses Systemprinzips, das ihm den Schlüssel zur Erfolgskultur öffnet, und erlebt gleichzeitig jene „unmännliche" Sehnsucht nach Innehalten, Geborgensein und Empathie, die er nicht öffentlich ausleben kann und deshalb um jeden Preis zum Beispiel in seiner Familie zu verwirklichen sucht. [110-113] (...)

*Die Suche nach Körperlichkeit III: Abwertung als Spiegel von innerer Hilflosigkeit*

(...) Menschliche Hilflosigkeit und Verwehrtheit der eigenen Gefühle und die männliche Hilflosigkeit angesichts der empathischen Überlegenheit der Frau kulminieren so im kompensatorischen Syndrom männlicher Externalisierung: der Außenorientierung und des Machtstrebens nach außen. (...)
(...) Jungen lernen das zu verachten oder gar zu hassen, das aus ihrem Selbst kommt, da es sie hilflos macht, weil es ihnen von außen kulturell verwehrt wird.
(...) So geraten Jungen im Verlauf des Aufwachsens in die strukturelle Zwangsläufigkeit, das (alltäglich nicht erfahrene) Männliche idolisieren und das (alltäglich erfahrbare) Weibliche abwerten zu müssen, um zu einer männlichen Geschlechteridentität zu kommen. [113-117] (...)

*Die Suche nach Körperlichkeit IV: Verfügbarkeit und Gewalt – Männer als Opfer*

Vor dem Hintergrund dieses strukturellen Ausgesetzt- und Verwehrtseins eröffnet sich eine überraschende Perspektive, welche Männern im Geschlechterdiskurs aber meist nicht zugebilligt wird: die des Opfers. Endlich ist aufschließbar, was statistisch evident, im Diskurs aber tabu ist. (...) Männern ist es in unserer Gesellschaft verwehrt, darauf zu insistieren, daß sie Opfer sind. Tat und Täter gehören in der männlichen Definition so eng zusammen, sind in einem Zuschreibungsblock so miteinander verschmolzen, daß sie Männlichkeit – bis in den Alltag hinein – geradezu konstituieren. [117f.] (...)

(...) Jungen und Männer sehnen sich nach den Verheißungen eines anderen Mannseins und schrecken gleichzeitig vor der sozialen Hilflosigkeit zurück, die sie befürchten, wenn sie vom normalen Männerbild abweichen – vor allem dann, wenn sie nicht in einer selbsttragenden Lebensstil-Nische, sondern im Mainstream gesellschaftlicher Normalität leben. So wie Bedürftigkeit und Gewalt liegen bei Jungen und Männern auch Sehnsucht, Schwäche und Angst vor dem Verlust der *patriarchalen Dividende* (vgl. Connell 1998) eng zusammen: Letztlich bin ich doch mehr wert als die Frauen, egal wie weit unten ich stehe.

Eigentlich müßte eine solche Spannung eine antriebsame Dialektik für die Jungen- und Männerarbeit ermöglichen, wenn – ja, wenn nicht ganz unterschiedliche Ebenen im Spiel wären. Zwar werden Männer und Frauen in der kapitalistischen Industriegesellschaft gleichermaßen verfügbar gehalten, doch in die gesellschaftliche Verfügbarkeit des Mannes ist die potentielle Verfügung über die Frau gleichsam eingeschrieben. Die geschlechtshierarchische Arbeitsteilung, in der die Produktionsarbeit nicht nur über der Reproduktionsarbeit steht, sondern diese vielmehr stillschweigend voraussetzt, enthält so auch die strukturelle Selbstverständlichkeit (nicht das Recht), daß produktionsorientierte Männer über frauenbestimmte Beziehungsarbeit je nach der gesellschaftlich gestützten männlichen Definition verfügen können. Die in die geschlechtshierarchische Arbeitsteilung eingelassene Höherwertigkeit des Männlichen macht jene patriarchalische Dividende aus, welche die Gesellschaft für die Männer strukturell bereithält und auf die sie sich zurückziehen können, wenn sie biographisch und alltagswirklich längst von den Frauen kulturell und sozial überholt worden sind und ihr Status offensichtlich ein minderer ist.

Aus dieser Perspektive erhält das Konzept der „hegemonialen Männlichkeit", wie es Connell (...) entwickelt hat, eine noch weiterreichende Schlüssigkeit. Er geht ja – hegemonialtheoretisch – davon aus, daß entlang der ökonomisch-technischen Dominanzkultur einer Epoche (getragen von der jeweiligen Modernisierungswelle) ein bestimmter männlicher Dominanztypus (zur Zeit der technologisch-rationale Hegemonialtypus) die geschlechtshierarchische Arbeitsteilung strukturiert, die Gesellschaft aber nicht durchgängig prägt. Vielmehr bildet dieser Dominanztypus – so würde ich Connell weiter interpretieren – ein Magnetfeld, an dessen Peripherie die Anziehungskraft und Verbindlichkeit des hegemonialen Typs nicht nur schwächer wird, sondern auch andere Formen der Männlichkeit, so sie sich ihre eigenen sozialkulturellen Bezugssysteme schaffen können, möglich sind. (...)

Dieses Modell technologisch-rationalistischer Männerhegemonialität entspricht der Realität der segmentierten Arbeitsgesellschaft (...), die sich als Zentrum Peripherie-Verhältnis darstellt: Mit zunehmender Technologisierung und Rationalisierung der Industriegesellschaft wird traditionelle Erwerbsarbeit freigesetzt, wird fragil oder gar überflüssig. Nur ein Kernbereich qualifizierter Arbeit bleibt bestehen, der gegenüber der Peripherie fragiler Arbeits- und Lebensverhältnisse relativ abgeschottet ist, auf diese aber hegemonial ausstrahlt. Im Zentrum dieser qualifizierten Kernarbeit wird eine Erfolgskultur ausgelebt und die männliche Dividende als „Erfolgsdividende" auch an die in diesem Bereich partizipierenden Frauen ausgezahlt, die in dem Muster „erfolgreicher Männlichkeiten" aufgehen und somit zu hegemonialen Shareholders der männlichen Hegemonialkultur aufgerückt sind. In den großen Peripherien prekärer und perforierter Arbeitsverhältnisse können dagegen unterschiedliche Männlichkeiten gelebt und auch traditionelle Männerrollen neu durchgesetzt werden. In dieser Pluralität wirkt aber auch die männliche Dividende direkt: Je mehr ich als Mann in soziale Abseits gedrängt werde, um so eher habe ich den Zugriff auf die Dividende nötig – gegenüber Frauen und Schwächeren.

Sollte das Hegemonialmodell vor allem die Erststrukturierung direkter Machtverhältnisse im Kontext der Modernisierung und Demokratisierung der

Gesellschaft beschreiben können, so erhält es im Licht der postmodernen Segmentierung der Arbeitsgesellschaft eine neue Bedeutung. Die hegemoniale Erfolgskultur des Männlichen muß sich nicht mehr rechtfertigen. Die Peripherie ist auf den Konsum als Integrationsmechanismus verwiesen, die Männer müssen und können sich ihre Dividende selbst holen. Geschlechterkonkurrenz findet nun vor allem in der Peripherie statt, der Geschlechterkampf ist auf die Niederungen der Arbeitsgesellschaft verschoben. Geschlechterforschung wird zum Überflüssigen gedrängt, weil sie nur die Belange der tendentiell Überflüssigen erreicht. Fürs Zentrum der Erfolgreichen ist sie scheinbar belanglos geworden.

So wird die Verfügbarkeit, der die Männer strukturell ausgesetzt sind, mit fortlaufender Segmentierung der Arbeitsgesellschaft erst recht nicht mehr sichtbar. Die systemische Dekonstruktion der Geschlechterhierarchie hat längst begonnen, ehe die Geschlechterforschung selbst ihre Dekonstruktionen versucht. Bist du im Zentrum erfolgreich, fragt dich niemand, ob du Mann oder Frau bist, in der Peripherie aber zeigen die Männer wieder ihr häßliches Gesicht, sei es im Verdrängungswettbewerb mit den Frauen am Arbeitsmarkt, sei es in den Gewaltdramen in den Familien. Zwar werden hier auch andere Männlichkeiten sichtbar, aber sie sind nur alltagskulturell erlebbar und gesellschaftlich nicht durchsetzungsfähig. Ein anderes Mannsein wird toleriert, aber eher belächelt, wenn es über das Alltagskulturelle hinaus nicht erfolgreich ist. (...) Gleichzeitig erleben wir Männer, die bei typischen krisenhaften Lebensereignissen, welche die Männerdominanz beschädigen – Arbeitslosigkeit, Trennung von der Partnerin, Nichtzurechtkommen mit weiblicher Überlegenheit -, in traditionelles Männerverhalten fallen, obwohl dies ihre Situation noch schwieriger macht und ihre Bedürftigkeit nach einem anderen Mannsein noch steigert. [119-122]

*Zur Begründung einer kritischen Männerforschung*

In dieser erweiterten Thematisierung von Körperlichkeit, in der das Ausgesetztsein und die Verfügbarkeit auch des Mannes in der industriekapitalistischen Moderne aufgeschlossen werden können, werden auch die Ausgangspunkte für eine kritische Männerforschung und ihre Begründung darstellbar. In der neueren Dekonstruktionsdebatte zur Geschlechterforschung ist ja in diesem Zusammenhang angezweifelt worden, ob eine eigene Männerforschung – analog zur Frauenforschung – überhaupt Sinn macht. (...)

Hier liegt ein meines Erachtens eindimensionales Verständnis von Männerforschung vor, das zwei grundlegende historisch-methodologische Spezifika nicht wahrnimmt:

## 4 Aktuelle Konzeptionen

- die historisch gewandelten geschlechtshierarchischen Machtstrukturen der fortgeschrittenen industriekapitalistischen Gesellschaft,
- die Widersprüchlichkeiten des Mannseins, wie sie eine kritisch-dialektische Sichtweise auf die Totalität dieser Gesellschaft aufschließen kann.

(...) Direkte geschlechtshierarchische Machtverhältnisse sind hegemonialen Dominanzstrukturen gewichen, in denen zwar das systemische „männliche Prinzip" der Externalisierung letztlich weiter vorrangig, die konkreten geschlechtsbezogenen Interaktionsstrukturen aber nicht mehr einfach determiniert sind, sondern sich pluralistisch und partiell auch gegenläufig entwickeln. So werden lebensweltliche Konstellationen sichtbar – Herrschaft von Männern über Männer, weibliche Hegemonialbezüge -, die der traditionelle patriarchatsfixierte Blick verdeckt. Vor allem aber werden mit den sozialen Ambivalenzen und Elastizitäten dieser Hegemonialkultur Formen und Möglichkeiten des Mannseins erkennbar, die sich weniger aus der (brüchig gewordenen) Männerrolle, sondern aus den Befindlichkeiten und Betroffenheiten von Männern verweisen. In der Hegemonialkultur stehen das Prinzip der männlichen Dominanz und das des männlichen Ausgesetztseins nebeneinander, und dies wird für viele Männer in dem Maße spürbar, in dem sich das verselbständigte systemische Prinzip der Externalisierung gegen sie selbst wendet (...).

Damit ist nicht nur auf die Widersprüchlichkeit und Doppelbödigkeit des Mannseins in der Postmoderne verwiesen, sondern auch auf die Notwendigkeit, diese Konstellation entsprechend theoretisch-methodologisch rückzubinden. Mannsein in dieser Konstellation ist dementsprechend nur *dialektisch* und in der Perspektive gesellschaftlicher *Totalität* zu verstehen. Eine solche an den Positionen kritischer Theorie (...) ansetzende Männerforschung muß sich nicht mehr an den Bezugspunkten der Frauenforschung messen und sich entsprechend verwerfen lassen. Kritische Männerforschung hat ihr eigenes Paradigma, das nur in der eindimensionalen Betrachtung obsolet, in seinem dialektischen Bezug zur Totalität der Gesellschaft aber plausibel wird. Um erklären zu können, daß auch Männer an patriarchalen Strukturen leiden, Jungen in der männlichen Sozialisation ebenso viel verwehrt, wie zugestanden wird und männliche Gewalt und Bedürftigkeit eng beieinander liegen, ist offensichtlich ein qualitativ anderes Paradigma notwendig als das der diskursiven Spannung von geschlechtshierarchischer Abhängigkeit und Befreiung, wie es die Frauenforschung entwickelt hat. Kritische Männerforschung eröffnet sich dementsprechend erst auf den „dritten Blick", wenn die Frauenforschung mit ihrer Suche nach Aufdeckung geschlechtstypischer Gewaltverhältnisse in einer konsumtiv nivellierten und sozialstaatlich mediatisierten Gesellschaft den „zweiten Blick" für sich beansprucht. Diese kritische Männertheorie legitimiert sich auch weniger gegenüber der Frauenforschung als gegenüber einer sozialisatorischen und pädagogischen Praxis, in der die typischen Bewältigungsprobleme von den Jungen und Männern, die auf solche widersprüchlichen Strukturen verweisen, virulent sind. Gerade hier wird eine Bezugstheorie gebraucht, aus der heraus Erklärungszusammenhänge, in denen männerzugewandtes Unterstützungshandeln möglich wird, abgeleitet werden können. [122-124]

**Helga Krüger (2002): Territorien – Zur Konzeptualisierung eines Bindeglieds zwischen Sozialisation und Sozialstruktur. In: Breitenbach, Eva/Bürmann, Ilse/Liebsch, Katharina/ Mansfeld, Cornelia/Micus-Loos, Christiane (Hg.): Geschlechterforschung als Kritik. Bielefeld: Kleine Verlag: 29-47 – Auszüge**

*(...) Die gesellschaftliche Konstruktion von Territorien*

(...) Zur Geschlechterpolarität als kulturelles Ordnungssystem gehört nicht nur die geschlechterdifferente Bewertung der gleichen Handlung und die Hierarchisierung von Kompetenz und Leistungen, sondern auch die Übermittlung von Botschaften des geschlechtsgebunden rechten Orts ihres Einsatzes. Es ‚weiß' die Ingenieurstudentin, dass sie sich in einem männlichen Feld befindet, und dass sie im ‚falschen Territorium', einem männlichen, reussieren will. (...) Neuerdings finden wir auch Männer in weiblichen Territorien (z.B. Kinderpfleger), konfrontiert mit ähnlich schwieriger Minderheiten-Identitätsproblematik des ‚falschen' Territoriums. [31] (...)

Anhand dieser Beispiele lässt sich bereits erahnen, dass Territorien Aktivitätsräume bzw. Terrains sind, die sich mit gesellschaftlich standardisierten Tätigkeitsfeldern assoziieren. Sie durchziehen unser Alltagsleben von der Wiege bis zur Bahre, lassen sich biografisch und örtlich lokalisieren, beinhalten latente und manifeste Inklusions-/Exklusionsregeln und enthalten zugleich Konstruktionen geschlechtsspezifischer Sozialisation. Sie fungieren als intermediäre Schnittstelle zwischen sozialisatorisch-subjektiv vermitteltem gesellschaftlichen Kontext sozialer Institutionen und kulturell überformten Normalitäts-Unterstellungen von Stimmigkeiten zwischen Betätigungsfeld und Person. Als Kristallisationskerne der Geschlechtsgebundenheit von Person und Aktivitätsfeld erhalten sie eine besondere Bedeutung, denn sie konstituieren eine Territorien-Ordnung mit durchaus eigener Gestaltungs- und Konservierungsmacht. Diese Geschlechter-Territorien-Ordnung trägt, so meine These, die gesellschaftlich etablierte Geschlechterdifferenz wie die Schnecke ihr Häuschen mit sich herum und greift ihrerseits, als Resultat und Reproduktion gesellschaftlicher Realität zugleich, doch eigenmächtig in diese ein. Aber die Identifizierung ihrer Grenzen, ihrer Wirkungen und gesellschaftsstrukturellen Bedeutung bedarf der genaueren Betrachtung.

(...)
Territorien enthalten ein ganzes Bündel von Charakteristika, über die sich jeweils Teilmengen territorialer Ordnungsregeln erschließen. Ihre einfachste Identifizierung ist die über die Geschlechtstypik von *Aktivitätsräumen*.

Hiernach sind männliche und weibliche Territorien Aktivitätsfelder mit formal für beide Geschlechter offenen Grenzen, aber aufgrund kultureller und sozialstruktureller Überformung als geschlechtstypische Bereiche der Betätigung definiert. Sie machen sich fest an der Geschlechter-Logik von (realen und imaginierten) Orten z. B.:

- der *Freizeit* (Kneipe – Cafe; Fußballfeld – Ballettraum; Küche – Heimwerkstatt, usw.);
- des *Arbeitsmarktes* und seiner *Berufe* (Konsumentendienstleistung – Industriearbeit; Krankengymnastin – Elektro-Installateur; Bibliothekarin – Bauingenieur, usw.);
- von *Fachdisziplinen* (Mathematik/Physik – Germanistik/Psychologie, usw.).

Es variiert ihr Institutionalisierungsgrad: Die – oft unbewussten und dennoch im Alltagswissen verankerten – Zuordnungen gesellschaftlicher Bereiche/ Tätigkeitsfelder nach Geschlecht reichen von kulturell verfestigten Zuschreibungen und tradierten Spielregeln (in obigen Beispielen: Freizeit; Fachdisziplinen) bis hin zu sozialstrukturellen Segmentierungen (s.o.: Berufe; Arbeitsmarkt), und entsprechend unterschiedlich zählebig bzw. schwerer oder leichter sind sie in ihren Grenzziehungen außer Kraft zu setzen.

(...) Doch gilt auch hinsichtlich der Territorien die nämliche Polaritätskonstruktion, wie Carol Hagemann-White sie für das kulturelle System der Zweigeschlechtlichkeit festgestellt hat: (...) Von den Extrempositionen her ‚bereinigt' sich die Bandbreite der dazwischen liegenden Möglichkeiten, und es re-definiert sich, was als typisch männlicher bzw. typisch weiblicher Aktivitätsraum und entsprechende Kompetenzpalette zu gelten hat. (...)

Die Wertschätzung von Territorien sind zugleich Indikatoren für den kulturellen und faktischen Wert von Geschlecht, der – als gesellschaftliche ‚Re-Organisationsmacht' der Geschlechterhierarchie – zählebig eingebunden bleibt in die alte Wertproblematik der Bipolarität. Grenzüberschreitungen erhöhen z.B. das weibliche Geschlecht nur so lange, wie einzelne Frauen in männlichen Territorien Erfolg haben, etwa Managerinnen auf den Führungsetagen. Hingegen senkt sich aber das gesamte Territorium einschließlich seiner Wertschätzung ab, sobald Frauen dieses mehrheitlich beherrschen, wie die Umwandlung des Geschlechts von Berufen, etwa die des Sekretärs zur Sekretärin, zeigt. [32-34] (...)

Schauen wir auf die sozialstrukturelle und sozialisatorische Bedeutung von Territorien-Ordnungen, so zeigen sie sich als aufschlussreiche Kristallisationsfelder für Wandel und Beharrung der Geschlechterordnung in jeder Gesellschaft. (...)

(...) Nicht nur aus der Sicht der Sozialstruktur und ihrer Reproduktion, sondern auch von Seiten der Subjekte her betrachtet, vermitteln Territorien sowohl einen orientierenden als auch sozialisierenden und Alternativen eröffnenden oder begrenzenden Handlungsrahmen für individuelle Selbstverortungen und subjektive Biografiegestaltungen. (...)

(...) Was sich hier als heimlicher Geschlechterlehrplan abzeichnet, lässt sich einerseits zwar sehr gut mit dem ‚doing gender'-Prinzip (...) erklären[...]. Aber solange sich spielerische Grenzüberschreitungen von Territorien in der Kinderkultur an Aktivitätsfeldern im Erwachsenenleben brechen, tritt dem ‚doing gender' der Interaktion das des ‚doing life course difference' über territoriale Distribution zur Seite. [34-36]

*(...) Territorien als Forschungsgegenstand*

Eingeordnet in die Geschlechterforschung nimmt die Betrachtung von Territorien eine Mittlerrolle zwischen Mikro- und Makrotheorien ein, die sich folgendermaßen abbilden lässt:

| Zugänge der Geschlechterforschung | Forschungs-Einheit | Basis-Theorien | Fokus der Ergebnisse auf |
|---|---|---|---|
| Mikro-Ebene | Interaktion | Attributionstheorien; Symbolischer Interaktionismus; Sozialisationstheorien | ‚Doing Gender' |
| Meso-Ebene | Territorien | Kontext- und Kompetenztheorien; Berufsfindungs- und Identitätstheorien | ‚Doing Life Course Difference' |
| Makro-Ebene | Sozialstruktur | Ungleichheits- und Segmentationstheorien; Macht- und Herrschaftstheorien | ‚Doing Gender Hierarchies' |

## 4 Aktuelle Konzeptionen

Alle drei Ebenen, da miteinander verschränkt, lassen sich entsprechend kombinieren. Territorien, konnotiert mit typisch männlichem oder weiblichem Tätigkeitsterrain, sind stets von zwei Seiten her gerahmt: durch die geschlechtsgebundene Wertproblematik in den Köpfen der ‚am Ort' Versammelten, die diese Orte und ihre Personenpassung zuordnen, einerseits, sowie durch sozialstrukturelle Ordnungssysteme, auf die sich die Beteiligten beziehen, andererseits. [37] (...) (vgl. Krüger/Levy 2000; vgl. Born/Krüger 2001; (...)). [39] (...)

(...) Es ist nicht zufällig, dass, wie oben ausgeführt, die meisten Beispiele des Sichtbar-Machens von Geschlechter-Grenzüberschreitungen aus berufsförmig organisierter Arbeit stammen, denn hier finden sich, gesetzlich codiert, und im Berufsbildungsgesetz des Bundes als ‚Berufsbild' gefasst, historisch geronnene Vorstellungen von Territorien als männlich – weiblich, zudem mit doppeltem Bindeglied: einerseits gekoppelt an die Festlegung der pro Berufsbild relevanten Qualifikationen und ihres Marktwerts, d.h. ihrer Tarifierung als entsprechender Mindestlohn, andererseits gesichert über ein Berufsbildungssystem, das zwei unterschiedliche Übergangswege in den Beruf zur Verfügung stellt: a) über das – inzwischen schrumpfende – duale System, die Lehre (...) und b) das Vollzeitschulsystem (...), das inzwischen enorm expandiert ist, d.h. das auf inzwischen 127 unterschiedliche Berufe (alle weiblich konnotiert) vorbereitet (...).

(...) Fast gleichzeitig mit dem Beginn der bundesweiten Programme, Mädchen in Männerberufe zu bringen, sie also gezielt zum Territorienwechsel zu bewegen, ohne die subjektiven Kosten des Sich-Durchsetzens in einer territorial männlich besetzten Welt mitzubedenken, nahm jener Wandel im Arbeitsmarkt Formen an, die längst dazu herausfordern, Jungen in Frauenberufe zu bringen, oder besser: endlich die Geschlechterstereotypisierung von Berufen als gesellschaftliches Territorienproblem zu sehen. (...) Das Bild von männlichen und weiblichen Territorien ist im Typus der Berufe, der Arbeitsverhältnisse, der Entlohnung, der Karrierewege festgefroren und zeigt geschlechtsspezifische Inklusions-/Exklusions-Beharrungen erstaunlichen Ausmaßes.

(...) Territorien interessieren als konkrete Orte von Sozialisation und Kompetenzentwicklung, als historisch verfestigter Orientierungsrahmen der Sortierung sozialer Chancen und als materialisierte Kristallisationskerne der Reproduktion von Ungleichheit. Sie inkorporieren die gesellschaftliche Konstruktion von Geschlecht als a) Interaktionskategorie, als b) ordnende Kategorie von Berufsqualifizierungs-Politiken, sowie c) als strukturelle Gestaltung der Typik von Arbeit. Alle drei Dimensionen kombinieren sich in einer Weise, die die bisher erfassten Wege des ‚doing gender' ausweitet zu einem ‚doing life course difference' und diesen mit codierten Regeln der Geschlechter-Ungleichheit versehen. [39f.] (...)

*(...) Territorien und Sozialisation: weiblich – männlich? [41]*

(...) Kontext-Erfahrungen der Geschlechterpassung zu gesellschaftlich vorgeformten Territorien binden sich für Mädchen heute eng an die Lebensphase der Berufsausbildung und -einmündung. Studien, zu unterschiedlichen historischen Zeitpunkten durchgeführt, verdeutlichen, dass Lehrstellenzuweisungen nach wie vor den Regeln des geschlechtsspezifisch segmentierten Berufssystems folgen und Mädchen auf die weniger existenzsichernden Berufsfelder verweisen (...). Hier hat sich trotz des Wandels im Kompetenzspektrum und Selbstbild weiblicher Jugendlicher kaum etwas geändert. Dies belegt eindrucksvoll, wie historisch verfestigte Aktivitätsräume in Berufsbildung und Beruf rund um die Kategorie Geschlecht neue Formen des interaktiven Handelns zwischen den Geschlechtern hinterrücks wieder an das ‚Gestern' binden, den per Sozialisation erreichten Wandel wieder einfangen, und sich beide Geschlechter wieder entweder unter sich, oder aber – bei Grenzüberschreitung – erneut in einer Welt der ‚falschen' Territorien befinden[...].

Die Kontext-Erfahrungen, in einem fremden Territorium zu sein, nimmt für Jungen lebensbiografisch den gerade umgekehrten Weg. Durch die Stereotypisierung aller versorgenden, pflegerischen und erzieherischen Berufe als weibliche Territorien befinden sie sich allein durch das Geschlecht der Bezugspersonen von Anbeginn an und bis zur Beendigung der Grundschule allemal in einem weiblichen, d.h. bezüglich ihres eigenen Geschlechts insgesamt ‚falschen' Territoriums. Und auch dieses ist Behinderung für die in der Tat wenigen Versuche der Aneignung der Puppenecke, d.h. der Ausweitung eigener Territorien und Kompetenzen in die der Mädchen hinein. Und das Interessante: Der Rückzug auf geschlechtskonforme Kompetenzen beginnt hier nicht erst mit der Berufswahl, sondern sehr viel früher, und zwar spätestens im Kindergarten.

Nicht nur psychoanalytisch also lässt sich gut erklären, warum Mädchen ihre Territorien ständig ausweiten und zugleich problemlos an ihren angestammten festhalten, Jungen hingegen immer stärker in eine Verteidigungs- und Grenzziehungsproblematik der eigenen Identität verstrickt sind (vgl. zuerst C. Hagemann-White 1984 (...)). Jungen suchen Mädchen ihrer Altergruppe nicht nur nach wie vor aus ihren Bereichen herauszudrängen, so, als ginge es um den Verlust ihrer in der Tat bedrohten Identität, sondern sie erleben sich zugleich, d.h. sehr früh in ihrer Entwicklung, in einem Identifikationskontext, der die Bezugspersonen in einem Ort des Geschehens zeigt, der diesen von der Erwachsenenseite her als typisch weibliches Territorium ausweist. Jungen sehen Arbeit rund um Haushalt, Kinderbetreuung und Pflege als ‚Frauensache', die wenig gilt, Mädchen hingegen nutzen diese Zeit als Chance zur breiten Kompetenz- und Selbstentfaltung und erst sehr viel später erleben sie die Einschränkung ihrer Möglichkeiten als harte Realität. [42f.]

*(...) Zusammenfassend*

Territoriale Ordnungen greifen nicht nur geschlechts-, sondern auch lebensphasenspezifisch, und zwar gleich dreimal:

- durch die Abwertung/Aufwertung geschlechts-stereotypisierter Territorien nach ihrer Zuordnung zu weiblich/männlich – mit positiver Wirkung auf territoriale Ausweitungsversuche in der frühen Sozialisation von Mädchen;
- durch den unterschiedlichen Marktwert weiblicher und männlicher Berufsausbildungen und Karrierechancen – mit negativen Folgen in der Berufsfindungsphase beider Geschlechter;
- durch die Einbettung der Sozialisationsprozesse der frühen Kindheit einschließlich mindestens der Grundschulzeit in ein weibliches Milieu – mit negativen Wirkungen in der frühen Sozialisation von Jungen.

Hinsichtlich der Durchbrechung geschlechtstypischer Territorien scheint mir sehr wesentlich, dass es die pädagogische Mühe von Frauen (ob als Professionelle, Laien oder als Mütter) ist, die sozialisatorisch vor einer Sysiphus-Arbeit stehen, – einer ambivalenten zudem, da geortet in einer weiblich-homogenen Welt. Und auch diese Geschlechter-Homogenität unterbindet Wandel, lerntheoretisch sowie psychoanalytisch gesehen: Sozialisation und ihre Verankerung in Berufen für Frauen – nicht zuletzt und gerade auch angestrebtes Lösungsmuster der bürgerlichen Frauenbewegung im Geschlechterkampf um die Jahrhundertwende – bleiben als Bindeglieder zwischen Kindheit und späterer Arbeitsmarktverankerung mit dem Ergebnis und dem Prozess geschlechtstypischer Zuweisungen zugleich konfrontiert. Es scheint, dass nicht nur die Familie, sondern auch klassische Frauenberufe Mühe haben, sich „aus den toten Gewässern" der Geschichte (Coleman, zit. n. Liegle 1988) zu befreien, in die männliche Dominanz und bürgerliche Frauenbewegung sie gebracht haben. Es steht also an, die Geschlechtszuordnungen der Berufe selbst zu problematisieren bzw. die Wertigkeiten moderner Berufe als Ergebnis historischer Prozesse der Etablierung von Geschlechter-Ordnungen aufzuarbeiten. Wieweit es uns gelingt, die Eigenanteile in der Aufrechterhaltung der entsprechenden Territorien-Ordnung auch als Behinderung für Wandel zu sehen, bleibt offen, steht aber zur Debatte. [43f.]

**Beate Krais (2001): Die feministische Debatte und die Soziologie Pierre Bourdieus: eine Wahlverwandtschaft. In: Knapp, Gudrun-Axeli/Wetterer, Angelika (Hg.): Soziale Verortung der Geschlechter. Gesellschaftstheorie und feministische Kritik. Münster: Verlag Westfälisches Dampfboot: 317-338 – Auszüge**

*Die Frauen- und Geschlechterforschung und ihr gesellschaftstheoretischer Anspruch*

Die deutschsprachige sozialwissenschaftliche Frauen- und Geschlechterforschung ist von Anfang an mit einem ausgeprägt gesellschaftstheoretischen Anspruch aufgetreten. So ging es ihr immer darum, über der Analyse der konkreten Vielfalt von Geschlechterarrangements in den unterschiedlichen gesellschaftlichen Bereichen den grundlegenden, gesellschaftsstrukturierenden Charakter der Kategorie „Geschlecht" nicht aus dem Auge zu verlieren. (...) Man kommt daher nicht umhin festzustellen, dass es der Frauen- und Geschlechterforschung bislang nicht wirklich gelungen ist, ihren Status als Bindestrich-Soziologie zu überwinden und „Geschlecht" als zentrale Kategorie für das Verständnis der modernen Gesellschaft in der Soziologie zu verankern.

Im Folgenden will ich zeigen, dass der Umbau der Soziologie zu einer „geschlechtssensiblen" Sozialwissenschaft allerdings so ohne Weiteres auch nicht zu haben ist. (...) Bei dieser Umstrukturierung ist, so argumentiere ich, die Auseinandersetzung mit einer anderen Außenseiter-Soziologie hilfreich – der Soziologie Pierre Bourdieus.

Bourdieu hat sich erstmals 1990 mit seinem Aufsatz über die „männliche Herrschaft", der 1998 in veränderter Fassung als Buch erschien, in der soziologischen Diskussion um das Geschlechterverhältnis zu Wort gemeldet. Er ist damit einer der ganz wenigen Soziologen, die durch einen eigenen Beitrag zeigen, dass sie diese Diskussion ernst nehmen. (...)

Wer jedoch mit Bourdieus umfangreichem und differenziertem Werk vertraut ist, stößt auf eine ganze Reihe von Affinitäten zwischen seinem analytischen Zugang zur sozialen Welt und feministischen Ansätzen einer „geschlechtssensiblen" Gesellschaftstheorie. [317f.]

*Geschlecht: Soziale Rolle oder Dimension des Habitus?*

Zu den zentralen Ergebnissen der Frauen- und Geschlechterforschung gehört die Einsicht, dass „Geschlecht" in allen sozialen Verhältnissen präsent ist. (...) Die gängigen soziologischen Konzepte erweisen sich diesem Sachverhalt der ständi-

## 4 Aktuelle Konzeptionen

gen Präsenz von Geschlecht in Interaktionen bzw. der Vergeschlechtlichung sozialer Strukturen gegenüber jedoch als sperrig.

Um die in der sozialen Realität unübersehbaren Unterschiede in den Lebensverhältnissen und in den Handlungs- und Denkweisen von Frauen und Männern soziologisch fassbar zu machen, wird üblicherweise auf das Konzept der sozialen Rolle zurückgegriffen. (...)

Das Konzept der sozialen Rolle geht im Wesentlichen auf Talcott Parsons zurück, der auch schon früh (1942) von „Geschlechtsrollen", von *sex roles*, spricht. In seinen Untersuchungen über die Familie hat er dieses Konzept weiter ausgearbeitet und eingebunden in seine übergreifende, funktionalistisch begründete Vorstellung von Gesellschaft. (...) Nach diesem Verständnis sind die Geschlechtsrollen sogenannte „askriptive" Rollen, d.h. Rollen, die nicht durch eigenes Dazutun – nach üblichem Verständnis durch eigene Leistung – erworben, sondern aufgrund biologischer Merkmale zugeschrieben werden. (...)

Im Lichte der empirischen Ergebnisse und theoretischen Debatten der Frauen- und Geschlechterforschung hat sich gezeigt, dass die Geschlechterdifferenzierung im analytischen Rahmen des Rollenbegriffs nicht angemessen konzeptualisiert werden kann. Vor allem drei Aspekte der Wirkungsweise von „Geschlecht" verfehlt das Konzept der Rolle, hier: der Geschlechtsrolle:

*Erstens* lassen sich mit dem Rollenbegriff die beobachteten Machtasymmetrien und als Herrschaftsverhältnis institutionalisierten Machtbeziehungen zwischen den Geschlechtern nicht systematisch aufschlüsseln. Dies ist ein Argument, das in allgemeiner Form bereits in der älteren Diskussion um die Rollentheorie angeführt wurde: dass sie nämlich gegenüber Macht- und Herrschaftsverhältnissen blind sei (...).

Das *zweite* Argument (...) setzt an der theoretischen Konstruktion des Rollenbegriffs an: Konstitutiv für die soziale Rolle ist der Bezug auf einen bestimmten Interaktionskontext, auf ein bestimmtes Beziehungsgefüge oder eine spezifische soziale Situation. Der Rollenbegriff entfaltet sein analytisches Potenzial gerade darin, dass er einen Zugang zu *situationsspezifisch unterschiedlichem* sozialem Handeln eröffnet, d.h. er greift den Sachverhalt auf, dass Menschen *mehrere* soziale Rollen „spielen", die jedoch jeweils in spezifischen sozialen Situationen aktualisiert werden, während alle anderen Rollen in dieser Situation irrelevant sind. (...) Wie die Frauen- und Geschlechterforschung nachdrücklich gezeigt hat, ist für „Geschlecht" hingegen charakteristisch, dass es nicht nur in spezifischen sozialen Situationen – im Wesentlichen im familialen Kontext – wirksam wird, sondern immer präsent ist: bei der Arbeit, in der Schule, beim Spaziergang, im Gespräch mit Freunden. Mehr noch: Spezifische Situationen sind durch das Geschlechterverhältnis vorstrukturiert; dies gilt selbst dann, wenn der strukturelle Zusammenhang von „Geschlecht" und beispielsweise spezifischen Arbeitssituationen in der konkreten Interaktion nicht aktualisiert wird.

*Drittens* schließlich richtet sich der Rollenbegriff auf das Vorgegebene, Fixierte des sozialen Handelns, auf die von der Gesellschaft bereitgehaltene Rolle, die die Individuen übernehmen, Schauspielern vergleichbar, die eine Rolle spielen. Das Prozessuale des *doing gender*, die *Konstruktion* von Geschlecht in der sozialen Interaktion, die vor allem in den ethnomethodologischen Untersuchungen herausgearbeitet worden ist (vgl. dazu in der deutschsprachigen Soziologie Gildemeister/Wetterer 1992), bleibt außerhalb der Reichweite des Rollenbegriffs. [318-321] (...)

Da das Rollenkonzept bis heute, trotz aller Kritik und aller Probleme, *das* soziologische Konstrukt ist, das Gesellschaft und Individuum vermittelt, verwundert es nicht, dass die zentralen Thesen und Ergebnisse der Frauen- und Geschlechterforschung bisher über den begrenzten Diskussionskontext einer Bindestrich-Soziologie kaum hinausgelangt sind: Sie sind nicht anschlussfähig an grundlegende Kategorien, d.h. an die gängigen Erkenntnisinstrumente der Soziologie, oder besser: jene sind nicht offen gegenüber den zentralen Einsichten der Frauen- und Geschlechterforschung.

Mit dem Habitus-Konzept, wie es Pierre Bourdieu entwickelt hat, liegt jedoch seit geraumer Zeit ein allgemeines soziologisches Konstrukt vor, das diese Offenheit aufweist. Als „Habitus" bezeichnet Bourdieu ein generierendes Prinzip, einen Operator oder modus operandi, der jene regelhaften Improvisationen hervorbringt, die man auch gesellschaftliche Praxis nennen kann. Dieser Operator ist Produkt der Geschichte eines Individuums, geronnene Erfahrung; er ist verinnerlichte, inkorporierte Geschichte; in ihm wirkt, wie Bourdieu sagt, die ganze Vergangenheit, die ihn hervorgebracht hat, in der Gegenwart fort. In den Habitus sind die Denk- und Sichtweisen, die Wahrnehmungsschemata, die Prinzipien des Urteilens und Bewertens eingegangen, die in einer Gesellschaft am Werk sind; und diese kulturellen Ordnungen strukturieren unser Handeln, alle unsere expressiven, sprachlichen, praktischen Äußerungen.

Dabei ist die Rede von der inkorporierten Geschichte mit dem darin enthaltenen Bezug auf den Körper keineswegs bloße Metapher: Nach Bourdieus Überzeugung findet die Konstruktion von Ordnungen in der sozialen Praxis statt; sie ist keine rein geistige Operation, die als solche nur im Denken des Subjekts[...] anzusiedeln wäre. Die Regelhaftigkeit der Gesellschaft und der sozialen Subjekte entsteht im körperlichen Handeln, und der praktische Sinn – das ist die mit dem Habitus gegebene Fähigkeit, Handlungsweisen zu erzeugen, die mit den sozialen Ordnungen übereinstimmen – ist nichts anderes als „Natur gewordene, in motorische Schemata und automatische Körperreaktionen verwandelte gesellschaftliche Notwendigkeit" (Bourdieu 1987: 127). (...)

# 4 Aktuelle Konzeptionen

Die uns vertraute Entgegensetzung von Körper und Geist, die auch in der Unterscheidung von *sex* und *gender* wieder aufgenommen wird, ist im Habitus-Konzept außer Kraft gesetzt, und nicht nur das: Ausdrücklich trägt dieses soziologische Konstrukt dem Umstand Rechnung, dass die sozialen Subjekte keine Geistwesen, sondern mit einem Körper ausgestattete Menschen sind. (...)
Beide wissenschaftlichen Konstrukte, das des Habitus und das der sozialen Rolle, sollen das soziale Handeln der Subjekte erklärbar und prognostizierbar machen. Sie richten sich auf die gleiche soziologische Problematik: Wie kann man den Menschen als soziales, als vergesellschaftetes Subjekt denken? Im Unterschied jedoch zum Begriff der Rolle gilt der des Habitus einer inkorporierten Struktur; er wird *nicht*, wie die soziale Rolle, als „gesellschaftliche Zumutung" gedacht, als ein von außen dem Subjekt angesonnenes Bündel von Verhaltenserwartungen, die als *Erwartungen*, wie auch Werte und Normen, im Medium des „reinen Geistes" verbleiben. (...) Bourdieu verwendet gerne die Metapher des Spiels, eines Fußballspiels etwa, um die für die Funktionsweise des Habitus charakteristische Unmittelbarkeit und Kreativität anschaulich zu machen: Wer über große Spielerfahrung verfügt, das Spiel beherrscht, braucht nicht lange nachzudenken, wenn der Ball plötzlich in einer Konstellation oder auch nur in einem Winkel auf ihn zukommt, in dem er ihn noch nie hatte, er wird intuitiv „wissen" und tun, was zu tun ist. [321-323] (...)

*Männliche Herrschaft und symbolische Gewalt*

In den feministischen Debatten um das Erkenntnispotenzial sozialkonstruktivistischer Ansätze wurde immer wieder kritisiert, dass mit dem genaueren Blick auf den *Prozess des Herstellens* von Geschlechterdifferenzen die Aspekte von Macht und Herrschaft im Geschlechterverhältnis in den Hintergrund getreten seien. D.h. die Frage, wann und ob mit dem Herstellen von Differenz auch soziale Ungleichheit und Unterdrückung verbunden sind, wird dabei häufig vernachlässigt. Bourdieu (...) arbeitet nicht nur die eminente Bedeutung des Klassifizierens als einem wesentlichen Teil der sozialen Praxis und die Funktionsweise der Klassifikation entlang dem polaren Gegensatz von männlich und weiblich heraus, sondern thematisiert diese von vornherein als eine hierarchisierende Klassifikation. (...) Schon die Überschrift seines Aufsatzes zum Geschlechterverhältnis spricht eine klare Sprache: Es geht nicht um bloße Differenz bzw. deren Herstellung in der sozialen Praxis, es geht um das Geschlechterverhältnis als Herrschaftsverhältnis.
In diesem Aufsatz lenkt Bourdieu die Aufmerksamkeit auf die symbolische Gewalt, die „das Essentielle der männlichen Herrschaft ausmacht" (Bourdieu 1990/1997a: 166). (...) Symbolische Gewalt ist eine Gewalt, die in der *face-to-*

*face*-Interaktion zum Tragen kommt, Herrschaft also in der unmittelbaren Interaktion zwischen Personen konstituiert und reproduziert. Vor allem aber handelt es sich dabei um eine Gewalt, die nicht als solche erkannt wird, sie ist also ein subtiler, euphemisierter, unsichtbarer Modus der Herrschaftsausübung, eine verdeckte Form der Gewalt: Sie ist nichts anderes als die Realisierung einer Sicht der Welt oder einer sozialen Ordnung, die zugleich im Habitus der Herrschenden wie der Beherrschten verankert ist. (...) Symbolische Gewalt impliziert insofern bei den Beherrschten ein gewisses „Einverständnis" (...) Dieses „Einverständnis" ergibt sich nur, wenn beide Akteure in ihrem Habitus jene symbolische Ordnung eingelagert haben, die korrespondierende Handlungen hervorbringt.

Ein wesentliches Element symbolischer Gewalt liegt damit noch *vor* der Interaktion, in der sie sich manifestiert, nämlich darin, dass die Unterdrückten, in diesem Fall die Frauen, mit der Inkorporation der geltenden Ordnung sich selbst als minderwertige Subjekte identifizieren müssen. Herrschaft heißt auch, dass die der Herrschaft unterliegenden Subjekte über weite Strecken die „herrschende Meinung", die Sicht der Welt übernehmen, die die Herrschenden entwickelt haben, und damit ein von den Herrschenden geprägtes Selbstbild. Die Sicht der Männer auf Frauen, ihre Setzung des Männlichen als des Universellen, des Weiblichen als des Besonderen, Partikularen, Abweichenden, und die von dieser Sichtweise her entwickelten Dichotomien und Klassifikationsschemata bestimmen auch das Denken und die Wahrnehmung der Frauen. (...)

Banale, alltägliche Akte der face-to-face-Interaktion verlieren unter diesem Blickwinkel ihre Harmlosigkeit, können wie ein Puzzle zusammengesetzt werden zu jenem ständigen Strom von Akten symbolischer Gewalt, die Frauen immer wieder in die herrschende Arbeitsteilung zwischen den Geschlechtern zurückstoßen, ohne dass die Gewalt als solche greifbar wird. [324f.] (...)

*Eine Theorie der sozialen Welt?*

Die Frauen- und Geschlechterforschung hat sich in den neunziger Jahren verstärkt mit dem Problem auseinandergesetzt, dass „Geschlecht" in der modernen Gesellschaft nur eine Ungleichheits- bzw. Herrschaftsdimension unter mehreren ist. (...) Zum einen geht es um die Auflösung der homogenen Kategorie „Frau", d.h. um eine Verbindung zur Sozialstruktur und zu anderen Dimensionen sozialer Ungleichheit; zum zweiten werden die Globalisierung und das absehbare Ende der industriegesellschaftlichen Moderne diskutiert; zum dritten gibt es eine Kritik an der Beliebigkeit mancher – vor allem in den Geisteswissenschaften verbreiteten – Vorstellungen von der „Konstruktion von Geschlecht", die Konstruktion und Dekonstruktion als eine Sache des reinen Geistes verstehen und „Geschlecht" auf „Text" oder „Diskurs" reduzieren. (...) Es gibt daher erneut ein

## 4 Aktuelle Konzeptionen

Interesse an der Auseinandersetzung mit Theorien, die einen allgemeinen gesellschaftlichen Horizont aufspannen, in dessen Rahmen die Geschlechterproblematik diskutiert werden könnte. (...)
Wer sich mit Bourdieus Arbeiten beschäftigt, stellt fest, dass er in die gängigen soziologischen Schubladen nicht passt, wonach ein Soziologe entweder Theoretiker oder aber Empiriker ist oder wenigstens Theorie und Empirie in säuberlich getrennten Werken abhandelt. (...)
Aber wie kann man Soziologie machen, eine Soziologie mit realitätserschließender Kraft zudem, wenn man keine allgemeine Gesellschaftstheorie hat? Wie macht Bourdieu Soziologie? Bourdieu wendet sich in guter Kantscher Tradition den *Erkenntniswerkzeugen* zu: den Theorien, Kategorien und Begriffen der Soziologie.
Zu den Grundbedingungen soziologischer Arbeit gehört, dass die Soziologinnen und Soziologen Teil ihres Gegenstandsbereichs sind, und das heißt, dass ihnen das, was sie zu analysieren haben, vertraut und sogar selbstverständlich ist. [326-329] (...)
Ein gutes Beispiel hierfür ist die Entwicklung von der Frauenforschung als der Forschung über eine soziale „Problemgruppe" zur Soziologie des Geschlechterverhältnisses, von der selbstverständlichen Übernahme einer vorwissenschaftlichen Problemdefinition zu einem systematisch konstruierten wissenschaftlichen Objekt, das als soziales, in eine Vielzahl von Institutionen und Lebensbereichen eingelagertes Verhältnis gefasst wird. Die Konstruktion dieses wissenschaftlichen Objekts und damit die Entwicklung systematischer, auf die innere Logik dieses Aspekts der sozialen Welt zielender Fragestellungen war weder auf „rein theoretischem" noch auf „bloß empirischem" Wege möglich. Sie bedurfte der ethnologischen Studien, die uns die Vielfalt und Diversität der Entgegensetzung von „weiblich" und „männlich" vor Augen führte, ebenso wie der historischen Studien über die Genese der Polarität der Geschlechtscharaktere im Zuge der Herausbildung der bürgerlichen Gesellschaft im Europa des 18. und 19. Jahrhunderts (vgl. Hausen 1978, (...)). (...) Mit der Unterscheidung von Hausarbeit und Erwerbsarbeit wurde die Existenz eines weiten Bereichs als „vormodern" geltender, weil nicht in Form von Lohnarbeit oder „Unternehmer-Arbeit" und auch nicht entsprechend betriebswirtschaftlicher Rationalität organisierter Arbeit ins Blickfeld wissenschaftlicher Analyse gerückt und die Komplementarität dieser beiden Formen der Arbeit in der modernen Gesellschaft thematisiert. Empirische Interaktionsanalysen führten vor, wie Geschlecht im alltäglichen Handeln der Individuen „gemacht", konstruiert wird. Die Unterscheidung zwischen *sex* und *gender* half bei der Überwindung der Vorstellung von Geschlecht als einem „askriptiven" und damit soziologisch nicht weiter zu hinterfragenden sozialen Merkmal. Untersuchungen zur Körperwahrnehmung und Vergesell-

schaftung der körperlichen „Natur" der Individuen wiederum machten klar, dass die *sex/gender*-Unterscheidung selbst noch dem Dualismus von Körper und Geist, von Natur und Gesellschaft verhaftet bleibt, auf dessen Überwindung sie doch zielte (...).

Wie an diesem Beispiel deutlich wird, entstehen in den Sozialwissenschaften neue Erkenntnismittel, d.h. neue analytische Kategorien und theoretische Konzepte, nicht in der Welt des reinen Geistes oder der abstrakten Begriffe. Man entwickelt sie in der Auseinandersetzung mit der Empirie, wenn man in der Forschungspraxis auf ein Problem stößt, (...): Die empirische Wirklichkeit will sich der Theorie nicht fügen; es hilft nur, das Vorkonstruierte aufzugeben. Bourdieu beschreibt verschiedentlich, wie er bei der Analyse des empirischen Materials mit den alten Kategorien in unlösbare Schwierigkeiten geraten war, die er nur überwinden konnte, indem er etwas Neues erfand: das Konzept des Habitus beispielsweise. [330f.] (...)

Wenn wir also die Vorstellung aufgeben müssen, die Soziologie ließe sich bauen wie ein Haus, mit einem theoretischen Fundament, an dem wir nur lange und fleißig genug zu bauen und Stein auf Stein zu setzen hätten, damit endlich die ganze soziale Wirklichkeit ihren Platz darin hätte, wie kommen wir dann zu Erkenntnisfortschritten? (...)

(...) Wir greifen Erkenntnismittel auf, die in diesem Raum der wissenschaftlichen Praxis existieren, verwenden sie im Kontext unserer Fragestellung, bei der Konstruktion eines bestimmten wissenschaftlichen Objekts, mit dem Ergebnis, dass eine Vielzahl von wissenschaftlichen Objekten nebeneinander, mehr oder weniger eng aufeinander bezogen, existieren. Mit jedem wissenschaftlichen Objekt beleuchten wir einen Ausschnitt aus der Realität in einer bestimmten Perspektive. Im Grunde tun wir dabei nichts anderes, als dass wir innerhalb der Disziplin nachvollziehen, was seit der frühen Neuzeit die wissenschaftliche Entwicklung kennzeichnet, nämlich die Ausdifferenzierung zu einem vielfältigen, verzweigten Ensemble von Wissenschaften: Ausgehend von bestimmten Fragestellungen können, unter einem besonderen Blickwinkel und mit Hilfe einer spezifischen Methode, verschiedene wissenschaftliche Objekte konstruiert werden, oder, um mit Durkheim und für die Soziologie zu sprechen, verschiedene „soziale Tatbestände" aufgeklärt werden. (...)

Hatte die frühe Frauenforschung sich noch einem „Gegenstand" zugewandt, der durch ein bestimmtes Merkmal, nämlich das Merkmal „Frau", konstituiert wurde, unter Absehung der sehr unterschiedlichen sozialen Kontexte, in denen dieses Merkmal zum Tragen kommt, so ist diese Vorgehensweise in der Forschungspraxis relativ schnell aufgegeben worden zugunsten einer kontextbezogenen Analyse, beispielsweise der Untersuchung der Vergeschlechtlichung von Arbeitsmärkten und Organisationsstrukturen. Die gegenwärtige Debatte um die

Frage, wie produktiv es ist, „Geschlecht" ebenso wie „Klasse" als Strukturkategorie anzusehen, ist ein weiterer Schritt der Re-Kontextualisierung der Kategorie „Geschlecht" in der sozialwissenschaftlichen Analyse des Geschlechterverhältnisses. (...) Dies hätte zur Folge, dass „Geschlecht" (im Übrigen ebenso wie „Klasse") nicht von vornherein in allen sozialen Kontexten und Bereichen als sozial dominantes Strukturierungsmerkmal festgeschrieben werden kann, sondern dass jeweils genau untersucht werden muss, welche Rolle „Geschlecht" in einem spezifischen Kontext, in einer bestimmten sozialen Beziehung spielt, wie es zum Tragen kommt, in welcher Weise es soziale Beziehungen „einfärbt". „Geschlecht" wird dann als Modus der Generierung von Unterscheidungen und Unterschieden in Relation zu anderen Merkmalen des sozialen Feldes gesehen, in dem es seinen spezifischen sozialen Sinn bekommt. [331-333] (...)

*Eine Soziologie in politischer Absicht*

Es steht außer Frage, dass die Frauen- und Geschlechterforschung als Wissenschaft in politischer Absicht die sozialwissenschaftliche Bühne betreten hat. Aufklärung darüber, wie wir die sozialen Verhältnisse, an denen wir leiden, selbst produzieren, Kritik an Herrschaftsverhältnissen und den Denk- und Sichtweisen, die diese tragen, ist von Anfang an für viele Wissenschaftlerinnen ein wichtiger Impuls ihrer Arbeit gewesen. Auch wenn ihr inzwischen die feministische Bewegung abhanden gekommen sein mag, die diese Ziele und Absichten im politischen Raum vertreten würde, und auch wenn Wissenschaft in politischer Absicht heute als altmodisch gelten mag, so ist die Frauen- und Geschlechterforschung bis heute für viele ihrer Protagonistinnen auch ein gesellschafts- und wissenschaftskritisches Projekt.

In ähnlich dezidierter Weise ist auch Bourdieus Soziologie von Anfang an eine Soziologie in politischer Absicht. Von den frühen Studien über Algerien und den bildungssoziologischen Beiträgen über die Arbeiten zu den Feldern Kultur und Wissenschaft, zum Kulturgebrauch und zum Zusammenhang von Klasse, Lebensführung und ästhetischem Urteil bis zu den Untersuchungen über Prozesse des sozialen Ausschlusses und die in den letzten zehn Jahren häufigeren Stellungnahmen zur aktuellen Politik ist die Absicht der Aufklärung, der Gesellschaftskritik und der Wissenschaftskritik in Bourdieus Werk unverkennbar. (...) Wenn gesellschaftliche Auseinandersetzungen immer auch symbolische Auseinandersetzungen sind, d.h. Auseinandersetzungen um Sichtweisen, um Kategorien und Klassifikationen, an Hand derer wir die Welt wahrnehmen und einteilen, dann ist Soziologie, ob sie es will oder nicht, immer eminent politisch. (...)

Die Vernunft ist eine historische Errungenschaft, und zu den gesellschaftlichen Bedingungen der Vernunftentwicklung gehört auch der Mikrokosmos der

Wissenschaft, in dem die Akteurinnen und Akteure mit Argumenten, Beweisführungen, Widerlegungen um ihre Sichtweisen der Welt kämpfen. [334f.] (...)


**Ilse Lenz (1995a): Geschlechtssymetrische Gesellschaften. Neue Ansätze nach der Matriarchatsdebatte. In: Lenz, Ilse/Luig, Ute (Hg.): Frauenmacht ohne Herrschaft. Geschlechterverhältnisse in nichtpatriarchalischen Gesellschaften. Frankfurt a.M.: Fischer Taschenbuch: 26-87 – Auszüge**

*Macht und Geschlecht*(...) *[26]*

(...)
Aus einer Reihe von Gründen finde ich es interessant, das Verhältnis von Macht und Geschlecht von den nichtpatriarchalischen Gesellschaften her zu untersuchen. Denn im Gegensatz zu einer weitverbreiteten Sicht der Frau als Opfer ist hier eine Auseinandersetzung mit Frauen, die Macht haben und gebrauchen, unerläßlich. (...) Ich will zunächst auf die empirischen und theoretischen Weiterentwicklungen eingehen, die sich in der Debatte um »geschlechtsegalitäre Gesellschaften« ergaben. Es folgt ein Versuch, auf dieser Grundlage ein eigenes erstes Konzept von Geschlechtssymmetrie zu entwerfen. [28f.] (...)

*Die »klassischen« Matriarchatsdiskurse*

Diese Merkmale des Matriarchats stehen in einer weitgehend noch nicht aufgearbeiteten Tradition von Matriarchatsdiskursen in der Moderne(...). Sie beginnt im wesentlichen mit dem Evolutionismus des 19. Jahrhunderts, der in einer historischen Langzeit- und Tiefenperspektive auf die Menschheitsentwicklung das Mutterrecht und Vaterrecht untersuchte. Diese Debatten sind u. a. mit Johann Jakob Bachofen, John Ferguson McLennan, Lewis Henry Morgan und seiner Adaption durch Friedrich Engels verbunden.

Ich will im folgenden ihre Positionen kurz zusammenfassen. Dabei geht es mir im wesentlichen darum, wie sich in diesen Debatten die Kriterien für das Matriarchat herausbilden, die bis heute angewandt werden. Zugleich frage ich, welche Bilder von Frauen und Geschichte dabei zugrunde gelegt werden. [30f.] (...)

Unser bisheriger Streifzug durch die Mutterrechtsdiskussion des 19. Jahrhunderts (...) hat ergeben, daß die wichtigsten Autoren trotz ihrer unterschiedlichen Forschungsziele und politischen Prämissen eine überraschende Übereinstimmung (Konvergenz) in der Beschreibung der wesentlichen Merkmale zeigen.

## 4 Aktuelle Konzeptionen

Die Abstammung in der Mutterlinie, die auf andere und freiere Weise geregelte Sexualität mit der daraus resultierenden Ungewißheit über die Vaterschaft und die politische (Bachofen) oder ökonomische Gemeinschaftlichkeit (Morgan, Engels) kehren immer wieder: Ihr logischer Zusammenhang wird zwar durch die matrilineare Verwandtschaft hergestellt, die zu gemeinsamer Siedlung und Haushaltung führen soll, hat aber etwas Willkürliches, wie die eingeschobenen psychologisch-biologischen Erklärungen zeigen.

Ich will nur kurz auf den gesamtgesellschaftlichen Hintergrund dieser Theoriebildung im 19. Jahrhundert hinweisen. In den drei Kriterien spiegeln sich nämlich wesentliche Konfliktzonen der reifenden bürgerlichen Gesellschaft wider: Die freizügige Gruppenehe kann als Gegenbild zur Durchsetzung der viktorianischen Sexualmoral betrachtet werden. Der »primitive Urkommunismus« erscheint als primitive Alternative zur Betonung des Privateigentums in der ökonomischen Theorie und in den liberalen Reformen.

Das »Mutterrecht« schließlich hinterfragt die patriarchalische Ordnung in Civitas und Heim, die im 19. Jahrhundert eine neue »moderne« Fassung erhält. Es wird von einer anarchistischen Aura vorstaatlicher »allgemeiner Freiheit und Gleichheit« (Bachofen (...)) umweht, während die vom römischen Vaterrecht beeinflußten Rechtskodizes die Verkehrsformen der bürgerlichen Gesellschaft regelnd durchdringen. Und angesichts der »modernen Mutterschaft« als unentlohnter, psychischer und körperlicher Versorgungsarbeit gewinnen die Macht und die Liebe der Urmütter einen fernen Glanz.

Mich macht stutzig, daß die Konvergenz in diesen drei Kriterien bis zur neueren feministischen Matriarchatsforschung reicht. In veränderten Interpretationen finden wir die drei Kriterien für das Matriarchat wieder:

- Die »Mutterlinie« begegnet uns in der Annahme, daß matrilineare und matrilokale Gruppen auch »matriarchalisch« seien. So übernehmen Frauenforscherinnen sowohl die bestimmende Rolle des Verwandtschaftssystems als auch die Leitfigur der »mächtigen Mütter«.
- Die freizügige Sexualität der Gruppenehe wird in den matriarchalischen Eros überführt.
- Und der Urkommunismus scheint in der Vorstellung einer matriarchalischen Subsistenzwirtschaft nach Bedarf weiterzuleben.

*Abschied vom Matriarchat?*

Das Anknüpfen an die Kriterien der Mutterrechtsdiskussion bringt wieder deren Problempunkte zum Vorschein, die durch den heutigen ethnologischen Wissensstand noch deutlicher werden: Zunächst wurde der Zusammenhang zwischen der

matrilinearen Abstammung und den anderen Merkmalen des Mutterrechts, wie die frühen Eheformen oder gemeinsame Haushaltung, durch ethnologische Forschungen relativiert. Allein aus der matrilinearen Struktur lassen sich weder der Grad der »Macht der Mütter« noch die tatsächlichen Wohn- und Familienformen ableiten. (...)
Vielmehr finden sich nichtpatriarchalische Gesellschaften vor allem in zwei Zusammenhängen: bei Wildbeutern, die kein ausgeprägtes Verwandtschaftssystem oder eher bilaterale (beidseitige) Verwandtschaftsstrukturen haben, und bei Sonderfällen von matrilinearen und matrilokalen Gesellschaften mit landwirtschaftlichem Anbau[...]. Damit gerinnt der herkömmliche Matriarchatsansatz zu einer eher beschreibenden Addition von möglichen Merkmalen, deren Auswahl und innere Verbindung unklar bleiben. [41-43] (...)
(...) Gerade die Vermittlung von Geschlecht und anderen Formen sozialer Differenzierungen in egalitären Gruppen oder die Vermischungen von Geschlechtsherrschaft und anderen Herrschaftsformen können uns bei der Frage weiterführen, worin sich Herrschaft insgesamt und in ihren verschiedenen Formen begründet. (...)
Ein neuer Zugang läge darin, nach den soziopolitischen Prozessen zwischen den Geschlechtern in nichtpatriarchalischen Gesellschaften zu fragen, wie es in dem neuen Ansatz geschlechtsegalitärer oder geschlechtssymmetrischer Gesellschaften versucht wird. In diesem Fall wären weiblich/männlich offene Fragefelder, nicht geschlossene Geschlechtscharaktere: Wir würden einfach fragen, in welchen Formen Frauen und Männer in diesen soziopolitischen Prozessen handeln und welche Macht ihnen darin erwächst. [44f.] (...)

*Zur Theorie geschlechtsegalitärer Gesellschaften [52.]*

(...)
Die gängigen Machtbegriffe leiten sich in der Regel von einer berühmten Definition Max Webers her, die die weitere Machtforschung prägte[...]: »Macht bedeutet jede Chance, innerhalb einer sozialen Beziehung den eigenen Willen auch gegen Widerstreben durchzusetzen, gleichviel worauf diese Chance beruht... Der Begriff >Macht< ist soziologisch amorph.« (Weber 1980: 28).
Diese Definition wird von einer seltsamen Spannung durchzogen. Einerseits gibt Max Weber den möglichen sozialen Ursachen der Macht eine unbegrenzte Weiterung: »Alle denkbaren Qualitäten eines Menschen und alle denkbaren Konstellationen können jemand in die Lage versetzen, seinen Willen in einer gegebenen Gesellschaft durchzusetzen« (Weber 1980: 29). Unter diesen Qualitäten können wir uns ebensogut patriarchalische Autorität vorstellen wie weibliche indirekte Machtstrategien.

## 4 Aktuelle Konzeptionen 123

Demgegenüber bezieht Weber Macht auf eine sehr präzise abgegrenzte soziale Beziehung: die Chance, den eigenen Willen auch gegen das Widerstreben der anderen durchzusetzen. Bereits in der Definition eingeschlossen sind ein Machtverhältnis, in dessen Rahmen sich nur eine jeweils stärkere Seite behauptet, und ein Element der Gewalt, das das Widerstreben letztlich durchbricht. Hier verliert die Macht ihre amorphe Hülle: Sie wird in einem einseitig gerichteten Prozeß verortet, in welchem dem letztlichen »Sieger« die Macht zugesprochen wird. [53f.] (...)

Einen entscheidenden Durchbruch zu einer Neufassung des Machtbegriffs leistet Eleanor Leacock: Sie schlug meines Wissens als erste eine Theorie der geschlechtsegalitären Gesellschaften *(sexually egalitarian societies)* vor und verband dies mit Überlegungen zu ihren grundlegenden politischen Prozessen. Im Anschluß an Engels entwickelte sie diese Vorstellung von Geschlechtsegalität aus den Rollen der Geschlechter in Entscheidungsprozessen und ihrer beidseitigen Kontrolle der Produktion[...]. (...)

(...) Der Ausgangspunkt ist nun nicht mehr die Matrilineage, sondern die reale Machtverteilung zwischen den Geschlechtern. Als wesentliche Kennzeichen nennt sie:

- eine Streuung der Autorität in den Entscheidungsprozessen: Alle Beteiligten entscheiden autonom über die Bereiche in ihrer Verantwortung, und Entscheidungen beruhen auf ihrem Konsens;
- Frauen kontrollieren die Produktionsmittel und das Produkt in ihren Arbeitsbereichen;
- der Haushalt bildet den öffentlichen Wirtschaftsbereich in Subsistenzökonomien ohne eine ausgeprägte Arbeitsteilung, wobei sie an Engels anknüpft (vgl. Leacock 1981: 133-162).

Der Egalitarismus beruht also nicht auf mechanischer, starrer Gleichheit von Männern und Frauen. Die Macht ist auf die einzelnen verteilt und fließt in den Brennpunkten ihrer Kooperation und »Öffentlichkeiten«, in den Arbeitsgruppen, rituellen Verbänden und Räten, wieder zusammen. Eben die Diffusion von Macht in vielen Zentren erfordert Prozesse, in denen Konsensus gesucht und ihre Balance erhalten wird. Die Macht ist multifokal, sammelt sich in vielen Brennpunkten, und sie ist polyzentrisch. So wird beiden Geschlechtern eine autonome und verantwortliche Partizipation ermöglicht und die Herrschaft eines Geschlechts – ob der Männer oder Frauen – ausgeschlossen. Um ein einfaches Beispiel zu nennen. Bei den Minangkabau kontrollierten die ältesten Frauen letztlich den Besitz der matrilinearen korporativen Gruppe; die männlichen Vertreter und

Oberhäupter mußten bei ihren Entscheidungen und Verhandlungen ihre Meinung berücksichtigen und konnten ihnen nicht zuwiderhandeln (...). (...)

Dezentrale Machtprozesse in diesem Sinn verlaufen nicht in einem anarchistischen Subsistenz-Idyll; vielmehr sind sie von Aggressionen und letztlich unlösbaren Konflikten geprägt, wenn auch in der Regel ein Konsensdruck zur Aufrechterhaltung der Gruppe und ihrer Machtbalance besteht. (...)

Aber auch Prozesse *innerhalb* der verschiedenen Frauen- und Männergruppierungen und -öffentlichkeiten können multifokal verlaufen, indem sie von verschiedenen Bereichen und Interessen ausgehen. So können Frauen zum Beispiel als Schwestern einen anderen Machtzugang beanspruchen denn als Ehefrauen oder als Mütter. Es können also zugleich Gleichheit *und* Differenzen zwischen Männern und Frauen und zwischen Frauen und Frauen gedacht werden. Insofern überwindet ein solches Machtkonzept einengende Vorgaben der bisherigen Matriarchatsdebatte: die Fixierung auf die matrilineare Abstammung und die einheitliche Mutterfigur. [55-57] (...)

Parallel zu Eleanor Leacock entwickelte Alice Schlegel den Ansatz der geschlechtsegalitären Gesellschaften weiter. Sie verortete ihn in einem Gesamtkonzept, mit dem der Status der Geschlechter insgesamt, also in geschlechtsegalitären und in nach Geschlecht geschichteten Gesellschaften, meßbar werden sollte (vgl Schlegel 1977). (...)

Besonders wichtig ist ihr Hinweis auf die Rolle der zentralen Institutionen für die Theorie geschlechtsegalitärer Gesellschaften: Schlegel will zunächst die Bereiche unter weiblicher oder männlicher Autonomie$^{(...)}$ feststellen und vergleichen, ob sie in Balance zueinander stehen. (...)

Ich finde den Einbezug der institutionellen Ebene sehr wichtig, um sich die Verstetigung und Stabilität der multifokalen Machtprozesse in nichtpatriarchalischen Gesellschaften vorstellen zu können. Denn deren politische Strukturen sind nicht per se den autoritären patriarchalischen Nachbarn unterlegen; vielmehr erscheinen sie gerade wegen der Notwendigkeit der Konsensfindung und der Streuung ihrer Ressourcen unter Frauen und Männern, also den erwachsenen Gruppenmitgliedern, resistent. [58f.] (...)

In Leacocks und Schlegels Ansatz der geschlechtsegalitären Gesellschaften entsteht die Macht von Frauen durch ein Zusammenspiel zwischen verschiedenen Bereichen wie der häuslichen und außerhäuslichen Produktion, Politik und Religion, in denen Frauen und Männer unterschiedliche Macht innehaben, wobei sich letztlich eine Balance ergibt. Schlegel sieht dieses Gleichgewicht gefestigt durch die weibliche Kontrolle zentraler Institutionen. So verweist ihr Ansatz auf dynamische Prozesse in den Machtverteilungen und Konsensfindungen, wobei die Geschlechtergleichheit sich als Resultat immer wieder erst herausbilden muß. [60] (...)

## 4 Aktuelle Konzeptionen

*Geschlechtersymmetrie [64]*

(...)
Macht, so lautet mein Vorschlag, wäre also als gegenseitiger Einfluß in sozialen Beziehungen zu verstehen, den verschiedene Beteiligte – in unserem Kontext Frauen und Männer – ausüben[...]. Machtstrategien sind die Handlungen, die sich auf die Bestätigung oder Erweiterung von Einfluß richten. Die Bedeutung von Macht verschiebt sich von einem eindimensionalen Vorgang des Sichdurchsetzens zu Prozessen des »Aushandelns« zwischen den Beteiligten.

Während Herrschaft sich regelmäßig auf den doppelten Stützen von Gewalt und Legitimität begründet (vgl. Weber 1980), ist Macht nicht per se von Gewalt bestimmt. Wie ich gleich ausführen werde, kann sie vielmehr auch auf »herrschaftsfremden« Ursachen beruhen, nämlich der eigenständigen Verfügung über Land, den Körper, die Sexualität usw.

Allerdings finde ich die Bezeichnung »geschlechtsegalitäre Gesellschaften« aus verschiedenen Gründen problematisch: In der Diskussion egalitärer Gesellschaften wurden immer die »egalisierenden Mechanismen« betont, mit denen ihre Mitglieder die Konzentration von politischer Macht oder von Reichtum bei einzelnen verhindern und der Entstehung von Klassenunterschieden entgegenwirken. (...)

Das Geschlechterverhältnis enthält aber gerade bei vormodernen Gruppen immer die mitgedachte Dimension der Differenz: die Frage, inwiefern *trotz der Unterschiede* gleichheitliche Verhältnisse fortbestehen; im »Geschlechtsegalitarismus« geht sie zugunsten der Gleichheit unter.

Ich schlage deswegen eine Weiterführung in einem Konzept *geschlechtssymmetrischer Gesellschaften*[...] vor, in denen die Macht polyzentrisch zwischen Frauen und Männern verteilt ist und in verschiedenen sozialen Brennpunkten zusammenfließt, so daß sich eine Balance ohne einseitiges Dominanzverhältnis herstellt. Die Balance beruht also auf Prozessen zwischen den Geschlechtern, für die die Frage von materieller Gleichartigkeit relativ unwichtig ist: Was zählt, sind die Machtverhältnisse, die sich aus dem Zusammenwirken des Handelns der Personen in bestimmten – unterschiedlichen oder gleichen – Schlüsselbereichen, ergeben. So können wir geschlechtssymmetrische Verhältnisse bei Gruppen finden, in denen die Geschlechter sich in Bezug auf Arbeitsteilung und Normen aufs engste angenähert haben (...) oder in denen sie über weitgehend getrennte, aber parallele Machtfelder verfügen (...). Symmetrie umschreibt die prozeßhafte Balance von heterogenen Kräften, denen »gleiches Gewicht« in den vielfältigen Erscheinungen des sozialen Lebens zukommt. Gemeint sind also nicht präzise Entsprechungen, sondern diffuse, multifokale Bewegungen um das stets zu erneuernde Machtgleichgewicht der Geschlechter[...].

Folgen wir den wichtigsten Ergebnissen der hier vorgestellten empirischen und theoretischen Untersuchungen, so ergibt sich die Macht von Frauen oder Männern als Möglichkeit, Einfluß auszuüben, vor allem durch Kontrolle oder eigenständige Positionen in den folgenden Bereichen:

- Kontrolle über die eigenen Produktionsprozesse, also der Besitz an Produktionsmitteln und die Verfügung über das Produkt;
- Kontrolle über die Reproduktion der Nachkommen, also eigenständige Verfügung über die Gebärfähigkeit;(...)
- eine eigenständige Bestimmung über die Sexualität und über den Körper;
- (proto)politische Autorität;
- eigenständige, kreative und sozial hochbewertete Positionen in der symbolischen Ordnung und den rituellen und religiösen Aktivitäten zu ihrer Aufrechterhaltung(...).

Geschlechtssymmetrie ergibt sich also in *spezifischen Konstellationen* aus der Kontrolle der Ressourcen der eigenen Person und von wichtigen politischen und kulturellen Positionen. Dies sind zentrale, miteinander verwobene Bereiche gesellschaftlichen Handelns, der Praxis im weiten Sinne. [64-66] (...)

Da sich aus diesen Bereichen nach den empirischen Untersuchungen Macht im Sinne von Einflußmöglichkeiten ableitet, bezeichne ich sie in unserem Zusammenhang als *Machtfelder*. Frauen oder Männer können verschiedene Machtfelder stärker bestimmen, ohne daß dies zur Asymmetrie führt. Der Vorrang der Männer in der politischen Repräsentation bedeutet nicht notwendig, daß sie herrschen. Ebensowenig führt eine starke wirtschaftliche Position der Frauen zu Frauenherrschaft. Aus der Kontrolle verschiedener Machtfelder ergibt sich also eine Balance der diffusen und multifokalen Macht(...).

Die Kontrolle einzelner Machtfelder wird stetig durch einen Zugang zu den jeweils wichtigen zentralen Institutionen (Schlegel). Es ist nicht entscheidend, in welchen dieser Institutionen, ob zum Beispiel in Hausversammlungen oder Nachbarschaftsberatungen, Frauen oder Männer führend sind. Wichtig ist vielmehr, daß sich ein Gleichgewicht ergibt. (...)

Da sich die Ableitung von *einem* Schlüsselfaktor als hinfällig erwiesen hat, geht es darum, Geschlechtersymmetrie in *spezifischen Konstellationen* zu verorten. Nach den vorliegenden Untersuchungen tritt sie vor allem in zwei Zusammenhängen auf: in einzelnen Wildbeutergruppen mit starker ökonomischer, sozialer und politischer Stellung der Frauen (...) und in matrilinearen, matrilokalen bäuerlichen Gesellschaften mit weiblichen Anbausystemen und einer starken Autorität der älteren Frau im Haushalt und der Lineage (...). Doch können auch bilaterale Systeme einen geschlechtlichen Parallelismus begünstigen, nach dem die Weitergabe von Ressourcen und die Durchführung von Ritualen und Ver-

## 4 Aktuelle Konzeptionen 127

sammlungen jeweils innerhalb der Gruppe der Frauen bzw. der Männer erfolgt (...). Das Verwandtschaftssystem stellt also eine wichtige, aber nicht die einzig entscheidende Variable bei der Verteilung der Ressourcen zwischen den Geschlechtern dar.

In multifokalen Machtprozessen können Frauen und Männer im Rahmen von vielfältigen, sich überkreuzenden und durchbrechenden Beziehungen Einfluß gewinnen (...). (...)

Betrachten wir noch einmal das Zusammenspiel der unterschiedlichen, von den Geschlechtern besetzten Machtfelder und der zentralen Institutionen, dann lassen sich drei Rahmenbedingungen dafür nennen, daß sich Geschlechtssymmetrie als Machtbalance zwischen den Geschlechtern herstellen kann:

1. Frauen und Männer haben entweder annähernd gleichen Zugang zu allen Machtfeldern (fehlende Differenzierung), oder sie verfügen über vorrangige Kontrolle unterschiedlicher Machtfelder (gegenseitige Abhängigkeit oder geschlechtlicher Parallelismus); zum Beispiel können die Frauen die wirtschaftlichen Ressourcen und die Männer die politischen Prozesse kontrollieren.
2. Aus einer unterschiedlichen Verfügung der Geschlechter in einzelnen Machtfeldern ergibt sich in den multifokalen Machtprozessen eine Balance, die eine einseitige Kontrolle ausschließt. Die stärkere repräsentative politische Rolle der Männer etwa kann durch ökonomische Verfügungsmacht der Frauen über die Ernte und die Speicher »aufgewogen« werden.
3. Frauen und Männer haben Zugang zu den zentralen Institutionen der Gesellschaft, die noch nicht in einem hierarchischen Verhältnis zueinander stehen. Die Kontrolle der Frauen über das Haus und ihre oft informelleren Treffen setzen Gegengewichte zu den politischen Versammlungen der Männer. Dies gilt um so mehr, wenn die Beteiligung der Geschlechter in diesen Institutionen sich überkreuzt, also Frauen in »männlich getragenen« Institutionen mitwirken oder umgekehrt. So können die Matronen die Repräsentanten des Hauses für die Lineage-Räte mit auswählen oder ältere Frauen Rederecht im Rat haben.

Kurz gesagt, die unterschiedliche Verfügung der Geschlechter führt zu einer Balance, die sich in einer Symmetrie von verschiedenen Machtfeldern, wenn auch nicht in Gleichheit im Sinne der Angleichung der verschiedenen Frauen- und Männerkulturen ausdrückt.

Das Spannende an dem Konzept der Geschlechtssymmetrie ist, daß es offen für Unterschiede zwischen Frauen und Männern, zwischen Frauen und Frauen oder Männern unter sich ist, ohne daß daraus Diskriminierung oder Herrschaft folgen muß. So eröffnen geschlechtssymmetrische Gesellschaften eine geschichtliche Perspektive auf multifokale egalitäre Machtprozesse und auf »Geschlechtergleichheit« im lebendigen Spiel von Differenzen. [66-69]


**Irene Dölling (1993): Aufschwung nach der Wende – Frauenforschung in der DDR und in den neuen Bundesländern. In: Helwig, Gisela/Nickel, Hildegard Maria (Hg.): Frauen in Deutschland 1945-1992. Bonn: Bundeszentrale für politische Bildung: 397-407 – Auszüge**

Im Unterschied zu anderen Ländern des ehemaligen »sozialistischen Lagers«, die sich in der Transformation befinden, brachte der Herbst '89 in der DDR schnell eine autonome Frauenbewegung hervor. Das gab auch den zu dieser Zeit schon vorhandenen Ansätzen von Frauenforschung beziehungsweise feministischer Wissenschaft Auftrieb. Damals, als für eine kurze Zeit alles möglich schien, traten Frauen in der DDR mit Forderungen und Konzepten an die Öffentlichkeit, die auf eine Gesellschaft zielten, in der auch das Verhältnis der Geschlechter neu geordnet werden sollte. Die etablierten Strukturen männlicher Dominanz, Macht und Bevorteilung sollten der öffentlichen Kritik unterzogen und im Zuge einer umfassenden Demokratisierung überwunden werden. Nicht Bitten oder Forderungen an den Staat, sondern aktive und eigenständige Beteiligung an der politischen Willensbildung, gegründet auf vielfältige autonome Aktivitäten von Frauen, war die Devise der neuen Frauenbewegung. Wissenschaftlerinnen wollten mit ihrer Forschung diesen politischen und institutionellen Wandel unterstützen.

Tatsächlich gehörte zu den positiven Resultaten des Herbstes '89, daß Frauen mit dem »Unabhängigen Frauenverband« eine eigenständige Organisation in die entstehende politische Öffentlichkeit einbrachten, die hoffentlich auch in den sich neu formierenden gesellschaftlichen Strukturen mit ihren vielfältigen Basisinitiativen einen stetigen Einfluß auf die Ausbildung einer *civil society* nehmen wird. Und zu diesen Resultaten gehörte auch, daß sich in der Wissenschaftslandschaft der (ehemaligen) DDR Frauenforschung zu etablieren begann. Die Tatsache allerdings, daß Frauenbewegung und feministische Wissenschaft Aktivitäten einer Minderheit sind, während die große Mehrheit der DDR-Frauen sich nicht qua Geschlecht diskriminiert oder benachteiligt fühlt und ein nicht unerheblicher Teil von ihnen traditionale Geschlechterrollen durchaus positiv bewertet, verweist auf Bedingungen und Zusammenhänge in der Lebenssituation der Frauen im östlichen Teil Deutschlands, derer sich Frauenbewegung und Frauenforschung bewußt sein müssen, weil sie die Gegenstände ihrer Forschung und ihr Selbstverständnis prägen.

# 4 Aktuelle Konzeptionen

Ich konzentriere mich im folgenden auf Frauenforschung, insbesondere auf ihre Etablierung an Universitäten und Hochschulen in der ostdeutschen Wissenschaftslandschaft, die gegenwärtig völlig neu strukturiert und auch personell in großem Umfang erneuert wird. Ich werde zunächst auf die Frage eine Antwort zu geben versuchen, ob es in der DDR überhaupt eine Frauenforschung gegeben hat, werde dann auf Resultate und Schwierigkeiten bei der Etablierung von Frauenforschung an ostdeutschen wissenschaftlichen Einrichtungen zu sprechen kommen und abschließend einige Probleme behandeln, vor denen ostdeutsche Frauenforscherinnen gegenwärtig stehen.

## *I. Gab es Frauenforschung in der DDR?*

Die Frage, ob es in der DDR vor der »Wende« überhaupt Frauenforschung gab, ist oft gestellt und durchaus unterschiedlich beantwortet worden. Insbesondere jüngere, »unbelastete« Frauen aus der autonomen Frauenbewegung neigten zum Beispiel in den heftigen Diskussionen, die nach dem Herbst '89 zum Alltag in der sich auflösenden DDR gehörten, dazu, aus einem durchaus begründeten Mißtrauen gegenüber allzu Wendigen, ein pauschales, verneinendes Urteil zu fällen. Ich gehöre zu denjenigen (WissenschaftlerInnen), die die Sache differenzierter sehen (was sicherlich auch mit meiner Zugehörigkeit zur »älteren« Generation und meinen Bemühungen um die Frauenforschung vor dem Herbst '89 zu tun hat$^{(...)}$). Darüber hinaus hängt meines Erachtens die Antwort wesentlich von den Kriterien ab, die an Frauenforschung angelegt werden. Solche Kriterien sind für mich zum einen der theoretische Erklärungsansatz von Geschlechterverhältnissen und zum anderen ein klar formuliertes subjektives Forschungsinteresse, dem erstens die Annahme einer strukturellen Benachteiligung des weiblichen Geschlechts zugrunde liegt, und das zweitens darauf abzielt, Frauen in den Stand zu setzen, ihre eigenen Interessen aktiv wahrzunehmen.

Gemessen daran können die meisten Publikationen, die es in der DDR zur »Frauenfrage« gab, nicht als Ergebnisse von Frauenforschung bewertet werden. Es gab eine relativ umfangreiche, durch Staat beziehungsweise Partei geförderte Forschung$^{(...)}$, die sich mit Themen befaßte wie: Vereinbarkeit von Beruf und Mutterschaft, weibliche Berufsmotivation und -qualifikation, Frauen in leitenden Positionen, Kinderwunsch und Gründe für Abtreibung, Lebensbedingungen alleinerziehender Mütter und Vorhandensein geschlechtstypischer Unterschiede in Sozialisation, beruflicher Laufbahn, Lebensorientierung und -konflikten. Das waren und sind selbstverständlich weiterhin wichtige Forschungsfelder, nur hatte die in der bisherigen »offiziellen« Forschung unreflektiert akzeptierte Ideologie von der realisierten Gleichberechtigung und der gelösten »Frauenfrage« im »realen Sozialismus« schwerwiegende Konsequenzen für die theoretischen Konzepte und die forschungsleitenden Interessen, die diesen Projekten zugrunde lagen. Mit der Unterordnung der »Frauenfrage« unter die »soziale Frage« waren weiterreichende theoretische beziehungsweise ideologische Prämissen gesetzt:

- die in die Geschlechterverhältnisse strukturell »eingeschriebene« Hierarchie von Mann und Frau wurde als wichtiger und eigenständiger Aspekt vernachlässigt: Geschlechterverhältnisse wurden auf Klasseninteressen beziehungsweise auf »objektive ökonomische Erfordernisse« reduziert;
- die – durchaus konstatierte – Benachteiligung von Frauen wurde nicht in ihren ursächlichen Zusammenhängen mit den sozialökonomischen, politischen und kulturellen Verhältnissen des Staatssozialismus analysiert, mit der Konsequenz, daß die Situation von Frauen bestenfalls als »verbesserungs-«, nicht aber als grundlegend kritik- und veränderungsbedürftig erschien;
- Geschlechterverhältnisse wurden nur linear aus den ökonomischen Bedingungen heraus interpretiert (z. B. der »Notwendigkeit« einer geschlechterspezifischen Arbeitsteilung in der Wirtschaft als Ausdruck – noch – unentwickelter Produktivkräfte), nicht aber in ihren Dimensionen als konkrete, alltägliche Erscheinungsformen von Herrschafts- und Machtverhältnissen verstanden. Dementsprechend fehlten in diesen Forschungen bestimmte Aspekte des alltäglichen Lebens von Frauen, wie z. B.: Gewalt gegen Frauen in der Ehe, alltäglich praktizierte Formen von Diskriminierung und sexueller Belästigung (am Arbeitsplatz, in der Öffentlichkeit), Frauen(körper) als Projektionsfläche »männlicher« Wünsche, Frustrationen, Utopien;
- Frauen wurden nicht als Subjekte mit eigenständigen Bedürfnissen gesehen, in deren Interesse Frauenforschung mit dem Ziel betrieben werden konnte, ihre Autonomie zu stärken, sondern größtenteils funktional, d. h. in erster Linie als Arbeitskräfte, als Gebärerinnen, als stabilisierender Faktor für Ehe und Familie.

Ähnliche Defizite müssen auch für die historisch angelegten Forschungen konstatiert werden, die sich bisher vornehmlich mit der »Frauenfrage als Teil der sozialen Frage« beschäftigten[...]. Auch hier war das alte Denkmodell vom Haupt- und Nebenwiderspruch konzeptionell bestimmend, indem die strukturelle Benachteiligung von Frauen bestenfalls (...) als »*Erscheinungen* der Diskriminierung des weiblichen Geschlechts« und als *direktes* Resultat der »Durchsetzung der kapitalistischen Produktionsweise« verstanden wurden, die dann folgerichtig mit der »Überwindung der Klassengesellschaft, der sozialistischen Revolution«[...] verschwinden würden. »Geschichte der Frauen und der Frauenbewegung« – das meinte in erster Linie die Aufforderung, »blinde Flecken«, Lücken in der

## 4 Aktuelle Konzeptionen

Geschichtsschreibung auszufüllen und bedeutete zugleich die vehemente Abwehr der »Ideologie des Neofeminismus«[...]; im Klartext: eines feministischen Wissenschaftsansatzes, der Geschlechterverhältnisse als eine wesentliche Strukturkategorie versteht und damit zugleich gängige Objektivitäts- und Rationalitätsmaßstäbe in den tradierten, »männlichen« Wissenschaften in Frage stellt[...].

Vor dem Herbst '89 haben einige Wissenschaftlerinnen in den Kultur-, Kunst-, Literatur- und Sprachwissenschaften, in der Soziologie und der Kulturgeschichte versucht, einen mehr oder weniger expliziten feministischen Ansatz in ihren Forschungen zu entwickeln. Sie fühlten sich einem theoretischen Zugang verpflichtet, der die Erforschung struktureller Ursachen für die Benachteiligung des weiblichen Geschlechts als eine wesentliche »Achse« in die Analyse der jeweils untersuchten Gegenstände einschloß. Ihre Forschungen waren von dem Interesse getragen, Geschlechterverhältnisse aus der Sicht von Frauen, mit dem Blick auf historisch produzierte, also auch veränderbare strukturelle Benachteiligungen von Frauen zu untersuchen. Die kulturellen Konstruktionen von Weiblichkeit und Männlichkeit, ihre konkreten Erscheinungsweisen, z. B. in Literatur oder Bildender Kunst, und ihre Rolle bei der Etablierung und Stabilisierung von Macht- und Herrschaftsverhältnissen waren dabei wichtige Schwerpunkte. In der Regel waren dies mehr oder weniger geduldete und belächelte »Hobbyforschungen« von vereinzelt arbeitenden Wissenschaftlerinnen. Nur sehr wenige von ihnen, die bereits Hochschullehrerinnenstatus hatten, waren in der Lage, eigenständige Forschungsprojekte zu realisieren und entsprechend wissenschaftlichen Nachwuchs heranzubilden. Die ideologische Abwehr des Feminismus in der offiziell geförderten Forschung hat die Bemühungen dieser Wissenschaftlerinnen um eine produktiv-kritische Aneignung feministischer Wissenschaftsansätze aus »westlichen« Ländern zusätzlich erschwert.

Auch diese Forschungsansätze haben jedoch ihre Schwächen und Grenzen. Zum einen sind sie nicht aus einer »praktischen« Bewegung erwachsen, was ihnen einen stark »akademischen« Charakter gibt; zum anderen – und damit durchaus zusammenhängend – liegt ihnen nur eine unzureichende Analyse der Strukturen des »bürokratisch-administrativen« Staatssozialismus zugrunde, die gerade die Voraussetzung ist, um die Spezifik von Geschlechterverhältnissen im »real existierenden Sozialismus« und die Funktion von kulturellen Konstrukten von Weiblichkeit und Männlichkeit bei der Reproduktion *bestimmter* Herrschafts- und Machtverhältnisse zu erkennen. Besonders deutlich wird dieses Defizit selbstverständlich bei den Forschungen von Kulturwissenschaftlerinnen und Soziologinnen, die sich explizit mit patriarchalisch geprägten Geschlechterverhältnissen in der DDR beschäftigt haben. Hier ist auch nicht zu übersehen, daß funktionalistische Betrachtungsweisen nur teilweise überwunden wurden. Aber ich sehe dies auch als ein grundsätzliches Problem feministischer Forschung an, z. B. auf kulturhistorischem oder literaturwissenschaftlichem Gebiet, denn das forschungsleitende Interesse ist in jedem Fall durch die aktuelle Situation bestimmt: Wenn diese selbst ungenügend reflektiert ist, dann hat das Konsequenzen für die Aussagekraft jeder Forschung.

Die zahlreichen Bemühungen von Wissenschaftlerinnen, nach dem Herbst '89 an wissenschaftlichen Einrichtungen (an der mittlerweile aufgelösten Akademie der Wissenschaften, an verschiedenen Hochschulen und Universitäten in Berlin, Rostock, Halle, Leipzig, Dresden u. a.) Frauenforschung zu etablieren, waren daher von vornherein von Diskussionen darüber begleitet, was sich aus diesem »Erbe« für die eigene Arbeit und die perspektivischen Zielstellungen ergebe. Klar war, daß das Betreiben von Frauenforschung ohne ein Aufarbeiten der Geschichte der DDR und ihrer »realsozialistischen« Form der Geschlechterverhältnisse nicht möglich war. In folgenden Fragen zeichnete sich dabei der Umfang der »Aufarbeitung« ab:

- Welche traditionalen Strukturen sind für den Staatssozialismus als einer Variante »moderner« Gesellschaft charakteristisch, welche überkommenen patriarchalischen Formen werden für diese »Tradition in der Moderne« funktionalisiert? Welche Krisenmomente weisen diese Formen (z. B. die Kleinfamilie bei »Doppelbelastung« der Frauen) auf, welche Lösungsstrategien (z. B. sozialpolitische Maßnahmen) werden entwickelt?
- In welcher Weise ist in die staatssozialistische Dominanz des Teilsystems Politik mit seiner zentralistisch-hierarchischen Gliederung und seiner Repräsentationsfunktion das patriarchalisch-paternalistische Prinzip »eingeschrieben«? Wie »verschmelzen« dabei Patriarchat und die politische Idee von einer Gesellschaft sozialer Gleichheit und Gerechtigkeit zu einer Scheinform, die durch die Repräsentation der »Interessen aller« durch das politische System hergestellt wird? Welche Konsequenzen hat das für eine (weitgehend fehlende) politische Öffentlichkeit – etwa für die Abwesenheit einer Frauenbewegung?
- Wie stabilisieren sich das politische System mit seinem patriarchalisch-paternalistischen Prinzip und die traditionalen Geschlechterverhältnisse sowie deren lebensweltliche kulturell-symbolische Formen wechselseitig? Welche Rolle spielen sozialpolitische Maßnahmen in diesem Zusammenhang für die Reproduktion von Macht- und Herrschaftsverhältnissen nicht nur politischer Art?
- Worin lagen die Ursachen für die auffallende Stabilität traditionaler lebensweltlicher Gruppen (Familie, Freundes- und Bekanntenkreise, Solidargemeinschaften) in der DDR? Warum konnten die Verbesserungen in den Lebensbedingungen durch die »Vater-Staat-Politik« von Frauen durchaus

positiv und als den eigenen Bedürfnissen entsprechend erfahren und bewertet werden? Und auf welche (mehrfache) Weise wurde dadurch auch eine Abhängigkeit von Frauen (und Frauenbewegungen) erzeugt?
- Welche Folgen hat die »Vater-Staat-Politik« für die Verhaltensstrukturen der Individuen? Entmündigung (als Repräsentierte) aber auch Entlastung von Verantwortung sind allgemein zutreffende Folgen, die zugleich sehr ausgeprägte geschlechterspezifische Gestalt haben.

Die ökonomischen und soziokulturellen Entwicklungen in den neuen Bundesländern seit Oktober 1990 haben gezeigt, daß diese Fragen bisher nicht an Aktualität verloren haben. Deutlicher als in den Monaten vor der staatlichen Vereinigung zeigt sich heute, daß die Unterschiede in kultureller Wertorientierung, in Lebensweise und Mentalität zwischen den Ost- und den Westdeutschen groß sind und sicher noch für längere Zeit wirksam bleiben werden. Genauer zu wissen, woher wir kommen, ist somit eine leitende Fragestellung der Frauenforschung, deren Augenmerk nun in den neuen Bundesländern auf die Analyse der (veränderten) Situation von Frauen durch Arbeitslosigkeit, Abbau sozialpolitischer Maßnahmen, neue Armut, Abtreibungspolitik und -praxis usw. gerichtet ist.

Zugleich darf jedoch nicht übersehen werden, daß diese sich neu etablierende Frauenforschung bisher kaum Zeit und Möglichkeiten hatte, sich intensiv mit der Frage nach dem »Woher« zu beschäftigen. Erschwert wird die Lage nicht zuletzt dadurch, daß mit der Neustrukturierung der Universitäten und Hochschulen und der Auflösung der Akademie der Wissenschaften viele Wissenschaftlerinnen in unsicheren Arbeitsverhältnissen stehen oder ihren Job bereits verloren haben, gerade geknüpfte Netzwerke zwischen feministisch orientierten Wissenschaftlerinnen gerissen sind und die Perspektiven für Frauenforschung generell, bedingt durch die allgemeine Lage, nicht gerade rosig aussehen. Auf die Resultate, die trotz aller widrigen Umstände bei der Etablierung von Frauenforschung in Ostdeutschland bisher erreicht wurden, möchte ich im folgenden Abschnitt eingehen.

## II. Resultate der Frauenforschung in der ehemaligen DDR seit 1989

Das wichtigste Resultat ist meines Erachtens, daß Frauenforschung an sehr vielen Hochschulen und Universitäten Fuß gefaßt hat. Das betrifft in der Regel allerdings vor allem die Geistes-, Sprach- und Kulturwissenschaften, zum Teil auch die sozialwissenschaftlichen Disziplinen, und dies in bisher eher bescheidenem Ausmaße. In vielen Studiengängen wächst dennoch die Anzahl regelmäßiger Lehrveranstaltungsangebote, die sich mit der Situation von Frauen, der

Analyse von Geschlechterverhältnissen aus feministischer Perspektive beschäftigen beziehungsweise die Konzepte und Ergebnisse feministischer Wissenschaft (insbesondere der westeuropäischen und nordamerikanischen) zur Diskussion stellen. In einigen Disziplinen ist es gelungen, Lehrangebote zu Geschlechterverhältnissen und zur feministischen Wissenschaft in die Studiengänge einzubauen. Oftmals sind es (jüngere) Wissenschaftlerinnen aus dem Mittelbau, die sich hier besonders engagieren. Es waren und sind vor allem diese Frauen auf der mittleren akademischen Ebene, die sich (z. B. an den Universitäten Leipzig, Halle, Dresden und Rostock) unermüdlich darum bemühen, interdisziplinäre Netzwerke aufzubauen und Lehrangebote im Bereich der Frauenstudien durchzusetzen[...].

Allerdings ist es bisher nirgendwo gelungen, die Institutionalisierung von Frauenforschung so zu wiederholen, wie sie im Herbst '89 mit der Gründung des Zentrums interdisziplinäre Frauenforschung (ZiF) an der Berliner Humboldt-Universität realisiert werden konnte. Hier war durch einige schon länger in der Frauenforschung engagierte Wissenschaftlerinnen (darunter auch einige Professorinnen und Dozentinnen) die Gründung eines solchen Zentrums konzeptionell vorbereitet worden, so daß die Umbruchzeit des Herbstes '89, als plötzlich alles möglich schien und vieles möglich war, für die personelle, räumliche Einrichtung und die (bescheidene) finanzielle Absicherung des Zentrums genutzt werden konnte. Das ZiF ist einer der wenigen Erfolge der Erneuerung einer Universität aus eigenen Kräften und ist als solcher auch vom akademischen Senat Ende 1990 bestätigt worden, indem dieser das ZiF als Einrichtung der Humboldt-Universität anerkannte.

Mit dieser »Vergangenheit« hat das ZiF auch reale Chancen, trotz der gegenwärtigen Neustrukturierung und Kürzung der Personalstellen als Institution zu überleben – zumindest in der jetzt existierenden Form eines Netzwerkes für interessierte Wissenschaftlerinnen und Studentinnen[...]. Es ist auch zunehmend zu einer Anlauf- und Betreuungsstelle für arbeitslose Akademikerinnen im Berliner Raum geworden, die über Arbeitsbeschaffungsmaßnahmen auf ein oder zwei Jahre befristete Forschungsprojekte (z. B. zur Situation von arbeitslosen Akademikerinnen in Berlin/Brandenburg oder zu Problemlagen von Wissenschaftlerinnen im Zuge der Neustrukturierung von Universitäten und Hochschulen) bearbeiten.

Es ist auch gelungen, in der universitären Forschung einige Frauenforschungsprojekte zu verankern (Soziologie, Kulturwissenschaft, Germanistik, Orientalistik u. a.), die zum Teil Drittmittelförderung erhalten. Die wachsende Anzahl von Frauenforschungs-Anträgen auf Drittmittelförderung zum Beispiel beim Senat von Berlin oder bei der Kommission für die Erforschung des sozialen und politischen Wandels in den neuen Bundesländern ist Ausdruck für eine ge-

## 4 Aktuelle Konzeptionen

wisse Konsolidierung der ostdeutschen Frauenforschung. Neben einzelnen Initiativen innerhalb der Frauenbewegung zeichnet sich als Adressatin von Frauenforschung zunehmend die nicht unbeachtliche Anzahl von Frauen- oder Gleichstellungsbeauftragten ab, die bereits in den neuen Bundesländern arbeitet.

Zugleich ist aber auch nicht zu übersehen, daß das Interesse an Frauenforschung und am Aufbau von Netzwerken von Wissenschaftlerinnen und Studentinnen in den wissenschaftlichen Einrichtungen seit den euphorischen Anfängen von 1989/90 kaum zu-, sondern eher abgenommen hat. Einer Minderheit von Aktivistinnen ist es bisher kaum gelungen, den Kreis von Interessentinnen und Mitarbeiterinnen wesentlich zu erweitern. Die Ursachen dafür sind vielfältig:

- Die Neustrukturierung der Universitäten und Hochschulen sowie der Stellenabbau insbesondere im Mittelbau haben zu einer (überproportionalen) Bedrohung der Arbeitsplätze von Frauen sowie zu einer (altersbedingt unterschiedlichen) Unsicherheit in der beruflichen Perspektive geführt. Solche Zeiten der existentiellen Unsicherheit sind wenig günstige Momente, um Frauen für ein Engagement in der feministischen Wissenschaft zu gewinnen; in einer männlich dominierten Wissenschaft verringern sie mit einer solchen Orientierung ihre Chancen in der Konkurrenz um die Jobs womöglich noch mehr.

- Die von den (meist männlichen) westdeutschen Wissenschaftlern dominierten Struktur- und Berufungskommissionen, die gegenwärtig über das Schicksal von Instituten und Personen entscheiden, haben in aller Regel wenig Interesse daran, Frauenforschung durch die Ausschreibung entsprechender Professuren zu fördern. Eher kann man von einer Tendenz sprechen, im Zuge der »Neuordnung« auch die männliche Ordnung wiederherzustellen, was durchaus auch von ostdeutschen KollegInnen mitgetragen wird, die – aus unterschiedlichen Gründen – an der Phrase von der realisierten Gleichberechtigung in der DDR festhalten[...].

- Erstmals im Wintersemester 1991/92 ist der Anteil der Frauen an der Gesamtzahl der Studierenden (der Erstsemester) in den neuen Bundesländern von bisher ca. 50 Prozent auf 38 Prozent drastisch zurückgegangen. Zwar läßt sich daraus noch nicht auf eine Tendenz schließen, dennoch ist es ein Zeichen dafür, daß auch im akademischen Bereich eine »Neuordnung« der Geschlechterverhältnisse stattfindet. Frauenforschung hat es unter diesen Bedingungen schwer, von Studentinnen angenommen zu werden. Generell scheint mir die junge studentische Generation nicht sehr am Feminismus interessiert zu sein – jedenfalls nicht an jener Form von Feminismus, die für die Älteren bestimmend für ihre Biographie und ihr Engagement war/ist. Darüber hinaus wissen wir auch viel zu wenig darüber, mit welchen Gefühlen, Ängsten und Erwartungen die jungen Erwachsenen der neunziger Jahre den gesellschaftlichen Entwicklungen gegenüberstehen, wie sie die zunehmend aggressiven, zerstörerischen Tendenzen im Sozialen, in der Alltagswelt mit Blick auf ihre Zukunft verarbeiten und welchen praktischen und symbolischen Ort Geschlechterverhältnisse für sie in diesem Szenario haben.

Im Kontext der gegenwärtigen Kräfte- und Machtverhältnisse an den Universitäten und Hochschulen sowie des generellen Rückgangs von politischem Interesse und Engagement in basisdemokratischen Aktivitäten wie der Frauenbewegung zeichnet sich für die ostdeutsche Frauenforschung ein Problem ab, das noch kaum absehbare Konsequenzen haben wird: Ihre Institutionalisierung über die bisherigen Anfänge hinaus wird weitaus weniger Ergebnis eine Frauenbewegung und eines Druckes »von unten« sein als vielmehr einer Entscheidung »von oben« durch die Struktur- und Berufungskommissionen. Das heißt zum einen, daß Frauenforschung von vornherein als akademische, (gleichwohl nur) am Rand des traditionellen Wissenschaftsfeldes akzeptierte Wissenschaft etabliert wird. Und das wird zum zweiten wohl auch heißen, daß die Frauenforschung an ostdeutschen Universitäten nur zu einem geringen Teil von ostdeutschen Frauenforscherinnen betrieben werden wird.

Offen bleibt die Frage, auf wieviel Akzeptanz Frauenforschung bei den StudentInnen stoßen wird, die mit ihr als integriertem Teil des Wissenschaftsfeldes bekannt werden, ebensosehr wie die Frage, inwieweit eine solchermaßen etablierte Frauenforschung ihre »subversive« Dimension bei der Aufdeckung von Macht- und Herrschaftsstrukturen (nicht nur, aber auch) im Wissenschaftsfeld beibehalten kann. Dabei wird auch deutlich, daß die Frauenforschung von den aktuellen starken Ost-West-Polarisierungen in der Bundesrepublik nicht unberührt geblieben ist. Auf daraus resultierende Gefahren, aber auch Chancen für die ostdeutsche Frauenforschung möchte ich abschließend eingehen.

*III: Probleme und Chancen der ostdeutschen Frauenforschung im vereinten Deutschland*

Die Spannungen, die das Verhältnis von Ost- und Westdeutschen seit der Vereinigung der beiden deutschen Staaten um so stärker prägen, je deutlicher wird, wie teuer die Einheit – auf je unterschiedliche Weise – für beide Seiten wird, spiegeln sich auch im Verhältnis von Feministinnen in Ost und West wider. Nach einer kurzen Phase euphorischer Schwesterlichkeit traten schon bald Differenzen und massive Kommunikationsstörungen auf. Seit geraumer Zeit ist das Verhältnis zwischen den Ost- und Westschwestern durch Abgrenzung, Sprachlosigkeit und wechselseitige Vorurteile gekennzeichnet. (...)

## 4 Aktuelle Konzeptionen

(...) Ost-Feministinnen empfinden nicht selten ihre westlichen Schwestern als überheblich, besserwisserisch, nicht unähnlich dem »Kolonialherrengebaren«, das das allgemeine Verhalten der »Wessis« gegenüber den »Ossis« kennzeichnet. Sie klagen über den Verlust ihrer Identität, über die Ent- und Abwertung ihrer Erfahrungen, aus denen sich ihr feministisches beziehungsweise emanzipatorisches Konzept speist, und reagieren darauf nicht selten mit einer Verklärung der realsozialistischen Frauenemanzipation in der untergegangenen DDR.

Dies ist eine unerfreuliche und belastende Situation, die die Gefahr von (neuen) Mythenbildungen in sich birgt, aber auch die Chance enthält, aus der Ent-Täuschung über die scheinbar problemlose Schwesterlichkeit zur wechselseitigen Akzeptanz des Andersseins und so auch zu neuen Formen gemeinsamen Handelns zu kommen. Und so kränkend es für Ost-Frauen sein mag, wenn sie als Schuldige für den (tatsächlichen oder subjektiv empfundenen) Verlust von mühsam erkämpften Rechten und Positionen der westdeutschen Frauen herhalten müssen – in diesen Projektionen und Ängsten werden auch künftige Verteilungskämpfe um Macht, Ressourcen, um den Zugang zu den Privilegien »westlicher« Zivilisation usw. antizipiert, die auch die Ziele der (westlichen) Frauenbewegung und die Aufgaben und Themenbereiche von Frauenforschung nicht unberührt lassen werden.

Aus den Abgrenzungen zwischen Ost- und Westfeminismus resultieren für die ostdeutsche Frauenforschung einige aktuelle Aufgabenstellungen:

- Aus der kränkenden Erfahrung, daß auch Frauen in der Lage sind, Frauen zu »den anderen« zu machen (wobei dies im deutsch-deutschen Verhältnis eine doppelte Kränkung ist), kann für die ostdeutsche Frauenforschung ein starker Impuls dahingehend entstehen, aus dem Anderssein heraus, ein Selbstverständnis zu entwickeln, das auf einer fundierten Analyse und einer begrifflich-theoretischen Verarbeitung der Geschichte der real-sozialistischen DDR beruht. Ostdeutsche Frauenbewegung und Frauenforschung sind – wie oben gezeigt – wesentlich aus einer Kritik an dieser Gesellschaft, ihrer Gleichberechtigungsideologie und ihren realiter frauenfeindlichen Strukturen entstanden, und sie sind gleichzeitig durch diese Gesellschaft geprägt. Der Stellenwert, den (lebenslange qualifizierte) Berufsarbeit von Frauen, die Vereinbarkeit von Mutterschaft und Berufsarbeit, die (staatlich subventionierte und garantierte) Versorgung mit Kindereinrichtungen u. a. in ihren Programmen, Konzepten und Projekten bis heute haben, ist ein Ausdruck davon.
Aufzuarbeiten, wie diese Einrichtungen in den Systemzusammenhang der realsozialistischen Gesellschaft eingebaut waren und welche – ambivalenten

– psychosozialen und kulturellen Folgen sie in diesem Kontext für Frauen und Männer und ihre Verhältnisse zueinander hatten, wäre eine wichtige Voraussetzung, um Gründe dafür zu nennen, warum uns diese Dinge in Politik wie Forschung immer noch und auch mit Blick auf die stattfindenden Transformationsprozesse so wichtig sind. Ostdeutsche Frauenforschung könnte so in der kritischen Hinterfragung und Begründung ihres Selbstverständnisses konkret dazu beitragen, daß die Geschichte der DDR weder einfach »vergessen«, noch in Phantasien vom »verlorengegangenen Paradies« verklärt und damit als unbewältigt weitergeschleppt wird.

- Zur Aufarbeitung der Geschichte mit dem Ziel, ein (neues) Selbstverständnis zu gewinnen, gehört auch die Auseinandersetzung mit uns selbst. Eine kritische Analyse unserer enttäuschten Wunschvorstellungen von deutsch-deutscher Schwesterlichkeit oder auch unserer Allmachtsphantasien von einer gesellschaftsverändernden Frauenbewegung (...) könnte unseren Blick für verschiedenes schärfen:
  - für unsere sehr persönlichen Beweggründe uns vor und/oder nach der »Wende« in der Frauenbewegung beziehungsweise Frauenforschung zu engagieren,
  - für den soziokulturellen Hintergrund unserer Biographien, der den Nährboden abgab für unser Engagement für die allgemeine »Sache der Frauen«, mit dem wir doch auch zugleich unsere individuellen Ansprüche auf bestimmte Positionen im sozialen Raum anmeldeten,
  - und für den uns ebenso innewohnenden Glauben, im Namen anderer Frauen sprechen zu dürfen.

Eine solche Analyse würde uns nicht nur helfen, mit den erlittenen Kränkungen im deutsch-deutschen Schwesternverhältnis anders, reflektierter umzugehen, sie könnte vor allem auch der Schlüssel sein für die Konzipierung einer Frauenforschung, die die sozialen und generationsbedingten Differenzen zwischen Frauen ernst nimmt und ihnen in Zeiten einer wachsenden sozialen Differenzierung und Pluralisierung der Lebensformen empirisch-analytisch im Aufzeigen der konkreten Beziehungen zwischen Geschlechter- und Alterspositionen nachgeht.

- Eine solche empirisch orientierte, differenziert und differenzierend arbeitende Frauenforschung ist auch aus einem anderen Grund notwendig. Die gegenwärtigen Transformationsprozesse in Ostdeutschland und in Osteuropa führen zu einer Veränderung von Machtverhältnissen, zu einer Neuformierung von politischen und intellektuellen Eliten, zu einer Neueinteilung von Menschen in »Gewinner und Verlierer«, in Privilegierte und Benachteiligte, in Reiche und Arme. Sicher ist, daß davon auch die westlichen Konsum- und Wohlstandsgesellschaften nicht unberührt bleiben werden. Die ablehnende Haltung vieler Westdeutscher gegenüber den »armen Ostdeutschen« oder den Asylbewerbern ist ebenso ein Ausdruck dafür wie die Ausländerfeindlichkeit der Ostdeutschen, die um die ersehnten Früchte der Einheit bangen. Diese Macht- und Verteilungskämpfe haben sicher praktische Auswirkungen auf die Geschlechterverhältnisse, auf das, was Frauen »zugestanden« wird und was diese als selbstverständliche Ansprüche einklagen. Aber mehr noch als in der Realität, in der es wohl keine schlichte Rückkehr zu traditionellen Rollenverteilungen zwischen den Geschlechtern der »einfachen Moderne« geben wird, werden auf der symbolischen Ebene diese Kämpfe in Form von einer »Renaissance« traditioneller Werte, von »bewährten« Vorstellungen von männlicher und weiblicher »Bestimmung« usw. geführt. Empirische Analysen der obengenannten Art könnten auch Aufschluß darüber erbringen, was die (Wieder-)Belebung solcher »altbackenen« symbolischen Geschlechterordnungen für Frauen und Männer mit unterschiedlichen Positionen und Erfahrungshorizonten in diesen Umbruchprozessen tatsächlich – und über die Geschlechterverhältnisse hinaus – bedeuten. Ostdeutsche Frauenforschung könnte damit ihren Blick für Dimensionen der gegenwärtigen gesellschaftlichen Transformationsprozesse öffnen, die sie bisher mit ihrer konzentrierten Aufmerksamkeit für die Berufstätigkeit von Frauen kaum beachtet hat. [397-406]

**Hildegard Maria Nickel (2001): Vom Umgang mit Differenzen. In: Hornung, Ursula/Gümen, Sedef/Weilandt, Sabine (Hg.): Zwischen Emanzipationsvision und Gesellschaftskritik: (Re)Konstruktionen der Geschlechterforschung in Frauenforschung – Frauenbewegung – Frauenpolitik. Münster: Verlag Westfälisches Dampfboot: 87-96 – Auszüge**

*1. Ein gemeinsamer Nenner?*

Vor dem Hintergrund eigener Erfahrungen mit dem DDR-Sozialismus und dem Zusammenbruch eines gesellschaftlichen Systems, das gegenüber Westdeutschland durch einen „Gleichstellungsvorsprung" (Geissler 1992) ostdeutscher Frauen gekennzeichnet war, interessiert mich, was die bundesdeutsche feministische Frauen- und/oder Geschlechterforschung leistet, um gesellschaftliche Transformationsprozesse in ihrer Gender-Dimension zu fassen bzw. wie in die Gender-Debatte gesellschaftliche Transformation Eingang findet.

Wenn man sich die Etablierung der Frauen- und Geschlechterforschung in der Bundesrepublik ansieht – ich verkürze, vereinfache und spitze zu$^{(...)}$ -, ist erstens festzustellen, dass ihr erkenntnistheoretischer Ausgangspunkt zunächst eine „vorwissenschaftliche", spontane Definition des Forschungsgegenstandes war: Sie übersetzte eine (benachteiligte) Geschlechtergruppe, die Frauen, relativ umstandslos und ‚naiv' in eine wissenschaftliche Fragestellung. Untersuchungen von Elisabeth Pfeil und Ursula Lehr markieren diese Etappe, später ist es Helge Pross, die die Lebenslage von (Haus-)Frauen und die Einstellung von Männern zu Themen der Soziologie macht, zugleich aber keine „Frauenforscherin" ist. Denn Frauenforschung definierte sich als „parteiliche" Forschung von, über und im Interesse von Frauen, und ihre Verbindung mit der Frauenbewegung galt als selbstverständlicher und unhintergehbarer Ausgangspunkt von Authentizität und Validität. Die differenztheoretische Diskussion der späten siebziger und beginnenden achtziger Jahre fokussierte das „weibliche Arbeitsvermögen" (Beck-Gernsheim; Ostner) und rückte dabei auch die strukturelle Differenz von Erwerbsarbeit und Hausarbeit (vgl. Gottschall 2000) in das Zentrum der Aufmerksamkeit. Mit Ursula Beer, Ute Gerhard, Regina Becker-Schmidt und Gudrun-Axeli Knapp kam in den späten achtziger Jahren Geschlechterhierarchie als moderne, mit der kapitalistischen Ökonomie und den bürgerlichen Verhältnissen systematisch verbundene Kategorie in den Blick (vgl. Gottschall 2000), die – und das war der Fokus der neunziger Jahre – in der symbolischen Reproduktion und im doing-gender flexibel und variantenreich immer wieder neu hergestellt wird. Ich behaupte nun und bin mir der Provokation dieser These bewusst, dass die Frauen- und Geschlechterforschung bei all ihren Erkenntnisleistungen zugleich auch als ein unbeabsichtigtes Nebenprodukt die von ihr kritisierte Sozialordnung der Zweigeschlechtlichkeit wie ein „quasi Naturgesetz" festzurrte. Die Annahme von der Gleichursprünglichkeit von (Geschlechter-)Differenz und (Geschlechter-)Hierarchie legte sich – polemisch formuliert – wie ein erkenntnistheoretischer Panzer um die bundesdeutsche Debatte. Es bedurfte des US-amerikanischen Streites um Differenz und um die Kategorie „Frau", dass dieser Panzer wissenschaftskritisch reflektiert, partiell auch durchlöchert wurde. Gemeinsamer Nenner der sozialwissenschaftlichen Frauen- und Geschlechterforschung in der Bundesrepublik ist seit Mitte der achtziger Jahre (...) Akzeptanz eines potentiellen Andersseins der Geschlechter(-Differenz), der anderen kulturellen Verortung, Sozialisation, Orientierung, Identität und Lebensweise von Frauen gegenüber Männern. Aber auch Differenzen in der Gruppe, die das Anderssein für sich reklamieren, wurden thematisiert: differenzierte Differenz, Vielgestaltigkeit des Andersseins, egalitäre Differenz sind Stichworte.

## 4 Aktuelle Konzeptionen

### 2. Was haben gesellschaftliche Transformation und die feministische Debatte um Differenz(en) miteinander zu tun?

Die feministische Gender-Forschung der vergangenen 20 Jahre hat sichtbar gemacht, dass der Dualismus von Männlichkeit und Weiblichkeit eine enorme Persistenz und Flexibilität hat (...). Das führt zu der sozialwissenschaftlich brisanten Frage, ob der gesellschaftliche Transformationsprozess, der den Wechsel in das 21. Jahrhundert begleitet, lediglich zu einer neuerlichen „Modernisierung" der alten Bipolarität beiträgt, bei der die impliziten Asymmetrien und Hierarchien im Geschlechterverhältnis (...) auf höherer Stufe fortgeschrieben werden oder ob fundamentalere Erosionen der Sozialordnung der Zweigeschlechtlichkeit anstehen, weil von einem grundsätzlichen Strukturwandel der gesamten Wirtschafts-, Arbeits- und Lebenswelt auszugehen ist. Eine Reihe von empirischen Belegen – vor allem auch aus der „gendersensiblen" Transformationsforschung (vgl. Nickel u.a. 1999; (...) – zeigt, dass die alten Dualismen tendenziell ihre Gültigkeit zu verlieren scheinen, und zwar durch „Überlappungen und Grenzüberschreitungen" (...) die nicht mehr nur in der Angleichung weiblicher Biographien an männliche, sondern umgekehrt, auch in einer strukturbedingten Feminisierung männlicher (Erwerbs-)Biographien zu finden sind. Neben dem tiefsitzenden Symbolsystem der Zweigeschlechtlichkeit greift anscheinend auch das zivilgesellschaftliche „Deutungsmuster der Gleichheit" in den Geschlechterbeziehungen der westlichen Moderne. Beide Muster – Differenz und Gleichheit – scheinen gegenwärtig in allen gesellschaftlichen Bereichen zu kollidieren und sich – in einem sehr ambivalenten Verweis aufeinander – neu zu formieren (...)

Wie offen – so ist zu fragen – ist die Frauen- und Geschlechterforschung selbst für das Re-Thinking des Geschlechterverhältnisses? Gibt es (sozialwissenschaftliche) Ansätze, die neue Optionen für die feministische Debatte eröffnen. (...) Geht es mit dem Zusammenbruch des Sozialismus beispielsweise vor allem darum (...), eine weitere, nämlich die ostdeutsche Differenz zu akzeptieren und sie in die Vielfalt der Formen westlicher Selbstbestimmung zu integrieren? Oder stellen sich auf diesem Hintergrund möglicherweise auch ganz neue und grundsätzlich andere (Forschungs-)Fragen?

Dem Feminismus und der Frauenforschung in der Bundesrepublik ging und geht es immer auch um den Nachweis der Eigenständigkeit, damit verbunden vor allem auch „um die Unterscheidung von Geschlechterungleichheit von Klassenungleichheit" (Beer 1989). Unter diesem Blickwinkel wurde nicht nur deutlich, dass Klasse und Geschlecht zwei verschiedene Sozialstrukturen sind, die zwar miteinander verknüpft, aber nicht identisch sind, sondern so könnte sich auch erklären, dass auf der Basis moderner kapitalistischer Sozialstrukturen und der damit verbundenen Hervorbringung individualisierter Lebensformen und pluralisierter Lebensstile (auch für Frauen) in der Bundesrepublik der siebziger und achtziger Jahre einerseits eine wachsende Infragestellung patriarchaler Verhältnisse möglich wurde, und andererseits die *neue* Frauenbewegung in der Bundesrepublik „nicht so sehr die Verteilungs- und Eigentumsfragen – also Gleichheit – (thematisiert(e)), sondern die Lebensweise, Selbstbestimmung ... im Zentrum der Mobilisierung ... stehen" (Gerhard 1995).

Das Blatt der modernen Wohlfahrtsgesellschaft hat sich allerdings nicht erst mit dem deutschen Vereinigungsprozess gewendet. Verteilungskämpfe um knappe Ressourcen bestimmen zunehmend die gesellschaftspolitische Tagesordnung. Damit drängen aber auch Fragen sozialer Ungleichheit wieder stärker in den Vordergrund. In der feministischen sozialwissenschaftlichen Forschung findet das – zwar zögerlich – zunehmend auch wieder Beachtung ((...); vgl. Gottschall 2000;(...)), so dass seit Mitte der neunziger Jahre der weiter oben beschriebene „gemeinsame Nenner" (..) der differenztheoretischen Argumentation brüchig geworden ist. (...)

## 3. Anachronistische Reflexionen – Die deutsche Vereinigung als ein Exempel der Transformationsforschung

Mehr als zehn Jahre nach dem Zusammenbruch des Sozialismus in Mittel- und Osteuropa sind die Auswirkungen der Transformationsprozesse auf die Geschlechterverhältnisse und Geschlechterordnungen noch immer nahezu unerforscht. Diese Forschungslücke sollte dringend geschlossen werden, denn daran hängen gesellschaftspolitische Fragen, die das „Haus Europa" und seine zivilgesellschaftliche Zukunft betreffen. Allerdings setzt dies einen den Osten einbeziehenden internationalen, komparativen Diskurs voraus, der bisher weitgehend(...) uneingelöst ist (...).

Auch bezogen auf den deutschen Vereinigungsprozess und die Transformationsforschung in der Bundesrepublik gilt diese Leerstelle (vgl. Sauer 1999). Die Ausblendung von Geschlecht in der Forschung schließt allerdings die gleichzeitige Stilisierung von Ost-Frauen als generalisierte „Opfer" westlicher Modernisierung einerseits bzw. andererseits als verallgemeinerte „Verursacherinnen der Arbeitsmarktkrise" in den neuen Bundesländern (und darüber hinaus) nicht aus. Diese „Schieflagen" der Transformationsforschung lassen sich – mit Birgit Sauer – folgendermaßen charakterisieren:

- Während sich Wissenschaftler um „geschlechtsabstinente" allgemeine Theorien der Transformation bemühen, die zumeist allerdings kaum greifen, weil sie eindimensionaler, modernisierungstheoretischer (westlicher) Herkunft sind, verhalten sich Wissenschaftler*innen* in der Transformationsforschung eher „theorieabstinent". Im „Malestream" der Transformationsforschung sind Frauen sowohl als Untersuchungsgegenstand wie als Forschende weitgehend abwesend, und Geschlecht als Untersuchungskategorie existiert kaum. (Jüngste Belege: vgl. Esser 2000; (...) vgl. Bertram/Kollmorgen 2001).

- In der Frauen- und Geschlechterforschung ist hingegen die gesellschaftliche Transformation kein systematischer (theoretischer) Gegenstand, und die empirische Forschung in diesem Zusammenhang ist vergleichsweise spärlich bzw. kleinteilig beschreibend, wo auch „große" Fragen zu stellen und zu beantworten wären: Was passiert im Verhältnis der Geschlechter, wenn gesellschaftliche Strukturen sich radikal verändern? Ist unter den Bedingungen des Aufeinanderprallens verschiedener Geschlechterverhältnisse in einem gesellschaftlichen Raum die These von *einem* sich zwar modernisierenden, aber in seiner Asymmetrie gleichbleibenden System der Zweigeschlechtlichkeit aufrechtzuerhalten?
- In einer Reihe von empirischen Untersuchungen zur Transformation tauchen (Ost-)Frauen als bevorzugte Problemgruppe auf *(...)*. Sie sind entweder (passiv) die
  a. Verliererinnen der deutschen Einheit, vor allem im Sinne eines vermeintlich oder tatsächlich verlorenen „Gleichstellungsvorsprungs", insbesondere hinsichtlich ihrer Erwerbsintegration;
  b. Opfer der Ökonomisierung aller Sozialbeziehungen, mit dem Effekt, dass junge ostdeutsche Frauen kaum noch Lust zeigten, Kinder zu gebären; oder sie sind
  c. eigensinnige Quertreiberinnen, die zu wenig anpassungsbereit sind und trotz veränderter gesellschaftlicher Bedingungen an ihrer „Erwerbsneigung" festhalten.

Die subversive Herausforderung an die Wissenschaft könnte auf diesem Hintergrund heißen, dass Wissenschaft und Forschung wieder als eine „Form des kollektiven Gedächtnisses" angerufen werden müssen, zumal die offizielle Geschichtsschreibung dazu neigt – auch bezogen auf den Transformationprozess – auszublenden, abzuspalten und zu verschweigen. Das allerdings wäre zunächst mit einem Anliegen an die (ostdeutsche) Frauen- und Geschlechterforschung selbst zu verbinden, denn es ist wohl zum großen Teil ihre (unerledigte) Aufgabe, den Faden der Geschichte aufzunehmen. Warum dies nur so vereinzelt geschieht, hat viele und neben „abwicklungsbedingten" ideologischen Gründen vor allem auch handfeste finanzielle Ursachen. Ein Grund für das auffällige Schweigen ist aber in der Tat derjenige, den Ute Gerhard benannt hat: Auch wir brauch(t)en „eine Atempause", ob sie „zur Mobilisierung unserer Kräfte" (Gerhard 1996: 14) genutzt wird, werden kann, bleibt abzuwarten. Auch die westdeutsche sozialwissenschaftliche Frauen- und Geschlechterforschung der Nachwendezeit war in der Regel, wenn auch aus anderen Gründen, ebenfalls weit von dem Transformationsthema entfernt und vor allem mit der ethnomethodologischen Diskussion zur sozio-kulturellen Konstruktion von Geschlecht verbunden. Sie konzentrierte sich darauf, dass Konstruktionsprozesse an den vorgefundenen zweigeschlechtlichen Klassifikationen (...) ansetzen. Die mikrosoziologischen Analysen nahmen also zumeist ihren Anfang bei der symbolischen Ordnung der Geschlechter, dem Alltagshandeln und den Mechanismen ihrer kulturellen Reproduktion. Damit aber ist eine Reihe von Problemen verbunden, die Gegenstand von Kritik waren (...). Ich will diese Polemik hier nicht erneut aufwärmen, nur auf folgenden Gesichtspunkt nochmals verweisen: Die – vor allem auch von Gudrun-Axeli Knapp zu Recht kritisierte – Engführung des sozialwissenschaftlichen Ansatzes auf das doing gender im Alltagshandeln hatte notwendigerweise die weitgehende Ausblendung gesellschaftlicher Prozesse und Strukturen zur Folge. Das Fehlen einer gesellschaftstheoretischen Perspektive (vgl. Knapp 1999) führte geradezu zwangsläufig zur Ausblendung des gesellschaftlichen Transformationsprozesses. Damit aber blieb notwendigerweise weitgehend unbeachtet, dass es im deutschen Vereinigungsprozess zu einer zwar ungleichgewichtigen, dennoch gravierenden Konfrontation zweier unterschiedlicher (...) Geschlechterordnungen (vgl. Nickel 1999) kam bzw. kommt, die in ihren Differenz-Effekten erst noch zu erforschen und zu gewichten wäre.

Transformationsprozesse sind zweifellos hochgradig widersprüchlich und vielschichtig und durch mindestens zwei zentrale ungleichzeitige Faktoren charakterisiert: Sie basieren zum einen auf national-historischen Kontexten und damit verbundenen „nationalen Geschlechterordnungen" wie zugleich auch auf Strukturen des Staatssozialismus. Die Geschlechterverhältnisse in den ehemals sozialistischen Ländern waren – im Vergleich zu den westlich-kapitalistischen – zum Teil durch den bereits erwähnten ambivalenten „Gleichstellungsvorsprung" (Geissler 1992) der Frauen (vor allem in der Erwerbsarbeit) charakterisiert. In den meisten sozialistischen Ländern begünstigte die staatliche Sozialpolitik die Vereinbarkeit von Frauenerwerbsarbeit und Mutterschaft und machte damit den auch für West-Frauen zunehmend attraktiven „doppelten Lebensentwurf" lebbar. Zum anderen ist die Transformation mit einer westlichen „Pfadabhängigkeit" verknüpft, d.h. sie unterliegt einem Anpassungsdruck an marktwirtschaftliche Verhältnisse, die sich allerdings selbst in einem gravierenden Wandlungsprozess befinden: Durch Umbrüche der Produktion, der Arbeit und der Arbeitsmärkte in den „postindustriellen" Ländern zerfällt das idealtypische Modell des männlichen Ernährers und der weiblichen Familienerhalterin sowie die auf Männer und

# 4 Aktuelle Konzeptionen

Frauen zugeschriebene Polarität von „Öffentlichkeit" und „Privatheit". Was das für die (Neu-)Strukturierung von „Öffentlichkeit" und „Privatheit" und die darauf basierenden Geschlechterarrangements und -verhältnisse künftig bedeutet, ist noch weitgehend ungeklärt. Womöglich treffen die bisherigen Begrifflichkeiten schon nicht mehr, und es stellt sich die Frage nach der perspektivischen Tragfähigkeit (westlicher) feministischer Theorien auch an diesem Punkte.

Die Transformationsprozesse führen – quer zum Geschlecht – zu Hybridbildungen in allen Lebensformen. Transformation ist damit auch als Pluralisierung von Organisationsformen des Geschlechterverhältnisses zu beschreiben, die als traditionelle (in Ost und West), aber auch in neuen Kombinationen nebeneinander bestehen können. Da sich die Individuen als soziale Subjekte in dieser Pluralität bewegen, entwickeln sie die Fähigkeit, sich mehrerer Organisationsformen zu bedienen, sie zu nutzen. Sie formen sie als Akteure der Transformation um und müssen sich in ihnen behaupten (Performance von Geschlechterverhältnissen). (...) So sind zwar auch im Westen die gesellschaftlichen Verhältnisse und Organisationsformen in Bewegung (Erosion des Normalarbeitsverhältnisses und der Ernährerfamilie, anhaltende Erwerbsorientierung von Frauen etc.) und treiben zu eigenen „Hybridformen" (Eindringen der Männer in Erwerbsbereiche von Frauen, Ausdifferenzierungen in der Gruppe der Frauen). Dennoch ist – im Unterschied zu Ostdeutschland – nicht das Ende oder der Untergang des Gesellschaftssystems Ausgangspunkt von Transformation, sondern die Transformation vollzieht sich in vermeintlich stabilen kapitalistischen Strukturen und Institutionen.

*4. Ein abschließendes Plädoyer: Theoriegeleitete empirische feministische Transformationsforschung*

Meine Argumentation hat – bei aller Notwendigkeit von Interdisziplinarität – einen fachlichen, disziplinären Kontext: Sozialwissenschaften (Soziologie und Politikwissenschaften) sind empirische, sozialen Tatsachen (Strukturierung von Strukturen; soziale Beziehungen und Herrschaftsverhältnisse etc.) verpflichtete Wissenschaften. Sie arbeiten mit Methoden, die es erlauben sollten, Befunde, empirische facts, zu generieren, die reproduzierbar sind. Wissenschaftliche Objektivierbarkeit und Prüfbarkeit sind – bei aller berechtigten feministischen Kritik an der vermeintlichen Objektivität und Neutralität von Wissenschaft – m.E. unhintergehbare methodologische Voraussetzungen.

Die deutsche Vereinigung und die Transformationsprozesse in Ost- und Mittelosteuropa sind empirische Felder der Geschlechterforschung, die unmittelbar vor unserer Nase liegen. Sie erschließen sich allerdings nicht vornehmlich empirisch und schon gar nicht in erster Linie mikroanalytisch, sondern bedürfen der gesellschaftstheoretischen feministischen Perspektive.

Geschlechterpolitiken in Ost- und Westdeutschland haben – und zwar im Sinne von ideologischer Abgrenzung und referenziellem Bezug – „ordnend" in die Konstituierung der jeweiligen Geschlechterverhältnisse eingegriffen. Sie führten im Laufe von mehr als 40 Jahren in Deutschland schließlich zu deutlich unterscheidbaren Modifikationen der „nationalen Geschlechterordnung" (...). Bis heute sind sie beispielsweise als flache hierarchisierte Komplementarität (vgl. Nickel 1999) einerseits (Ost) erkennbar und als eine stärker „symbolische Demokratisierung des Geschlechterverhältnisses" (...) andererseits (West). Daraus leitet sich eine für die gemeinsame bundesdeutsche Zukunft nicht unwesentliche Frage ab: Ist das momentan zu konstatierende Beharrungsvermögen eines „ostdeutschen Geschlechterarrangements" lediglich ein temporärer Sonderweg, der sich mit dem Generationenwechsel verwächst und schnell erledigt? Oder ist das Modell Ost die Zukunft West? Liegt – was die These von den generalisierten Verliererinnen der deutschen Einheit relativieren würde – der „Gleichstellungsvorsprung" vielleicht immer noch in Ost-Deutschland? Und was hieße das für den Gestaltungsauftrag feministischer Politik? [87-94]

## 4.2 Ansätze mit auf Interaktionen bzw. Diskurse bezogener Perspektive

*Ulrike Vogel*

### Einleitende Hinweise

Nachfolgend werden sieben Vertreterinnen und Vertreter unterschiedlicher Konzeptionen einer Konstruktion von Geschlecht durch Handeln – bzw. Diskurse – von Akteuren berücksichtigt.

Einen Ausgangspunkt vieler weiterer Überlegungen in diesem Bereich bilden die Analysen von Carol Hagemann-White. In ihrer grundlegenden Publikation „Sozialisation: Weiblich – männlich?" (Hagemann-White 1984) konnte sie weniger empirisch nachweisbare, unterschiedliche geschlechtsspezifische Charaktere als eine große Streubreite von Eigenschaften auf einem Kontinuum, das beide Geschlechter umfasst, sowie spezifische Bedingungen für die Ausprägung gewisser Unterschiede feststellen. Entsprechend formulierte sie „Ansätze zu einer Theorie der Entwicklung des weiblichen Sozialcharakters" (Hagemann-White 1984: 7). Dabei sieht sie sich durch ethnomethodologische, psychoanalyti-

## 4 Aktuelle Konzeptionen

sche sowie „marxistische Theorien der kulturellen Reproduktion" (Hagemann-White 1984: 77) angeregt, „Strukturunterschiede in der Aneignung der Zweigeschlechtlichkeit" (Hagemann-White 1984: 7) im Lebenslauf festzustellen. Diese Aneignung der Zweigeschlechtlichkeit trägt durch das Handeln der Beteiligten jedoch zugleich auch zur ständigen kulturellen Konstruktion der Zweigeschlechtlichkeit bei. Um diese Prozesse genauer untersuchen zu können und dabei nicht einer schlichten Verdoppelung des einmal angenommenen Geschlechterdualismus zu verfallen, bedarf es nach Hagemann-White eines zweigleisigen Vorgehens: Einerseits gilt es, „den alten, im Vollzug gelebter Zweigeschlechtlichkeit involvierten Blick beizubehalten" (Hagemann-White 1993: 74), andererseits die ständige Konstruktion von Zweigeschlechtlichkeit im einzelnen zu beobachten. „Die »Geschlechterrelevanz« dessen, was meine »Forschungssubjekte« tun und lassen, müsste ich vorgängig identifiziert haben, um meine Aufmerksamkeit im Untersuchungsprozeß selbst darauf lenken zu können" (Hagemann-White 1993: 74). Neuere Überlegungen zur Konstruktion von Geschlecht in der feministischen Forschung zeigt der für diesen Band ausgewählte Text von Carol Hagemann-White (vgl. Hagemann-White 2001).

Mit den institutionellen Zusammenhängen, in denen Akteure die Konstruktion von Geschlecht leisten, nämlich der Reproduktion des hierarchischen Geschlechterverhältnisses in Professionalisierungsprozessen, befasst sich Angelika Wetterer, die in diesem Band als Ko-Autorin mit Regine Gildemeister erscheint (vgl. Gildemeister/Wetterer 1992). Geschlechterhierarchien in Berufen bringen nach Wetterer nicht „natürliche" Geschlechterunterschiede zum Ausdruck, sondern diese Geschlechterdifferenzen werden in der Vergeschlechtlichung von Berufsarbeit erst hervorgebracht und erscheinen erst dann als „natürlich" (vgl. Wetterer 1995a: 21). Anknüpfend an ethnomethodologische Traditionen fordert Wetterer eine „Dekonstruktion" der Vergeschlechtlichung von Berufsarbeit, um deren Konstruiertheit durch soziales Handeln darzustellen (vgl. Wetterer 1995b: 227f.). Grenzen dieser ständigen Re-Konstruktion von Geschlechterdifferenz und Geschlechterhierarchie bei wechselnden Inhalten werden erreicht bei Plausibilitätsverlust und Ent-Naturalisierung dieser Unterschiede (vgl. Wetterer 1995b: 234ff.). Diese Prozesse teilweiser Infragestellung herkömmlicher Geschlechterhierarchien lassen sich auch über konstruktivistische Ansätze in der Sozialisationsforschung entdecken, nach denen sich Frauen und Männer „im Verlauf ihrer Sozialisation als Akteure und Konstrukteure ihrer Lebenswelt erfahren haben" (Wetterer 2003a: 17). Eigene Erfahrungen der Brüchigkeit herkömmlicher hierarchischer Geschlechterbeziehungen können also in Gegensatz treten zur Aufrechterhaltung geschlechtshierarchischer Unterschiede in Institutionen. Wechselbeziehungen zwischen „doing gender" bzw. „undoing gender" einerseits und unterschiedlichen institutionellen Entwicklungen andererseits werden in diesem

Rahmen bei Wetterer berücksichtigt (vgl. Wetterer 2004: 65). Auch Wetterer knüpft also vor allem an ethnomethodologische und sozialkonstruktivistische Überlegungen an. In dem gemeinsamen Beitrag mit Regine Gildemeister in diesem Band wird diese konstruktivistische Perspektive auf Prozesse „wie Geschlechter gemacht werden" (vgl. Gildemeister/Wetterer 1992) deutlich.

Auch Regine Gildemeister betrachtet in Anknüpfung vor allem an wissenssoziologische sowie ethnomethodologische Traditionen die Zweigeschlechtlichkeit als kulturelle Konstruktion mit dem Anschein der „Natürlichkeit". Ständig muss in Interaktionen Geschlecht „sichtbar gemacht werden, wobei dessen Inhalte historisch wandelbar sind. Immer aber ist Weiblichkeit als *„relationaler Begriff"'* (Gildemeister 1988: 496) auf die entsprechende Männlichkeit bezogen. Gildemeister stellt vor diesem Hintergrund eine *„Diversifizierung der je eigenen Geschlechtsrolle"* (Gildemeister 1988: 501) fest. Es bleibt jedoch die „weiterhin dominante Binarität der Geschlechterverhältnisse" (Gildemeister 1988: 500). Im Sinne wissenssoziologischer Ansätze interessiert sie die Verfestigung von Interaktions- und Definitionsprozessen in sozialen Institutionen, d.h. „wann und wie aus Unterscheidungen Unterschiede werden" (Gildemeister 2005: 71). Neben ihrer Mitwirkung als Ko-Autorin an dem gemeinsamen Beitrag mit Angelika Wetterer in diesem Band (vgl. Gildemeister/Wetterer 1992) enthält der im Folgenden präsentierte Text (vgl. Gildemeister 2001) weitere Überlegungen zur Herstellung von Geschlecht in Interaktionen, die nicht ohne ihre institutionellen Zusammenhänge gesehen werden können.

Gegen die Beschränkung auf soziale Konstruktionsprozesse von Geschlecht als „doing gender" in Interaktionen wendet sich ebenfalls Andrea Maihofer. Auch sie bezieht sich auf „ethnomethologische Konzeptualisierungen" und sieht ihre Analysen dem „Strang de-/konstruktivistischer Konzeptionen" (Maihofer 2004a: 33) zugeordnet. Sie stellt fest, „dass Individuen durch gesellschaftliche Vergeschlechtlichungsprozesse nicht nur ständig vergeschlechtlicht *werden*, sondern es dann ... in irgendeiner Weise auch *sind*" (Maihofer 2004c: 37). Bis in die Sexualität und Subjektivität hinein gilt: „„Weiblichkeit" und „Männlichkeit" sind für unsere Gesellschaften nach wie vor hegemoniale Existenzweisen und der Begriff der Existenzweise steht für diese Einsicht" (Maihofer 2004c: 38). Ihre Analyse umfasst auch die Diskurse zu dieser Existenzweise (vgl. Maihofer 2004c: 33f). Hiermit weist sie – ebenso wie in ihrer Skizze der Entwicklung von der Frauen- zur Geschlechterforschung, hier in der Einführung zum ersten Kapitel – auf die komplexen Zusammenhänge der Konstruktion von Geschlecht mit gesellschaftlichen Institutionen hin (vgl. Maihofer 2004b). Diese konstruktivistische, auf die Analyse von (Re)Konstruktionsprozessen von Geschlechterdifferenzen in Institutionen gerichtete Perspektive wird deutlich an ihrem Beitrag in diesem Band (vgl. Maihofer 2004a).

## 4 Aktuelle Konzeptionen

Auch Michael Meuser knüpft an wissenssoziologische sowie konstruktivistische Perspektiven an, wenn er „Deutungsmuster und kollektive Orientierungen von Männern" auf den „Niederschlag der veränderten Verhältnisse" (Meuser 1995: 108) hin untersucht. Abschließend stellt er fest: „Die forschungsstrategisch günstige Situation, dass sich traditionelle und virtuelle neue Deutungsmuster von Maskulinität zugleich rekonstruieren lassen, lässt zudem die Konstrukthaftigkeit der Geschlechtszugehörigkeit zumindest denkbar werden" (Meuser 1995: 131). Mit dieser Feststellung ist jedoch, wie Meuser betont, die grundlegende Differenz zwischen zwei Geschlechtern nicht durch weitere Überlegungen zu deren Dekonstruktion in Frage gestellt (vgl. Meuser 1995: 131f.). In ähnlicher Weise durch wissenssoziologische, ethnomethodologische und letztlich konstruktivistische Traditionen angeregt sind die Ansätze weiterer Forscher über Geschlechterdifferenzen (vgl. Lenz 2001; vgl. Hirschauer 1993; vgl. Hirschauer 2001). Die entsprechende Position von Michael Meuser wird verdeutlicht in seinem Beitrag in diesem Band (vgl. Meuser 2006).

Im Gegensatz zu den bisher angeführten Autorinnen und Autoren, die Traditionen der Ethnomethodologie, der Wissenssoziologie, des Interaktionismus und entsprechenden, letztlich konstruktivistischen Ansätzen verpflichtet sind, vertritt Andrea Bührmann einen diskursanalytischen Ansatz zur Untersuchung der Re-Konstruktion von Geschlecht. Anhand eines Diskussionsbeitrags zur Auseinandersetzung um geschlechtsspezifische Sozialisation betont sie den wichtigen Zusammenhang zwischen gesellschaftlichen Machtverhältnissen und wissenschaftlichen Diskursen. Dabei ist für sie nicht nur die Beziehung zwischen gesellschaftlichen Entwicklungen und der Frage nach geschlechtsspezifischer Sozialisation wichtig, sondern ebenso auch die Beziehung zwischen der Entwicklung „aktueller Diskurse *über* aktuelle gesellschaftliche Entwicklungstendenzen in Bezug auf die Frage der geschlechtsspezifischen Sozialisation" (Bührmann 2002: 31). Unterschiedliche, aufeinander bezogene Diskurse werden hier also im Verhältnis gesehen zu gesellschaftlichen Machtverhältnissen. Welchen Stellenwert hier allerdings Individuen als Akteure haben, wird in diesem Zusammenhang nicht unmittelbar ersichtlich.

In Diskursen um ein Medizinstudium für Frauen um die Wende von 19. zum 20. Jahrhundert sollen nach Bührmann durch dessen Gegner Frauen wegen angenommener physiologischer und psychischer Differenzen „vom Diskurs über die «geschlechtliche Eigenart» des Weibes" (Bührmann 2004: 310) ausgeschlossen und die „natürliche" Arbeitsteilung bzw. eine hierarchische Geschlechterordnung legitimiert werden. Befürworterinnen dagegen „führen die ihrer Ansicht nach deformierte Ausprägung der «geschlechtlichen Eigenart» des Weibes auf die Unterdrückung bzw. Deformierung «wahrer» Weiblichkeit zurück" (Bührmann 2004: 311). Bührmann zeigt, „dass in dieser Kontroverse der weibliche

Geschlechtskörper zum Einsatz im Spiel der Wahrheiten über die «natürliche» Arbeitsteilung zwischen den Geschlechtern wird" (Bührmann 2004: 314). In dem von Andrea Bührmann in diesem Band übernommenen Text (vgl. Bührmann 1995) wird dieses diskursanalytische Vorgehen in der Frauen- und Geschlechterforschung anhand der Sexualitätsdebatte in der Neuen Frauenbewegung deutlich.

Der biographische Ansatz von Bettina Dausien ist – anders als das diskursanalytische Vorgehen von Andrea Bührmann – auch auf die Konstruktion von Geschlecht in Interaktionsprozessen vor dem Hintergrund institutioneller Regelungen bezogen. Sie stellt fest:

> „Wir „sind" Frau oder Mann nicht durch Subsumption unter eine solche Kategorie, sondern nur durch unsere konkrete Lebensgeschichte. In diese ist unsere gender-Konstruktion hineinverwoben, zusammen mit anderen konkreten Bestimmungsgrößen unserer sozialen Existenz: mit unserer Klassen- und Generationslage, unseren ethnischen und kulturellen Zugehörigkeiten u.a.... Geschlecht ist dann nicht nur interaktiv erzeugt, sondern eine biographische Konstruktion" (Dausien 1998: 267).

In diesem Sinne kann aus der Perspektive von Biographien das Geschlechterverhältnis, verquickt mit anderen Strukturen der Ungleichheit, in seinen historischen Ausprägungen als soziale Wirklichkeit, an der Individuen durch Re-Konstruktionen mitwirken, deutlich werden. Mit solchen „Konzepten einer sozialkonstruktivistischen Biographieforschung" können Biographien soziale Wirklichkeit darstellen, wenn „biographische Erzählungen als eine (Re-)Präsentationsform sozialer Wirklichkeit betrachtet werden können, als ein Modus, durch den Individuen sich selbst und ihre Welt interpretieren und konstruieren" (Dausien 2006: 205). Mit diesem biographietheoretischen Zugang bietet Dausien eine Möglichkeit, den Dualismus zwischen einer individuellen, auf Interaktionen und Sozialisationsprozesse bezogenen und einer gesellschaftsstrukturellen Ebene zu überwinden. Hierzu findet sich Genaueres in ihrem Beitrag in diesem Band (vgl. Dausien 1999).

Bei der Verschiedenartigkeit der Positionen, die hier als interaktions- bzw. diskursbezogene Ansätze der Frauen- und Geschlechterforschung vorgestellt und nachfolgend jeweils durch Originaltexte dokumentiert sind, bleibt anzumerken, dass sich ein konstruktivistischer Zugang unterschiedlich gestaltet, wenn er sich z.B. eher auf interaktionistische, ethnomethodologische oder eher auf diskursanalythische Ansätze bezieht. So zeigen die nachfolgenden Texte von Carol Hagemann-White, Regine Gildemeister und Angelika Wetterer, Andrea Maihofer, Michael Meuser, Andrea Bührmann sowie Bettina Dausien jeweils auf ihre Weise, dass und vor allem wie das Geschlecht von Menschen in ihren institutionellen Zusammenhängen konstruiert wird.

# 4 Aktuelle Konzeptionen

**Carol Hagemann-White (2001): Was bedeutet „Geschlecht" in der Frauenforschung? Ein Blick zurück und ein Entwurf für heute. In: Hornung, Ursula/Gümen, Sedef/Weilandt, Sabine (Hg.): Zwischen Emanzipationsvision und Gesellschaftskritik: (Re)Konstruktionen der Geschlechterforschung in Frauenforschung – Frauenbewegung – Frauenpolitik. Münster: Verlag Westfälisches Dampfboot: 63-73 – Auszüge**

Mit der Etablierung von Frauenforschung als anerkanntes „Fach" an den Universitäten gingen Veränderungen einher, verglichen mit der aufrührerischen Außenseiter-Stimmung der Anfangsjahre. Es ist aber auch ein Wandel in den Institutionen selbst zu verzeichnen. Um einen (sehr persönlichen) Rückblick geht es daher im ersten Teil des folgenden Beitrags; im zweiten Teil darum, in der aktuellen Diskussion um die Kategorie Geschlecht Position zu beziehen.

Die Sektion hat im Mai 1983 ihre Jahrestagung zum Thema veranstaltet „Frauen ante portas – Ausschluss, Ausstieg oder ...?" mit dem Grundtenor, dass die Einrichtungen der Wissenschaft ihre Tore gegen uns schließen. (Das Thema setzte diese Ausgrenzung zugleich in Szene als für die Eingeschlossenen, die ihre Burg verteidigen, potentiell bedrohlich, denn wir haben uns damit nicht als Opfer, sondern eher als gefährliche Aufständische präsentiert!) Hatten wir doch auf dem Bamberger Soziologentag 1982 – angestoßen durch die wehleidige Äußerung eines männlichen Kollegen, der seinen Vortrag absagen ließ, weil er arbeitslos sei – selbst schon fast erstaunt festgestellt, dass die Hälfte der aus der Sektion vortragenden Frauen entweder schon ohne Arbeitsstelle waren oder es innerhalb des kommenden Jahres sein würden. Als Antwort auf den blockierten Zugang zu den Institutionen und deren Abwehr gegen innovative Gedanken von Frauen wurden damals Netzwerke und autonome Institute für Frauenforschung und Frauenbildungsarbeit gegründet (...). Präsent zu sein und auf unsere Inhalte und unsere Ansätze zu dringen, auch wenn unsere Arbeit unbezahlt blieb, war nahezu selbstverständlich.

Vor diesem Hintergrund gehe ich auf die mir gestellte Frage ein, wie ich – zur Generation der „Gründerinnen" (Stoehr 1993) gehörend – den Prozess der Institutionalisierung erlebt habe. Die kurze Antwort heißt: mit Genuss! Erst einmal war es eine große Entlastung, zu wissen, dass ich eine C4-Professur ausdrücklich für Frauenforschung erhalte. Nach Jahren der Rechtfertigung, weshalb denn eine Wissenschaft aus der Sicht von Frauen entwickelt werden darf und soll, warum es unumgänglich ist, die Erfahrungen und Handlungsfelder von Frauen wichtig zu nehmen, nach mehr als einer Dekade Legitimationsdruck für den Inhalt, die Methodologie und den theoretischen Rahmen meiner Arbeit, war ich auf einmal in der Lage, meine Energien der Entfaltung dieser Arbeit widmen zu können, in dem Wissen, man hat mich dazu berufen. Statt Gehör fordern zu müssen, konnte ich davon ausgehen, dass man mir zuhört.

Zweitens war und ist es eine Machtposition eigener Art, eine Stelle explizit als Frau für die Perspektive der Frauen inne zu haben. Zuvor schon in Berlin war mir deutlich geworden: Das endlose Gerede von der Diskriminierung der „Quoten-Frau" ist Unsinn; das Gegenteil ist der Fall. Hatte man vorher, als ich „Mittelbau" oder „Arbeitslose." war, mich allenfalls rhetorisch gefragt, wie man diesen oder jenen Quatsch behaupten könne, so erlebte ich nach Antritt der (statusniedrigen, befristeten) Teilzeitprofessur eher freundliche Bitten um Erläuterung und aufmerksames Interesse für meine Antwort. Als Ursache dieser Verwandlung vermute ich ein Doppeltes: Zum einen bringt die Professur als solche Autorität mit sich; zum anderen aber haben wir mit unserer Inszenierung der bedrohten Stadt nicht ganz falsch gelegen. Die Bewohner der Burg Wissenschaft wussten sehr wohl, dass draußen im Lande und unter dem Frauenvolk eine Unruhe war; und sie wussten in ihrer homosozialen Männerwelt Wissenschaft, dass sie selbst nicht kundig sind, die Zeichen zu deuten. Eine berufene Frau muss wissenschaftlich etwas können (das zu bezweifeln würde schon die eigene Stellung ins Zwielicht ziehen), ist aber zugleich imstande zu erklären, was das alles zu bedeuten hat, sie kann die so beunruhigende Frage beantworten: Was will (in der Wissenschaft) das Weib? – denn sie wurde für Frauenforschung berufen.

Die Besetzung von hochrangigen Stellen mit Frauen, die zudem ein „Mandat" zur Selbstaufklärung der Wissenschaft in Sachen Geschlecht mitbrachten, hatte eine erhebliche Wirkungsmacht innerhalb der Institution. Dafür nehme ich als Beispiel meinen Standort, die Pädagogik in Osnabrück; 1988 kam ich mit einer Mitarbeiterin (C-1) dahin. Wir zogen Doktorandinnen nach uns, warben Drittmittelprojekte ein, nutzten Sonderprogramme, um weitere Stellen mit Frauen zu besetzen. Zugleich verfolgten wir – wie die meisten Frauenforschungsprofessorinnen – inhaltlich und kollegial eine Integrationsstrategie: Wir stellten unsere Themen in Beziehung zu zentralen Gebieten des Faches, beteiligten uns an den Prüfungen und den Einführungsveranstaltungen und nahmen Gelegenheiten zur Kooperation wahr. Diese Linie – starke Präsenz von aktiven Frauen zusammen mit Offenheit für das Gespräch, aber auch für unbeliebte Routineaufgaben – führte, ganz ohne Aufdringlichkeit, zur steten Vermehrung des Frauenanteils bei den Stellenbesetzungen. Inzwischen lehren in der Pädagogik in Osnabrück zur Hälfte Frauen, vor allem in den höchst dotierten Professuren C-4 (im Moment sind alle drei mit Frauen besetzt). In den letzten sechs Jahren haben sich sechs Frauen habilitiert, in der Frauenforschung gab es acht Promotionen. Das Klima ist für die Anerkennung der Leistungen von Frauen – und für eine Geschlechterperspektive auch dann, wenn das Arbeitsgebiet nicht „Frauenforschung" ist – aufgeschlossen. Studierende mit Interesse an einem Thema aus der

## 4 Aktuelle Konzeptionen

Frauenforschung sind nicht mehr darauf angewiesen, sich bei Frauen prüfen zu lassen. Geschlechtsbezogene Fragen zu Bildung, Erziehung, Schule oder Familie sind im Fach akzeptiert. Gewiss sind nicht alle Kollegen (und Kolleginnen) gleich kompetent, aber sie setzen sich damit auseinander, und die Angst vor dem defensiv-feindseligen Prüfer, der auf feministische Anwandlungen aggressiv reagiert, ist verschwunden. Natürlich hat es auch Ambivalenzen, Anfälle von Neid und Konflikte gegeben; sie wurden meist durch „normale" Anlässe ausgelöst, wie etwa Fragen der Raumzuteilung, der vermuteten Ungleichbelastung u.a.m. Allerdings habe ich den Eindruck, dass der Anteil von unsachlich aufgeheizten Konflikten in dem Maße zurückgegangen ist, wie der Anteil von Frauen im Kollegium zugenommen hat.

Neben solchen Erfolgen der Institutionalisierung, die es auch an anderen Hochschulen gibt, ereignete sich aber ein bemerkenswerter Wandel innerhalb der Frauenforschung. Kaum war die Schaffung von Stellen für Frauenforschung richtig in Gang gekommen – von den ersten beiden Professuren, die 1985 ausgeschrieben und 1987-88 besetzt wurden (Frankfurt und Osnabrück) bis zum Stand von 76 Frauenforschungsprofessuren im Bundesgebiet 1993 (vgl. Bock 1994) hat sich die Etablierung in rasantem Tempo vollzogen -, begann die Frauenforschung an sich selbst zu zweifeln. Die Zeitgleichheit dieser beiden Entwicklungen kann kein Zufall sein. Mit der Institutionalisierung ist, wie mir scheint, ein ganz neues Unbehagen aufgekommen, eine Scheu davor, beruflich auf das Frausein festgelegt zu werden. Obwohl die Frauenforschung vom Ansatz her kritisch über beide Geschlechter und über das Verhältnis, in dem sie zu einander stehen, zu denken beanspruchte, wurden nunmehr eine Selbstbeschränkung auf Frauen als alleinigen Gegenstand und eine Fixierung auf die Frau als Opfer befürchtet. Für den neuen Begriff „Geschlechterforschung" werden inzwischen Aussagen über Männer und über die Ungleichbehandlung der Geschlechter reklamiert, während Frauenforschung nachträglich (und verfälschend) darauf reduziert wird, sich auf die Angehörigen der weiblichen Genusgruppe zu konzentrieren (vgl. Becker-Schmidt/Knapp 2000: 36).

Die heute in Mode gekommene definitorische Abgrenzung ist alles andere als eine „Ausdifferenzierung der Frauenforschung" (Becker-Schmidt/Knapp 2000: 36), sie wiederholt vielmehr jene Spaltung zwischen den Geschlechtern, die von Anfang an gerade der deutschen Frauenbewegung zu schaffen machte. Deren Zentrierung um die Autonomie war eine politische Kraftquelle (vgl. Hagemann-White/Rerrich 1988), es entstanden aber auch rasch in der Praxis Reservate, die abgewertet werden konnten. In den achtziger Jahren haben prominente Vertreter der soziologischen Zunft uns belehren wollen, Frauenforschung sei nichts als eine Nabelschau, die irgendwann aufhören müsse. Wie sehr diese Wahrnehmung an den Hauptentwicklungslinien der jungen Frauenforschung vorbeigeht, ist an den Beiträgen der Sektion zu den Soziologentagen 1982 und 1984 leicht zu überprüfen (...).

Frauenforschung hieß in den prägenden Anfangsjahren, den hegemonialen männlichen Blick durch den Blick von Frauen und durch eigenständige Beobachtung, Bewertung und Zugriff der Theoriebildung herauszufordern, seine Geltungsansprüche in Frage zu stellen, mit Alternativen zu konfrontieren. Die Delegitimierung androzentrischen Denkens wurde durch eine doppelte Hinwendung zu Frauen geleistet (und gerade weil diese Leistung in so erheblichem Maße erbracht wurde, ist es heute so leicht geworden, sie rückblickend zu übersehen). Erstens, zu Frauen als Wissenschaftlerinnen, deren Diskurs wissensbildend, wissend und bildend werden sollte, dafür steht z.B. die Sektion selbst: Der Begriff hieß nach dieser Seite hin „Frauen forschen", und der implizierte Bezug auf ein Kollektiv verwies auf die Erkenntnis, dass Forschung ein sozialer Prozess ist. Es war historisch neu, dass Frauen nicht allein (vereinzelt) an der Wissenschaft partizipieren, sondern dies als einander Zugewandte tun. Andere Frauen wichtig zu nehmen war ein Schritt dahin, sich selbst ernst zu nehmen, sich vom Bestätigungsbedarf durch männliche Anerkennung zu lösen. Und es war zweitens eine Hinwendung zu Frauen als interessierende Zielgruppe, deren Erfahrungen der Forschung wert sind, weil über sie kaum etwas Zutreffendes bekannt war. Es sollte nicht mehr angehen, alle Frauen mit Wesens- oder Wertungsaussagen einzuordnen, während Männer als sozial und individuell Verschiedene ganze Wissenschaftszweige beschäftigten. Z.T. haben feministische Ansätze den Spieß rhetorisch umgedreht und den Mann als einfältiges und uninteressantes Wesen hingestellt. Der doppelte Bezug auf Frauen als Subjekt und Objekt der Forschung war somit Programm, dessen Ziele Eigenständigkeit und Vielfalt waren; *dies* ist es, was im Begriff „Frauenforschung" steckte.

Die lebhaftesten Diskussionen der Frauenforschung, z.B. über die Hausarbeit oder über Gewalt gegen Frauen, (...) können nicht als Abhandlungen über „die" Frau oder „die Frauen" gelesen werden. Aussagen über das Gemeinsame aller Frauen sind in heuristischer Funktion zu finden, sie sollten Unterdrückung kennzeichnen. Ernsthafte Ansätze zur (verallgemeinerten) Bestimmung des weiblichen Subjekts gelangten in die Frauenforschung erst auf dem Wege der Positivierung negativer Erfahrungen, der versuchten Umwertung der Werte. In dieser Wendung sollte nicht mehr (oder vielleicht: vorrangig symbolisch) über Gewalt, Leid und Diskriminierung gesprochen werden, sondern darüber, was Frauen Wertvolles einzubringen haben. Das war sicherlich ein Bedürfnis in der feministischen Bewegung selbst, weil die Euphorie der Entdeckungen, wo das Patriarchat überall wirkt – in der Hoffnung, Wissen sei auch Macht, um alles zu verändern -, einer Mischung von Erschrecken und Depression gewichen war, verbunden mit dein Wunsch, in der Theorie die Frau als Subjekt ihrer eigenen

# 4 Aktuelle Konzeptionen

Befreiung deutlicher fassen zu können. Dazu sollte auch die eigene innerpsychische Verstrickung im tradierten Geschlechterverhältnis verstanden und ggf. therapeutisch aufgelöst werden (vgl. Breitenbach/Hagemann-White 1994). Andererseits ist die Suche nach dem Positiven eine Folge der Erweiterung der Frauenbewegung in breite Lebenskreise der Bevölkerung hinein, denen die intellektuelle Aufregung bei der Beschreibung fataler Verstrickungen keine Stimmung der Hoffnung vermittelte. Frauenpolitik in der Breite drängte auf die Anerkennung der Arbeit und die Würdigung der Leistungen von Frauen, griff fasziniert nach jeder Aussage, mit der begründet werden konnte, dass die Gesellschaft der Frauen in qualifizierten und führenden Positionen bedarf. Mit dieser Positivierung kamen Verallgemeinerungen, die zur Legitimation der Einrichtung von Stellen offenbar verlockend und pragmatisch brauchbar waren, aber zu Recht auch Unbehagen bereiten.

Heute haben wir noch einmal eine grundlegend andere Situation. Mehrere Generationen von Studentinnen und jüngeren Fachkolleginnen haben die Frauenforschung in der Institution vorgefunden und ihrerseits Kritik entwickelt. Im Zuge von Individualisierung, Pluralisierung der Lebensformen, Globalisierung der Diskurse ist die Annahme einer Wesensverschiedenheit der Geschlechter weniger intuitiv plausibel; ältere Texte, die diese Annahme aushebeln wollten, werden als deren Bestätigung missverstanden. Unterschiede unter Frauen und unter Männern werden stärker wahrgenommen. Zunehmend wird (...) an konstruktivistische Ideen und Positionen angeknüpft.

Ich habe mit meiner These, die Zweigeschlechtlichkeit sei eine kulturelle Konstruktion (vgl. Hagemann-White 1982), einen gewissen Beitrag zu dieser Entwicklung geleistet, und in letzter Zeit wird mir des öfteren gesagt, ich hätte zur Verwendung der Kategorie Geschlecht Verwirrung gestiftet und sollte endlich sagen, was ich dazu denke. So habe ich meine Vorbereitung für diese Podiumsdiskussion mit der Frage begonnen: Was ist Geschlecht? Die folgenden Überlegungen dazu sind sicherlich nicht erschöpfend, sondern spiegeln meinen momentanen Stand.

Geschlecht, das wäre die Grundaussage, *ist* eine Relation. Das ist wahrlich kein neuer Gedanke in der feministischen Theorie, und doch habe ich den Eindruck, als würde diese Erkenntnis uns immer wieder entgleiten, sind wir doch gewohnt, in unseren Alltagstheorien wie in der hohen Kultur die Geschlechtszugehörigkeit als Markierung für irgend etwas zu verstehen, was deren Angehörige haben oder sind. Das Relationale des Geschlechts ist aber schon für die biologische Zweiteilung maßgeblich. Selbst als Medium der Fortpflanzung bedeutet Geschlecht immer, dass zwei getrennt Existierende zueinander in einem bezogenen Verhältnis stehen; das gilt biologisch, aber auch kulturell.

Die Bezugnahme auf unsere leibliche Existenz scheint mir durchaus sinnvoll, um das Phänomen Geschlecht zu verstehen, auch wenn die Leiblichkeit nur gesellschaftlich vermittelt und kulturell gedeutet erfahrbar ist. Hilge Landweer hat in diesem Sinne eine Grundlegung versucht; sie sieht die Generativität als Schlüssel zur Entstehung von Geschlechterkategorien. Kultur als das „kollektive Sich-eine-Vergangenheit-Geben und Eine-Zukunft-Beanspruchen" (Landweer 1994: 147) sei auf die Reproduktion der Gattung verwiesen und müsse daher immer zwei „Kern-Kategorien" bilden, „die Individuen nach ihrem als möglich unterstellten Anteil an der Entstehung neuer Menschen klassifizieren" (Landweer 1994: 152). Die Anknüpfung an die generative Zweigliederung sei unhintergehbar und strukturiere die kulturell variablen Geschlechterbegriffe. Damit ist für Landweer keine Aussage über die Relevanz der Fortpflanzung für die konkreten Individuen getroffen und keine Festlegung eines wie auch immer gearteten Wesensunterschiedes; nicht Merkmale stehen hier zur Debatte, sondern eine Relation. Sozial und kulturell impliziert jedes Frausein ein Mannsein und umgekehrt. Ihren Bezug aufeinander zu interpretieren und so eine grundlegende Zweiteilung zu denken, sei aufgrund der Tatsache der Fortpflanzung anthropologisch zwingend.

Doch geht mir Landweers Sprung von der Generativität zur binären Logik einer fundamentalen Zweigeschlechtlichkeit zu schnell. Wenn es zutrifft, dass Geschlecht immer schon in Verhältnis zu Generation und Generativität steht, impliziert die Relation zwischen zwei schon immer ein Drittes, das dabei entstehen kann. Das ist zunächst zwar kontingent, lediglich ein (unsicheres) Potential; notwendig muss sich aber jedes lebende Menschenwesen als eben dieses Dritte selbst begreifen, das aus der Relation von Frau und Mann hervorgegangen ist. Und das wiederum bedeutet, dass das Geschlecht einer Person, weil sie geboren wurde, ebenfalls in Relation zu dem der beiden Eltern, insbesondere in Bezug zu einem gleichgeschlechtlichen Elternteil steht. (...) So wenig unsere Kultur dies sichtbar werden lässt: Jede Art von Frausein stellt eine Relation zur Mutter dar. Gerade weil Geschlechterkategorien kulturell im Generationenverhältnis wurzeln, enthält ihre Zweiteilung vom Anbeginn zugleich ein Dreiecksverhältnis. Eine Mutter zu haben impliziert die Existenz eines Vaters und die Frage nach der Beziehung zu ihm. Mutter und Vater haben ihrerseits Mütter und Väter gehabt; wo ein Kind entstanden ist, können weitere hinzukommen. Die Generativität, als Tatsache der Fortpflanzung, der Natalität und Mortalität verstanden, begründet keine einzige Zweiteilung, sondern drei (und mehr) Gegenüberstellungen von Gleichsein und Anderssein, sie ist ein Geflecht von Relationen.

Deshalb ist zwar das Geschlecht naturtheoretisch gesehen schon geeignet, Polaritäten symbolisch zu vertreten, zu verstärken oder durch sie vertreten zu werden, es birgt zugleich aber auch ein dynamisches Störpotential gegenüber

## 4 Aktuelle Konzeptionen 157

jeder Polarität in sich und kann diese Dynamik ebenso symbolisch vertreten. Denn das Dreieck ist Ausgangspunkt der Vielfalt, und die Symbolisierungskraft des Geschlechts umfasst die Zweiheit und die Vielfalt. Eine Frau ist wie ihre Mutter und sie ist dies auch nicht; sie kann potentiell Mutter werden, aber nach dem gleichen Prinzip kann sie mehrere Kinder haben, sie ist Tochter einer Mutter und möglicherweise Mutter einer Tochter. Aus den zwei Weiblichkeiten, deren Relation die Generativität konstituiert, werden viele; ihre Gemeinsamkeit ist Ort einer ebenso unhintergehbaren Differenz. Aus zwei Männlichkeiten – Vater-Sohn, Sohn-Vater – werden ebenfalls mehrere, wenngleich diese Relation weniger konkret am Leib erfahrbar ist. Die Polarität zwischen weiblich und männlich oder Frau und Mann enthält im Verborgenen immer auch den dritten Bezugspunkt; das Geschlecht ist nicht eins und nicht zwei. Jede Gestalt von Frausein oder Weiblichkeit, von Mannsein oder Männlichkeit definiert sich im Verhältnis zu anderen möglichen oder realen, vielleicht als Versprechen oder als Bedrohung vorhandener Weiblichkeiten oder Männlichkeiten. Was zunächst als anthropologische Konstante einer Zweiheit erschien, entpuppt sich als Kette der Vervielfältigung; das Geschlecht ist, in der Generativität begründet, nie nur ein Verhältnis von zwei Gegensätzen zueinander.

Ein symbolisches System der Zweigeschlechtlichkeit ist immer durch und durch eine kulturelle Konstruktion. Diese Auslegungen der Geschlechtlichkeit sind zwar plastisch, mit keinem benennbaren Inhalt vorab festgelegt, aber keineswegs beliebig. Als Menschen kennen wir, wenn diese Fremdwörter unbedingt sein müssen, keinen Sex, der nicht immer schon Gender wäre.

Damit sind wir bei der leidigen Frage nach der Gleichursprünglichkeit von Differenz und Hierarchie angelangt. Die These gilt, dies vorab gesagt, nicht für jegliche Differenz und war wohl auch nie so gemeint. Differenzen, die zugleich Hierarchie sind, polarisieren, oder umgekehrt: polarisierende Differenzen erweisen sich als von der Quelle her hierarchisch konstruiert. Damit ist gemeint: Sie halten eine binäre Gegenüberstellung aufrecht, indem sie die im Dreieck beginnende Vielfalt unterdrücken. Daher sind sie immer in sich doppelt hierarchisch. Sie setzen einerseits eine ungleichgewichtige Wertigkeit der beiden Pole voraus und schaffen andererseits eine Abstufung innerhalb der Gruppe der Erscheinungen, die an dem einen oder anderen Pol verortet sein sollen. (...)

Ferner sind die Differenzen, um die es hier geht, auf den Körper bezogen und der Leib ist an ihnen beteiligt. (...) Sie werden durch die Art und Weise, wie wir uns auf unseren Körper beziehen, konstituiert und erhalten – aber auch verunsichert und unterlaufen. Das Leib-Körper-Verhältnis selbst enthält eine Dimension der Beunruhigung und Widersprüchlichkeit. In dieser Hinsicht scheinen mir Geschlecht und Rasse verwandt, von gleicher Art, im Unterschied etwa zu Ethnie, soziokultureller Herkunft, Nationalität oder sexueller Orientierung. Diese

Unterscheidung wird oft verwischt, wenn z.B. von „Ausländerfeindlichkeit" die Rede ist, als würden Hass – oder Toleranz – vom Anblick der Ausweispapiere ausgelöst. Tatsächlich werden Ethnie und Staatsbürgerschaft erst durch ihre Legierung mit der (hierzulande meist unausgesprochenen) Wahrnehmung einer anderen „Rasse" zu Kategorien von Ausgrenzung und Herrschaft. Eine Ausländerin wird als solche weder auf Anhieb erkannt noch diskriminiert. Es ist die am Körper gefundene bzw. in die Körperlichkeit gelegte Differenz, die eine (als unüberwindbar gesetzte) Fremdheit bestimmt. Dafür gibt es allerdings in Deutschland keine brauchbare Sprache.

Rassismus aus territorialen Abgrenzungen abzuleiten oder aus einer archaischen Angst vor den unheimlichen Fremden zu erklären, ist soziologisch so naiv wie die Ableitung des Sexismus aus den biologischen Vorgängen der Fortpflanzung. Beide sind vielmehr Ausdruck und Medium der Fortsetzung einer kulturellen Konstruktion, die durch ein Amalgam von Hierarchie und polarisierter Differenz konstituiert wird, die am Leib und Körper verortet und gebunden ist. Die Differenzen unter Männern und unter Frauen gehören ebenso dazu wie die binäre Optik der Zweigeschlechtlichkeit oder der Trennung von Schwarz und Weiß. Feministische und antirassistische Politik erfordern – beide gleichermaßen – eine analytische Auflösung dieser Verbindungen von Hierarchie und Polarisierung, keine Verleugnung, sondern eher eine Entzauberung der körperlichen Phänomene und Erfahrungen, die im Sexismus und Rassismus herrschaftstragend symbolisiert werden.

Die Entstehung einer Debatte um die Brauchbarkeit der Begriffe „Frau" und „Frauenforschung" liegt nicht daran, dass positivierende Verallgemeinerungen, die alle Frauen für die Interessen der privilegierten Mittelschichtfrauen vereinnahmen, für die politische Repräsentation der Frauen benötigt wurden, oder dass wir befürchten müssten, ohne diese vereinnahmenden Gesten sei keine Vertretung von Fraueninteressen mehr möglich. Diese Gesten sind vielmehr Merkmale der Klientelpolitik, zu der die Frauenpolitik vielfach degeneriert ist, aber keine Erfordernis einer politischen Bewegung. (...)

(...) Das Paradoxe an unserer Lage heute scheint zu sein, dass wir in einem Gesellschaftszustand sind, der immer weniger Herrschaft durch Polarisierung sichern kann, aber bislang keine neuen Freiheiten schaffen konnte, die diese überwinden. Daraus erwächst wahrscheinlich die Doppelgleisigkeit unserer Strategien auch zu der Institutionalisierungsfrage, zugleich selbstbewusst und mit Nachdruck auf der Sicht von Frauen zu bestehen, sie im Dialog in die Mitte der Fächer einzuführen und die Kollegen dafür zu gewinnen, dass sie genauso denken können. Das Geschlechterverhältnis wie das Generationenverhältnis impliziert, das Gegenüber als ähnlich und doch verschieden, zu mir im Gegensatz stehend und mir doch gleich zu begreifen. [63-72]

Regine Gildemeister/Angelika Wetterer (1992): Wie Geschlechter gemacht werden. Die soziale Konstruktion der Zweigeschlechtlichkeit und ihre Reifizierung in der Frauenforschung. In: Knapp, Gudrun-Axeli/Wetterer, Angelika (Hg.): TraditionenBrüche. Entwicklungen feministischer Theorie. Freiburg i.Br.: Kore Verlag: 201-254 – Auszüge als Zitate*

(...)
„*1. Die «Natur» der Zweigeschlechtlichkeit – Vorbemerkung*

(...)
Die Zweigeschlechtlichkeit des Menschen gilt seit Beginn der überlieferten Geschichtsschreibung als «Grundtatsache» und nicht weiter hinterfragbares Faktum. (...)
Auch in der Frauenforschung hat die theoretische Auseinandersetzung mit der Geschlechterdifferenz einen zentralen Stellenwert. Im Zuge der kritischen Auseinandersetzung mit den androzentrischen Verkürzungen der «main-/malestream» Wissenschaft war das Insistieren auf der Differenz zunächst geradezu unumgänglich, wenn Frauen nicht länger als defizitäre Männer, etwa in Theorien über «den» Industriearbeiter oder «den» Normalarbeitstag bloß mitgemeint sein sollten. Und in den Versuchen, die Lebensrealität von Frauen nicht nur in den Blick zu rücken, sondern das «Anderssein» der Frauen aufzuwerten, im Schritt von der Kritik der herkömmlichen Defizitansätze zur «Positivierung» des Weiblichen wird die Differenz fortgeschrieben als Ziel der Entwürfe, als politische Option der Frauenbewegung.
Bei diesen Ansätzen zur theoretischen Konzeptualisierung und Umwertung der Differenz wird hierzulande in aller Regel übersehen, daß sich im amerikanisch-englischsprachigen Bereich inzwischen eine breit gefächerte theoretische Erörterung entwickelt hat, die – jenseits des Koordinatensystems von Gleichheit und Differenz – die soziale Konstruktion der Zweigeschlechtlichkeit selbst ins Zentrum der Analyse stellt. Im Anschluß an Traditionen der Ethnomethodologie, des symbolischen Interaktionismus, der phänomenologischen Soziologie und der Kulturanthropologie wird dort die Frage gestellt, wie es zur sozialen Konstruktion der Zweigeschlechtlichkeit kommt: wie die Zweigeschlechtlichkeit im Alltagshandeln (...) hergestellt, statt von der Natur bereitgestellt wird, und wie ein «sameness taboo» (Lorber) fortwährend institutionalisiert wird, demzufolge Frauen und Männer zunächst einmal und in allen Belangen verschieden zu sein haben" (Gildemeister/Wetterer 1992: 201f.). (...)

---

* Anm. der Herausgeberin: Nach Absprache mit den Autorinnen werden unter diesem Titel von der Herausgeberin ausgewählte Passagen dieses Aufsatzes als Zitate präsentiert.

*„2. Konstruktionsweisen der Zweigeschlechtlichkeit (...)*

Ein zentrales Anliegen der Frauenforschung bestand von Anfang an darin, den tradierten und im Alltagsbewußtsein immer noch fest verankerten «Natur der Frau»-Argumentationen ein entschiedenes und begründetes Nein entgegenzusetzen. Die Unterschiede zwischen den Geschlechtern und insbesondere die Unterdrückung und Diskriminierung von Frauen sollten als Ergebnis von Geschichte statt als Effekt natürlicher Unterschiede und damit als veränderbar begriffen werden. Geschlechtsspezifische Sozialisation und geschlechtsspezifische Arbeitsteilung waren entsprechend wesentliche Schwerpunkte empirischer Untersuchungen und theoretischer Reflexion.

Für dieses ideologiekritische Vorhaben schien auf den ersten Blick die aus den amerikanisch-englischsprachigen Diskussionen übernommene Unterscheidung zwischen «sex» und «gender» ein ebenso praktisches wie plausibles begriffliches Instrumentarium: «Sex» als biologisch zugeschriebener Status, determiniert durch Anatomie, Morphologie, Physiologie und Hormone, war hier schon auf der sprachlichen Ebene deutlich abgrenzbar von «gender» als erworbenem Status, von den sozial und kulturell geprägten «Geschlechtscharakteren», die im Verlauf von Sozialisationsprozessen angeeignet werden und die mit der geschlechtsspezifischen Arbeitsteilung korrespondieren, auf deren Erfordernisse hin sie strukturiert sind. (...)

Die Unterscheidung von «sex» als dem biologischen und «gender» als dem sozialen oder kulturellen Geschlecht ist allerdings bei näherer Betrachtung mit wenigstens zwei Aporien grundlegender Art verbunden, die hier eingangs etwas genauer betrachtet werden sollen, weil sie unmittelbar mit dem Problem der «natürlichen» Zweigeschlechtlichkeit zusammenhängen und uns so als Problemaufriß für die folgenden Überlegungen dienen können.

Eine erste Aporie wird deutlich, wenn man die sex/gender-Trennung auf ihren *strategischen Sinn* hin befragt. In der geläufigen Verwendung basiert die Unterscheidung zwischen «sex» und «gender» auf der Annahme, ein Teil der vorfindlichen Geschlechtsunterschiede wäre nach wie vor der Natur zuzuordnen, eben dem biologischen Geschlecht, und mündet so – entgegen der kritischen Intention – letztlich in einen bloß *verlagerten Biologismus.* (...) Die Annahme, daß es jenseits aller kulturellen Prägung eine Natur der Geschlechter gibt, die in allen Kulturen – wie auch immer vermittelt – zum Ausdruck kommt, bleibt in der Grundstruktur unangefochten. (...) Der Einwand, daß es eben doch Frauen und Männer gibt und beide von Natur aus verschieden sind, ist gänzlich nicht zu entkräften" (Gildemeister/Wetterer 1992: 205f.). (...)

„Selbst wenn die meisten bekannten Gesellschaften kulturell zweigeschlechtlich verfaßt sind, gilt also zumindest die Koppelung von «sex» und

## 4 Aktuelle Konzeptionen

«gender» als keineswegs so sicher und selbstverständlich, daß sie einfach als «naturwüchsig» gegeben vorausgesetzt werden kann, wie dies unsere «aufgeklärte» Parallelisierung unterstellt.

Die Fallstricke dieser Parallelisierung werden noch offensichtlicher, wenn man sie nach der Seite der «Natur» hin aufschlüsselt, die das Grundmuster der Zuordnung und Zweiteilung angeblich bereitstellt. Biologie und Physiologie erweisen sich dabei überraschenderweise eher als schlechte Ratgeber. Sie treffen eine weitaus weniger trennscharfe und weniger weitreichende Klassifizierung als manche Sozialwissenschaft (und das Alltagsbewußtsein) und entwerfen ein sehr viel differenzierteres Bild des scheinbar so wohlumrissenen binären biologischen Geschlechts. «Weibliches und männliches Geschlecht (sex)» – so resümieren Judith Lorber und Susan A. Farell neuere Ergebnisse von Biologie und Endokrinologie$^{(...)}$ «werden nicht mehr als zwei entgegengesetzte, einander ausschließende Kategorien verstanden, sondern vielmehr als Kontinuum, bestehend aus dem genetischen Geschlecht, dem Keimdrüsengeschlecht und dem Hormongeschlecht» (Lorber/Farell 1991: 7)$^{(...)}$; wobei die verschiedenen Faktoren, die zur Bestimmung des biologischen Geschlechts herangezogen werden können, weder notwendig miteinander übereinstimmen müssen, noch in ihrer Wirkungsweise unabhängig von der jeweiligen Umwelt sind" (Gildemeister/Wetterer 1992: 208f.). (...).

(...) „Wir müssen bei der Analyse dieser kulturellen Konstruktion der (Zwei-)Geschlechtlichkeit in unterschiedlichen Gesellschaften und vordringlich in unserer eigenen davon ausgehen, daß die Beziehung zwischen biologischen und kulturellen Prozessen komplexer und vor allem reflexiver ist, als in der sex/gender-Trennung (und Parallelisierung) zunächst angenommen" (Gildemeister/Wetterer 1992: 211). (...)

„Im Anschluss an ethnomethodologische Argumentationen haben Candace West und Don H. Zimmerman eine Neufassung der sex/gender-Relation ausgearbeitet, die dem Kriterium der Reflexivität Rechnung trägt, ohne «natürliche» Vorgaben auskommt und die Konstruktion des Geschlechts deshalb an Interaktion bindet. Ihr Ansatz ist in dem Sinne «distinctively sociological», als sie von der interaktiven Konstruktion der sozialen Wirklichkeit ausgehen und konsequenterweise auch «Geschlecht» als soziale Konstruktion begreifen. (...) Sie unterscheiden in einem ersten Schritt zwischen drei voneinander unabhängigen Faktoren, die bei der sozialen Konstruktion des Geschlechts eine Rolle spielen: *dem körperlichen Geschlecht*, das auf der Basis einer Geburtsklassifikation bestimmt wird (sex: birth classification), der *sozialen Zuordnung zu einem Geschlecht*, die sich an der sozial akzeptablen Darstellung der Geschlechtszugehörigkeit orientiert (sex category: social membership) und dem *sozialen Geschlecht*, das in Interaktionsprozessen intersubjektiv bestätigt, validiert wird (gender: processual validation of that membership). In einem zweiten Schritt bestimmen sie die Beziehung zwischen diesen Elementen als reflexiven Prozeß, in dem es zur (situations-spezifisch immer neuen) Konstituierung einer geschlechtlich bestimmten Person in einem je spezifischen sozialen Kontext kommt (gendered person in society) (...) (vgl. West/Zimmerman 1991: 14/15).

Wichtig und weiterführend an dieser begrifflichen Präzisierung sind drei Aspekte, die wir (..) festhalten wollen, weil sie aus den Aporien der «naiven» sex/gender-Unterscheidung herausführen: 1. Die *analytische Unabhängigkeit* von körperlichem Geschlecht (sex), sozialer Zuordnung zu einem Geschlecht (sex category) und sozialem Geschlecht (gender) trägt der Einsicht Rechnung, daß die soziale Konstruktion der Zweigeschlechtlichkeit nicht unmittelbar aus der biologischen Ausstattung des Menschen abgeleitet werden kann. 2. Die wechselseitig *reflexive Beziehung* zwischen körperlichem Geschlecht und sozialer Geschlechtszuordnung bietet Ansatzpunkte, um herauszuarbeiten, wie Natur als kulturell gedeutete gleichwohl an zentraler Stelle – und sei es nur als Unterstellung – in die Konstitution des Geschlechts eingeht. 3. Die *interaktive und situationsspezifische Verortung* des Prozesses der Herstellung und Validierung von sozialem Geschlecht bewahrt schließlich vor dem Mißverständnis, das Geschlecht sei irgendwo im Individuum zu verankern, als Merkmal oder Eigenschaft von Personen dingfest zu machen, die im Alltagshandeln nur ihren Ausdruck finden" (Gildemeister/Wetterer 1992: 212f.). (...)

„Daß die Interaktions-«Arbeit» in der Regel unbemerkt bleibt, die das Geschlecht *als* soziale Regel hervorbringt, gilt im übertragenen Sinne für alle sozialen Prozesse. Der Modus der Herstellung der Zweigeschlechtlichkeit verschwindet im Ergebnis, nicht zuletzt darin manifestiert sich die geglückte Selbst-Naturalisierung dieser sozialen Konstruktion" (Gildemeister/Wetterer 1992: 214). (...)

„Die traditionelle Theorie geschlechtsspezifischer Arbeitsteilung, derzufolge den Frauen aufgrund ihrer Gebärfähigkeit die reproduktiven Arbeiten zugewiesen waren und sind, arbeitet an ihrer entscheidenden Gelenkstelle – eben der Begründung der Zuweisung reproduktiver Tätigkeiten an Frauen – mit einem universalistischen Konzept «Frauen», das als vorsoziale Wirklichkeit gesetzt wird" (Gildemeister/Wetterer 1992: 215). (...)

„Differenztheoretische Ansätze wie der des weiblichen Arbeitsvermögens arbeiten hier mit einem idealtypischen Konzept der Ähnlichkeit zwischen dem Arbeitsvermögen der Frauen auf der einen Seite, qualitativ bestimmbaren Merkmalen und Anforderungen der (verberuflichten) Arbeit auf der anderen Seite. Im typischen Frauenberuf treffen sich weibliches, auf den Reproduktionsbereich hin qualifiziertes Arbeitsvermögen von Frauen und hausarbeitsnahe Tätigkeitsanforderungen der verberuflichten Arbeit. Elisabeth Beck-Gernsheim

# 4 Aktuelle Konzeptionen 163

und Ilona Ostner (1979) haben das am Beispiel der Krankenpflege zu zeigen, versucht" (Gildemeister/Wetterer 1992: 218). (...)
„Auch hier zeigt ein Blick in die Empirie, daß die Prozesse der Zuweisung und Kategorisierung von Frauenarbeit und Männerarbeit komplexer und in ihrer Komplexität auch widersprüchlicher sind als angenommen. (...) Was sich als strukturierendes Moment herauskristallisieren läßt, ist vielmehr die Bewertung und Positionierung der mehrheitlich von Frauen ausgeübten Tätigkeiten in der beruflichen und/oder betrieblichen Hierarchie:

> «Ein hoher Frauenanteil korreliert [...] mit einem geringen Sozialstatus. Dies gilt weitgehend unabhängig von den Arbeitsinhalten eines Berufs» (Teubner 1989: 34)" (Gildemeister/Wetterer 1992: 219).

(...) „Der Versuch, das Weibliche als strukturierendes Moment sozialer Differenzierung dingfest zu machen und so einen Anfang für darauf folgende soziale Prozesse zu setzen, verkennt den *Prozeßcharakter* und die *Kontextgebundenheit* der Vergeschlechtlichung auch dann noch, wenn dieser Anfang soziologisch und historisch begriffen wird (statt biologistisch als Natur)$^{(...)}$" Gildemeister/Wetterer 1992: 220f.). (...)

„Die Prozeßlogik der Vergeschlechtlichung läßt sich besonders gut an einem Beispiel studieren, das historisch immer wieder zu beobachten ist: am Beispiel des «Geschlechtswechsels» von Berufen (und allgemeiner: von Tätigkeiten im Erwerbsbereich bzw. im Übergang in den Erwerbsbereich). Hier ist die tradierte Zuweisung von Frauenarbeit und Männerarbeit für eine gewisse Phase und einen bestimmten Bereich gesellschaftlicher Arbeit fragwürdig geworden, sind die tradierten geschlechtsspezifischen Trennlinien in Unordnung geraten, stimmen sozialer Differenzierungs- und Segregationsprozeß und dessen legitimatorische Begründung noch nicht (oder nicht mehr) bruchlos überein. Hier kommt es mit anderen Worten auf verschiedenen Ebenen zu Versuchen der Umorganisation, der erneuten Konsolidierung und damit in einer spezifischen Weise zu einer Neu-Konstruktion der Differenz. Durch den Wechsel des Geschlechts wird eben jene «Arbeit» sichtbar, die normalerweise in der bloßen Reproduktion des scheinbar Üblichen so leicht unentdeckt bleibt: die Arbeit der Herstellung der Differenz in je kontextabhängiger Weise." (Gildemeister/Wetterer 1992: 222) (...)

„Wir haben es auf einer Ebene mit einer fortwährenden Ausdifferenzierung und Re-Formierung der hierarchischen Struktur des Geschlechterverhältnisses zu tun, mit einem andauernden Prozeß der Re-Konstruktion der Geschlechterhierarchie. Und wir haben es auf einer zweiten Ebene – der Ebene der Legitimationen und der kulturellen Repräsentationen von Weiblichkeit und Männlichkeit – zu tun mit einem beständigen Prozeß der Auslegung, der Um- und Neuformulierung der Geschlechterdifferenz (...) der vor allem in den Umbruchphasen der Vergeschlechtlichung auch durch radikale Brüche und Verwerfungen gekennzeichnet sein kann. Die Geschichte der Schriftsetzerei ist dafür ein augenscheinliches, aber keineswegs ein außergewöhnliches Beispiel[1]" (Gildemeister/Wetterer 1992: 223f.). (...).

„In der Phase der Umstellung vom Hand- auf den Maschinensatz in der zweiten Hälfte des 19. Jahrhunderts wurden gezielt Frauen aus den bürgerlichen Schichten (weil sie lesen und schreiben konnten und über Fremdsprachenkenntnisse verfügten) als Setzerinnen angeworben, um die gerade erfundenen ersten Setzmaschinen zu erproben und deren Überlegenheit über den Handsatz unter Beweis zu stellen, der das Berufsbild bis dahin prägte. Auf Seiten der (männlichen) Setzer gab es anhaltende Widerstände gegen die Setzmaschinen, die – in dieser Phase der «Maschinenstürmerei» – als Gefahr für die Arbeit und die Arbeitsplätze galten. Um den Frauen die Sache schmackhaft zu machen, wurde den Setzmaschinen ein dem «Pianotyp» ähnliches Aussehen verliehen und die Fingerfertigkeit der klavierspielenden Bürgerstöchter bot ein breitgefächertes Repertoire für Analogiebildungen, in denen die «besondere Eignung der Frauen» für den Maschinensatz beschworen wurde. So gut wie alle ersten Modelle der Setzmaschinen wurden von Frauen eingeführt (...), erst in der darauffolgenden Phase der (neuerlichen) Verberuflichung verschwanden die Setzerinnen ebenso aus den Druckereien wie aus der sozialen Erinnerung. Das neu entstandene Berufsbild des Männerberufs Maschinensetzer fußte fortan auf anderen Analogien. Die Assoziationskette «MaschineMännlichkeit» wurde in Szene gesetzt: Der Lärm und Dreck, der die Setzmaschinen (jetzt plötzlich?) umgibt, trat in den Vordergrund, das beim Satz verwendete Blei galt (jetzt plötzlich) als Gefahr für die Gebärfähigkeit der Frauen, und die Maschinen selbst wurden nicht mehr so konstruiert, daß sie dem Klavier möglichst ähnlich sind. (...)

Die soziale Konstruktion der Differenz erfolgt, wie das Beispiel zeigt, über eine Analogiebildung, die den Anschein der Ähnlichkeit zwischen geschlechtsdifferenzierten Fähigkeiten, Vorlieben und Orientierungen auf der einen, bestimmten Aspekten des Arbeitsprozesses auf der anderen Seite (immer neu) hervorruft" (Gildemeister/Wetterer 1992: 224f.). (...)

„Die differenzierte Analyse des Geschlechtswechsels von Berufen zeigt in der Tat, daß sich auf den ersten Blick *nur* die hierarchische Strukturierung im Verhältnis zwischen Frauenarbeit und Männerarbeit historisch durchhält und das Geschlecht durchgängig als Platzanweiser oder Allokationsmechanismus fungiert. Die Logik der Vergeschlechtlichung erschließt sich aber erst vollends,

---

[1] „Das Beispiel der Geschichte der Schriftsetzerei verdanken wir Brigitte Robak, die dieses vergessene Stück Frauengeschichte der sozialen Erinnerung wieder zugänglich gemacht hat (vgl. Robak (...) 1992 (...))" (Gildemeister/Wetterer 1992. 224, Fußnote 19)

## 4 Aktuelle Konzeptionen

wenn man berücksichtigt, daß sich ein weiterer Aspekt historisch durchhält, den man als «Gleichheitstabu» bezeichnen und auf die kurze Formel bringen kann: «Women and men have to be distinguishable»" (Lorber/Farell 1991: 1)" (Gildemeister/Wetterer 1992: 227). (...)

„*3. Die Geschlechterklassifikation als generatives Muster der Herstellung sozialer Ordnung*

(...) Im Gegensatz zu (..) differenztheoretischen Ansätzen gehen wir in unserer Argumentation von zwei bisher bereits mehrfach angesprochenen Grundannahmen aus (...)
1. Die Vorstellung einer «Natur der Zweigeschlechtlichkeit» als unmittelbar erlebbare, körperlich und/oder biologisch begründete und nicht weiter zu hinterfragende «objektive Realität» ist ein (kulturell produziertes) Mißverständnis. Dieses basiert darauf, daß uns nicht nur im tagtäglichen, sondern auch im wissenschaftlichen Alltag die Reflexivität im Verhältnis von «Natur» und «sozialer Ordnung» aus dem Blick gerät.
2. Die «Natur der Zweigeschlechtlichkeit» stellt eine *soziale Konstruktion* dar, ein *generatives* Muster der Herstellung sozialer Ordnung. Angesprochen ist damit die grundlegende Ebene der *interaktiven Herstellung sozialer Wirklichkeit;* Interaktion in diesem Sinne ist *kein* Medium, in dem mehr oder weniger vorsozial gedachte Personen («Frauen», «Männer») mit- oder auch gegeneinander handeln, sondern stellt einen (formenden) Prozeß eigener Art dar, eine eigene Wirklichkeit der handlungspraktischen Realisierung generativer Muster und Regeln$^{(...)}$" (Gildemeister/Wetterer 1992: 229f.). (...)

„Erst im «doing gender» (was praktisch unübersetzbar ist) stellt sich die Geschlechterdifferenz durch das tagtägliche Tun hindurch als «Naturtatsache» her" (Gildemeister/Wetterer 1992: 233). (...)

„Betrachtet man Geschlecht in dieser Radikalität als ein generatives Muster, das aus sozialen Abläufen heraus entsteht, diese reproduziert und darin eine der grundlegenden Differenzierungen der Gesellschaft bildet und legitimiert, so wird es möglich, «Geschlecht» als machtvolle ideologische Ressource zu begreifen – als ideologische Ressource, die Wahlmöglichkeiten und Grenzen herstellt, welche allein aufgrund einer bloßen sozialen Zuordnung zu einer (sozialen) Kategorie bestehen und keineswegs aufgrund einer wie auch immer unverrückbar gedachten Natur. Konsequent wird in dieser Tradition daher nicht danach gefragt, was die «Substanz der Differenz» sei, sondern systematisch die Frage verfolgt, worin das Herstellungsverfahren der Differenz gründet, über welche Regeln und Regelstrukturen sie reproduziert wird" (Gildemeister/Wetterer 1992: 237). (...)

"Das entscheidende stabilisierende Prinzip liegt damit in der *Naturalisierung sozialer Klassifikationen* (...) Natur aber ist immer kulturell definiert. (...) Durch die Naturalisierung sozialer Klassifikationen werden zerbrechliche Konventionen Bestandteil der natürlichen Weltordnung und stehen dann als solche als Argumentationsgrundlage zur Verfügung – sofern sich nicht durch die «Naturalisierung» der sozialen Klassifikation jede Argumentation erübrigt zu haben scheint" (Gildemeister/Wetterer 1992: 241). (...).

„Was als «gleich» zu gelten hat, wird definiert durch Institutionen. Gleichheit oder Ähnlichkeit selbst ist eine Institution und das gilt auch für das Gleichheitstabu der Geschlechter. Institutionen erzeugen Gleichheit" (Gildemeister/Wetterer 1992: 242) (...).

„Auf der Klassifikation ruht das gesamte Legitimationsspektrum für die Gleichsetzungen und Analogien auf unterschiedlicher Ebene und in unterschiedlichen Dimensionen. Umgekehrt stützen diese die Klassifikation. Beispiele für einen solchen Vorgang haben wir oben im Abschnitt «Geschlechtswechsel von Berufen» dokumentiert.

So entstehende Wissens- und Orientierungssysteme sind den Handelnden i. d. R. so selbstverständlich, daß sie keiner expliziten und systematischen Reflexion zugeführt werden – es ist ein Wissen, daß mehr «in den Knochen» als im Kopf seinen Platz hat. Obwohl es jedem zugänglich und geradezu offensichtlich ist, ist es in einer solchen Weise offensichtlich, daß die Beteiligten es selbst kaum noch wahrnehmen. Und eben dies kennzeichnet ein allgemeines Moment von Institutionalisierungen, nämlich das Unsichtbarwerden des Offensichtlichen. Gerade hier entfaltet sich ihre Wirksamkeit. (...)

Wie wir am Beispiel der empirischen Untersuchungen zur Herstellung der Geschlechterdifferenz aufgezeigt haben, liegt der Denkfehler auch wissenschaftlicher Untersuchungen genau darin, daß i. d. R. die Klassifikation als Ausgangspunkt der Forschungen gesetzt und damit zugleich der unsichtbar gewordene Prozeß ihrer Institutionalisierung bloß reproduziert wird, daß nicht gesehen wird, daß die Klassifikation selbst ein Ergebnis interaktiver Attribuierungs- und Herstellungsprozesse darstellt" (Gildemeister/Wetterer 1992: 242f.). (...)

*„4. Dekonstruktion als Perpektive der Frauenforschung und einer feministischen Politik*

Wenn wir zuvor die Geschlechts-Kategorisierung als omnirelevant für alle Angelegenheiten des täglichen Lebens bezeichnet haben, haben wir auf sie rekurriert als eine Basis-Klassifikation, die zahllose weitere Klassifikationen hervorbringt und die darin Wahrnehmung, Denken, Gedächtnis und auch Gefühle steuert. Auf ihrer Grundlage bildet sich qua Analogiebildung ein ganzes institutionelles Ge-

## 4 Aktuelle Konzeptionen 167

flecht, ohne daß die Klassifikation selber darin notwendig thematisch wird. Die Verpflichtung, entweder Frau *oder* Mann zu «sein», wirkt subtil als ein invarianter, aber fast unbemerkter Hintergrund in der handlungspraktischen Realisierung sozialer Situationen.

Folgen oder Effekte dieses Basisprinzips einer kulturell und sozial geltend gemachten Einteilung der Menschen in zwei Geschlechter erschöpfen sich nicht in Arbeitsteilung und Statuszuweisungen. Gerade letztere werden vielmehr selbst differenzierter analysierbar, wenn man den beschriebenen interaktiven Prozeß als Basis für die Identität der Person betrachtet und sich aus dieser Logik heraus für Aspekte der Schwierigkeiten öffnen kann, die darin liegen, unterprivilegierte Positionen zu verlassen. Solche Prozesse verweisen auf elementare Ebenen sozialer Interaktion" (Gildemeister/Wetterer 1992: 245). (...)

„Klassifikationen leben in der und über Interaktion. Frau oder Mann «sein» bedeutet die Enaktierung der jeweiligen Geschlechtszuordnung in sozialen Beziehungen. Für ein Forschungsprogramm würde eine solche Sichtweise implizieren, daß wir das, was uns als Resultat vorgängiger Geschlechtersegregation entgegentritt, auf den Vollzug seiner Herstellung hin zu beobachten haben, daß wir seine Ressourcen aufdecken, den Wegen seiner Konstruktion nachgehen und uns seine strukturbildende (generative) Wirkung vergegenwärtigen, die es praktisch unmöglich macht, uns zu entziehen. *Wandel* kann sich in dieser Perspektive nicht allein auf Personen («Frauen») beziehen, sondern auf die interaktive Ebene der handlungspraktischen Realisierung der Geschlechts-Kategorie(n), ihrer institutionellen Abstützung und (basalen) kulturellen Klassifikation. Denn letztere trägt die Hypothek des «Weiblichen» als «sekundärer Kategorie», auch wenn Personen sie realisieren. Und dabei geht es dann nicht um «Gleichheit und Differenz», sondern um Perspektiven einer *Dekonstruktion*" (Gildemeister/Wetterer 1992: 245f.). (...)

„Auf der wissenschaftlichen Ebene würde «Dekonstruktion» im ersten Schritt bedeuten, daß die Zweigeschlechtlichkeit nicht länger den Ausgangspunkt auch feministischer Studien bildet, sondern daß es in ihnen immer auch darum ginge, den Herstellungsmodus der Differenz im einzelnen aufzuschlüsseln, ihn zu re-konstruieren(...). Dafür sind – aus heuristischen und forschungsstrategischen Gründen – Prozesse, wie wir sie am Beispiel des Geschlechtswechsels von Berufen überblicksweise umrissen haben, ein besonders aufschlußreicher «Einstieg». Weil sich hier die Inhalte, die das zweigeschlechtliche Grundmuster alltagspraktisch «transportieren», verändern, weil es hier zu Unstimmigkeiten, Ungleichzeitigkeiten und Verwerfungen zwischen verschiedenen Bereichen der Konkretisierung des binären Musters kommt, ist hier der konstruktive Charakter der sozialen Herstellung der Differenz besonders augenscheinlich. Denn obwohl oder genauer: gerade weil sich der Herstellungsmodus der Differenz auf der Ebene der binären Klassifikation und Hierarchisierung durchhält, kommt es auf der Ebene der einzelnen Inhalte in Phasen historischer Veränderungen des Geschlechterverhältnisses zu z. T. eklatanten Widersprüchen, zu Prozessen der Um- und Neudefinition «der» Differenz, die nicht mehr bruchlos ins Bild passen – bis das sozial strukturierte Vergessen es neu zu Wege gebracht hat, daß auch in der Gewerkschaftsgeschichtsschreibung Setzerinnen ein nie gekanntes Phänomen in der Geschichte des Männerberufs Schriftsetzer darstellen" (Gildemeister/Wetterer 1992: 246f.). (...)

„Aber auch die Reproduktion des «Normalen» läßt sich mit Hilfe der hier vorgestellten theoretischen Überlegungen differenzierter aufschlüsseln, wenn man den Herstellungsmodus der Differenz mitdenkt, statt diese als gegeben vorauszusetzen. Ein schönes Beispiel dafür, wie aus Handeln «Sein» wird, ist z. B. die durch Frauen verrichtete Hausarbeit, die als «Arbeit» zu betrachten lange Zeit obskur war, da Hausarbeit keine Arbeit, sondern das ist, was Frauen «sind» (...) Solche Beispiele ließen sich weitläufig ausbauen. Sie zeigen zum einen, daß alle Versuche, die Geschlechterdifferenz qua Biologisierung oder Arbeitsteilung zu vergegenständlichen, letztlich scheitern: Als eine basale Klassifikation leitet die binäre Geschlechts-Kategorie (hochflexibel!) jede Interaktion. Zum anderen zeigen sie, daß auch jenseits der ontologisierenden Debatte um «Gleichheit und Differenz» eine sich feministisch verstehende Forschung möglich ist, die dann weniger «Frauen-» als vielmehr «Geschlechterforschung» wäre, weil es in ihr um die Rekonstruktion des Regelsystems ginge, in dem «das Weibliche» immer die «sekundäre Kategorie» darstellt.

Wenn ein Ziel einer feministischen Analyse die Kritik dieses binären Klassifikationsverfahrens selbst wäre und wenn – als theoretische Voraussetzung dafür – die Geschlechterdifferenz gerade in ihrer binären Grundstruktur als kulturelle Konstruktion verstanden wird, so hätte das weitreichende Konsequenzen auch für die Konzipierung einer feministischen Politik. Jede Strategie, die auf eine Enthierarchisierung der Differenz abzielt, ohne das binäre Grundmuster in Frage zu stellen, alle Versuche der Aufwertung «des» Weiblichen erscheinen nämlich aus dieser Perspektive notwendigerweise immer auch als Bestätigung und Reifizierung genau jenes Klassifikationsvorgangs, ohne dessen Dekonstruktion eine qualitative Veränderung des Geschlechterverhältnisses nicht möglich ist" (Gildemeister/Wetterer 1992: 247f.). (...)

## 4 Aktuelle Konzeptionen

**Regine Gildemeister (2001): Soziale Konstruktion von Geschlecht. Fallen, Mißverständnisse und Erträge einer Debatte. In: Rademacher, Claudia/ Wiechens, Peter (Hg.): Geschlecht – Ethnizität – Klasse. Zur sozialen Konstruktion von Hierarchie und Differenz. Opladen: Verlag Leske + Budrich: 65-87 – Auszüge als Zitate\***

(...)
*„1. Was ist die Frage?*

„Am Anfang", so beginnen West/Zimmerman ihren viel beachteten, auf die angelsächsische Debatte bezogenen Aufsatz über „Doing Gender" (West/Zimmerman 1991), „Am Anfang gab es Sex und es gab Gender" (West/Zimmermann 1991: 13, U.V.)$^{(...)}$. (...)

Mit der Unterscheidung von „sex" und „gender" hatte man im englischsprachigen Raum die Möglichkeit, das körperliche, biologische Geschlecht von dem sozialen Geschlecht zu trennen. Mit „gender" wurde die kulturelle Variabilität der an Frauen gerichteten Verhaltenserwartungen, Eigenschaftszuschreibungen, sozialen Positionierungen etc. herausgestellt und insofern richtete sich diese Unterscheidung zunächst *gegen* die in Gesellschaft, Politik und Wissenschaft verankerte „Natur der Frau" Argumentation. Die soziale Ordnung und vor allem die soziale Ungleichheit der Geschlechter wurde nicht als Folge körperlicher Differenzen gesehen, sondern in den Kontext soziokultureller Normierungen gestellt. Diese, so wurde betont, seien historisch spezifisch und daher wandelbar. Insofern war diese Unterscheidung zunächst antibiologistisch gedacht. Gleichzeitig blieb die grundlegende Teilung der Gesellschaft in Frauen und Männer unbefragt – sie galt als „natürlich"$^{(...)}$" (Gildemeister 2001: 65f.). (...)

(...) „Und auch die scheinbar salomonische Einsicht, dass nur bei Anerkennung der Differenz die Forderung nach Gleichheit Sinn macht (vgl. z.B. Gerhard 1994: 24), löste (und löst) nicht das Paradox, dass das Insistieren auf der Differenz genau das verfestigt, was ein Ausgangspunkt der Kritik war: Die Besonderung der Frauen zum „anderen Geschlecht" (de Beauvoir 1951), ihr Ausschluss aus dem „allgemein Menschlichen", das in der Geschichte des Abendlandes fraglos mit dem „Männlichen" gleichgesetzt wurde (...)" (Gildemeister 2001: 66f.). (...)

„In der deutschsprachigen Debatte bahnte sich erst gegen Ende der 80er Jahre das Unbehagen an der Gleichheits-Differenz Fokussierung in der Frauenforschung und dem darin transportierten latenten Biologismus einen Weg. In

---

\* Anm. der Herausgeberin: Nach Absprache mit der Autorin werden unter diesem Titel von der Herausgeberin ausgewählte Passagen dieses Aufsatzes als Zitate präsentiert.

einer Vielzahl sehr unterschiedlicher Untersuchungen wurde die Essentialisierung der Kategorie Geschlecht und die Nicht-Reflexion des Verhältnisses von Natur und Kultur thematisiert. Anfang der 90er Jahre entstand dann in der Folge dieser Arbeiten die Rede von „dem Konstruktivismus" in der Geschlechterforschung. Inzwischen ist die Rede von der „sozialen Konstruktion" der Geschlechterdifferenz und ihrer „Dekonstruktion" geradezu ubiquitär geworden.

In dieser inflationären Begriffsverwendung wird in der Regel nicht gesehen, dass die theoretischen Grundlagen der Studien, in denen der Begriff „Konstruktion" verwendet wird, sehr different sind, so dass der Begriff „konstruktivistische Ansätze" i.d.R. mehr verbirgt als erhellt" (Gildemeister 2001: 67f.). (...)

„Im Folgenden werden (...) einige konstruktionstheoretische Zugänge im Feld der Frauen- und Geschlechterforschung in ihrer Heterogenität skizziert (...). Im Anschluß wird (..) nur *eine* Variante – die interaktionstheoretische und wissenssoziologische Tradition – systematischer aufgenommen, um an ihr einige typische Missverständnisse zu illustrieren, die bei einer Differenzen übergehenden Rezeption entstehen. Abschließend werden die Erträge der Debatte um „den Konstruktivismus" gegen die Risiken abgewogen, die in der Inflationierung der Begriffe Konstruktion und Dekonstruktion in der Frauen- und Geschlechterforschung liegen.

*„2. „Soziale Konstruktion": Viel gebraucht, wenig geklärt*

(...)
In der Rezeption wurde „konstruktivistisch" (...) sehr oft mit „diskurstheoretisch" gleichgesetzt – eine ganze Reihe von Arbeiten, die sich aus völlig anderen Quellen speisten, wurden plötzlich vor diesem Hintergrund wahrgenommen[...]. Dies betraf etwa mikrosoziologische Ansätze in der Tradition von Ethnomethodologie und Wissenssoziologie (vgl. (...) Gildemeister 1992; Gildemeister/Wetterer 1992), systemtheoretische Annäherungen, die sich auf Niklas Luhmann rückbeziehen (vgl. Pasero 1995), oder auch Arbeiten, die ihren Ausgang von der Soziologie Bourdieus nehmen und mit der „sozialen Konstruktion" auf die Analyse von Habitusformationen abzielen (vgl. (...); Dölling/Krais 1997)" (Gildemeister 2001: 68f.)). (...)

„Was diese von der theoretischen Anlage her äußerst unterschiedlichen Studien *verbindet*, ist, dass sie aus den unterschiedlichsten Perspektiven die Frage nach der Relationierung von Natur und Kultur in Bezug auf die Kategorie Geschlecht neu aufwerfen. In dem Maße, in dem „Geschlecht" zu einem Gegenstand *sozialwissenschaftlicher* Analyse wird, wird die Aufmerksamkeit zudem systematisch darauf gelenkt, dass dieser Gegenstand in ganz grundsätzlichem Sinn sinnhaft strukturiert ist. Sie sind sich auch in dem Punkte einig, dass eine

## 4 Aktuelle Konzeptionen

säuberliche Trennung von Natur und Kultur unmöglich ist und folgern daraus, dass das sogenannte „biologische Geschlecht" („sex") der Analyse nicht vorgelagert werden kann. Aus am Körper verorteten Genitalien entstehen aus dieser Sicht noch keine Geschlechter und auch keine Geschlechterordnung – aber aus einer Geschlechterordnung können Genitalien zu Geschlechtszeichen, zu einem zentralen Bedeutungsgehalt werden. Eine naive Beziehung zwischen dem Begriff „Geschlecht" und dem damit erfassten „Gegenstand" könne es daher nicht geben – weder im Alltag sozialer Welten noch in der Wissenschaft. Begriffe sind kein „Abdruck", sie spiegeln die Welt nicht wieder. Gegenstände oder Tatbestände sind daher nicht einfach „gegeben", sondern sie werden erzeugt: „konstruiert". Und das gilt eben auch für „Geschlecht".

Der Begriff der Konstruktion bleibt freilich in all diesen Ansätzen merkwürdig undefiniert (...). Im Kern geht es in diesem Zusammenhang darum, welcher Status der Realität und der Wirklichkeit in der Erkenntnis zukommt. Als „gemäßigt" geltende „konstruktivistische Positionen" gehen von einer empirisch erfahrbaren, widerständigen Außenwelt aus, während der sog. „radikale Konstruktivismus" die informationelle Geschlossenheit des Sinnesempfindungen verarbeitenden Gehirns unterstellt (autopoietisches System), wobei eine reale Außenwelt nur präsupponiert werden kann, aber prinzipiell als unzugänglich gedacht werden muß (...). (...)

Entsprechend erfolgt auch in den genannten Studien der Frauen- und Geschlechterforschung die Verwendung des Begriffes der „Konstruktion" in vielfältiger und vieldeutiger Weise. Gerade die Ineinssetzung unter dem Terminus „Konstruktivismus" hat eine Reihe von Fallen und Missverständnissen produziert, aber – paradoxerweise – *gleichzeitig* auch den immensen Erfolg in der Rezeption in den letzten Jahren. Dieser Erfolg ist wohl vor allem in der facettenreichen Ausführung einer sehr schlichten Aussage zu sehen: Es gibt keine einheitliche Bestimmung dessen, was „weiblich" ist. Darauf zielende Objektivierungsversuche sind gescheitert und *müssen* aus dieser Sicht scheitern" (Gildemeister 2001: 69f.). (...)

*„3. Interaktionstheoretische und wissenssoziologische Zugänge*

(...) Die Teilung in zwei Geschlechter ist anscheinend eine der stabilsten Grundlagen unserer Wahrnehmung, unseres Verhaltens und Handelns, ja, unserer Selbst-Vergewisserung – sie ist zudem in sozialen Kontexten unhintergehbar" (Gildemeister 2001: 70f.).

„Diese Haltung nimmt die interaktionstheoretische Perspektive nicht ein, sondern fragt stattdessen, *wie* es zu der binären und wechselseitig exklusiven Klassifikation von zwei Geschlechtern kommt und wie diese Klassifikation mit

Bedeutungen aufgeladen wird. (...) Der springende Punkt ist der, dass wir das, was wir an Wahrnehmungskategorien, Einstellungen und Verhalten erwerben, später für „Natur" halten. Diesen Prozess der Naturalisierung zu erläutern, ist das zentrale Anliegen der Geschlechterforschung in dieser Tradition. Nur so kann der reflexive Charakter von körperlichem Geschlecht, Geschlechtskategorie und sozialem Geschlecht überhaupt einer Analyse zugänglich gemacht werden: So wird betont, dass die bei der Geburt erfolgende Zuordnung zu einer Geschlechtsklasse (sex) ein soziologisch zu analysierender Vorgang ist, kein biologischer. In diesem Vorgang wird lediglich auf biologische Merkmale zurückgegriffen, etwa auf die Unterscheidung der Genitalien direkt nach der Geburt oder auf eine vorgeburtliche Chromosomenbestimmung, die aber eben ihre Zeichenhaftigkeit als Geschlechtsinsignien durch diese Zuschreibungspraxis erst erhalten. Mit der Zuordnung zu einer Geschlechtsklasse setzt ein Prozess ein, in dem die Klassifikation mit einer *Mitgliedschaft* („sex category") verbunden wird – und auch dies ist nun dezidiert ein sozialer Prozess, kein natürlicher. Und schließlich gilt es, diese Mitgliedschaft nach innen und außen zu validieren („gender") – ein permanenter, lebenslanger Prozess. Diese drei Kategorien werden als analytisch unabhängig voneinander gefasst – es gilt, die Beziehungen zwischen diesen Elementen zu einer Frage der *empirischen* Analyse zu machen. In deren Mittelpunkt stehen die Modi der Konstruktion von Geschlecht sowie die Modi der Attribution von Geschlechtszugehörigkeit und ihrer Darstellung.

Was heißt nun in diesem Zusammenhang „Konstruktion"? (...) Nach den Modi der Konstruktion von Geschlecht zu fragen heißt gewissermaßen, ihren „Bauplan" zu erschließen. (...) Die Kategorie Geschlecht tritt uns immer schon als ein solches „Gebäude" oder „Gehäuse" entgegen, als nicht weiter hinterfragte „Realität". Der Herstellungsprozess, über den diese Kategorie erst sozial wirklich wird, ist in der Regel durch das Ergebnis verdeckt, er ist verschwunden. Ihn aufzuschlüsseln, dazu sind wir verwiesen auf die Analyse des komplementären Wechselspiels, das sich in sozialen Interaktionen herstellt" (Gildemeister 2001: 71f.). (...)

„In diesem Zusammenhang kommt dem Begriff der „Interaktion" eine zentrale und dem sozialwissenschaftlichen Laien in der Regel nicht geläufige Bedeutung zu – und daraus speisen sich eine ganze Reihe von Missverständnissen. In unserem Alltag denken wir in der Regel, dass Interaktion dadurch entsteht, dass mehr oder weniger vorsozial gedachte Personen – als „Frauen", als „Männer" – in Kontakt miteinander treten und dann mit- oder auch gegeneinander handeln. Die sozialwissenschaftliche Analyse in der hier angesprochenen Tradition dagegen betont, dass Interaktion einen formenden Prozess eigener Art darstellt, Zwänge impliziert, in die die Akteure involviert sind und denen sie nicht ausweichen können. Interaktion entsteht zwangsläufig immer dann, wenn Personen

## 4 Aktuelle Konzeptionen

physisch präsent sind und sich wechselseitig wahrnehmen und aufeinander reagieren (können). Diese Sphäre der unmittelbaren Interaktion stellt eine *eigenständige* Analyseebene dar, weil hier basale (generative) Mechanismen wirksam werden, die dem Interaktionsgeschehen als solchem innewohnen(...). *Einer* dieser Mechanismen ist etwa der Zwang zur kategorialen und individuellen Identifikation (...) der Interaktionsteilnehmer – und dabei ist Geschlechtszugehörigkeit zentral. Aus einem solchen Blickwinkel wird die Frage nach der Geschlechtszugehörigkeit in gewissem Sinne aus dem einzelnen Individuum und seinem psychophysischen „Geschlecht-sein" herausverlagert. Stattdessen wird die Frage nach der Geschlechtszugehörigkeit als eine interaktive und situationstypische Praxis verstanden und dann als solche analysiert. Man kann es auch so sagen: Man „hat" ein Geschlecht erst dann, wenn man es *für* andere hat (...). Diese Perspektive ermöglicht es, Prozesse der Herstellung und Bestätigung der Geschlechtszugehörigkeit detailliert zu analysieren. Sie bewahrt uns vor dem Missverständnis, das Geschlecht sei irgendetwas, das „im Individuum" zu verankern, als Merkmal oder Eigenschaft von Personen dingfest zu machen sei, das im Alltagshandeln dann lediglich einen Ausdruck findet.

Gleichzeitig wird aber auch im Kontext dieser Ansätze betont, dass es unvermeidlich ist, eine Geschlechtsidentität (gender identity) auszubilden, also eine Art „Innenrepräsentanz" der Kategorie Geschlecht, die freilich im „Tun" permanent validiert werden muß. In einer Gesellschaft, die auf der Polarisierung der Geschlechter beruht, sich die gesamte Lebensgeschichte Einzelner vom ersten Tag an auf dieser Grundlage errichtet, gibt es keine Möglichkeit des Identitätserwerbs jenseits eines Bezuges auf Geschlechtskategorien. Individuen ohne Geschlecht sind nicht vorstellbar. Zugleich ist dieser Prozess wie der der (allgemeinen) Sozialisation nie abgeschlossen: Es gibt keinen „Endpunkt" der Ausbildung auf die Geschlechtszugehörigkeit bezogener Identität – und damit auch keine Normativierung im Sinne von „richtiger", „reifer" o.ä. Identität.

Zuweisung und Darstellung von Geschlechtszugehörigkeit und Geschlechtsidentität ist insofern Voraussetzung *und* Ergebnis jeder Interaktion. Wir stellen uns mit unserer Stimme, unserer Gestik, unserem Sprechen, unserer Erscheinung als männlich oder weiblich dar und erwarten, dass diese Darstellung vom Anderen, von den Interaktionspartnern validiert und zurückgespielt wird. Das „doing gender", wie dieser Prozess genannt wurde, ist daher eine permanente, andauernde Praxis von Zuschreibungs-, Wahrnehmungs- und Darstellungsroutinen, die sich lebensgeschichtlich niederschlägt, verfestigt und identitätswirksam wird. Das wird immer dann besonders deutlich, wenn eine Panne passiert, also z.B. eine Verwechslung. Diese ist mindestens sehr peinlich – Verwechslungen indizieren aber eben auch, dass die für so selbstverständlich gehaltene Struktur auch brüchig werden kann" (Gildemeister 2001: 73f.). (...)

"Um nun zu verstehen, warum sich diese streng binäre Klassifikation und die darin eingelagerte Asymmetrie im Geschlechterverhältnis trotz des vielfach aufgedeckten brüchigen Charakters über lange Zeitreihen hinweg als stabil erwiesen hat und immer noch erweist, ist es notwendig, eine andere Ebene als die Analyse der unmittelbaren Interaktion bzw. des methodischen Apparates zur Konstitution sozialer Wirklichkeit zu betreten: Die Analyse von Institutionen[...]. Hier setzt eine im engeren Sinne wissenssoziologische Perspektive ein, die u.a. in der Wissenssoziologie Berger/Luckmann's begründet ist (...)" (Gildemeister 2001: 74f.).

„In dieser Perspektive wird weniger die Fragestellung verfolgt, wie soziale Wirklichkeit methodisch erzeugt wird, sondern wie soziale Ordnung als kollektiv produzierte zustande kommt und wie sie Menschen als objektiv erfahrbare Ordnung gegenübertritt. Oder, wie Berger/Luckmann schreiben: „Wie ist es möglich, daß menschliches *Handeln* (...) eine Welt von *Sachen* hervorbringt?" Und dann folgern: „... daß erst die Erforschung der gesellschaftlichen Konstruktion der Wirklichkeit zu ihrem Verständnis führt" (1970: 20 Herv. dort). Bereits hier wird deutlich, dass dieser Ansatz mit der Betonung, *dass* es eine Realität „sui generis", eine Welt von „Sachen" gebe, in einen Gegensatz tritt zum „radikalen" Konstruktivismus" (Gildemeister 2001: 75) (...)

„An zentraler Stelle geht es diesem Ansatz um die Herausarbeitung jener Prozesse, die zu einer Objektivierung sozialer Ordnung führen (...). Dies sind vor allem Prozesse der Institutionalisierung und Legitimation. Die Analyse der „gesellschaftlichen Konstruktion von Wirklichkeit" hat also zum Zentrum, wie soziale Realität „erhärtet", objektiviert wird. Diesen Prozess der „Erhärtung", der Objektivierung aber zu analysieren, führt wieder zurück auf die Ebene der Interaktion – denn auf dieser Ebene wird soziale Wirklichkeit reproduziert. Das impliziert, dass auch noch so stabil erscheinende soziale Realität, auch noch so stabile Institutionen ständig reproduziert werden *müssen.* In diesem Prozess der Reproduktion aber öffnet sich soziale Realität für eine empirische Analyse der Herstellung bzw. der „Konstruktionsarbeit" (...).

Soweit einige Grundzüge der Argumentation, aus der sich zugleich auch die Reichweite dieses Ansatzes ergibt. Er zielt auf die Konstitution sozialer Ordnung als einem sinnhaften Handlungszusammenhang und seiner Reproduktion ab. (...)

Einer der zentralen Unterschiede zur Gleichheits-Differenz Fokussierung der frühen Frauenbewegung und Frauenforschung liegt darin, dass diese vor allem die Folgen der Unterscheidung als „Unterschiede" thematisiert, die Unterscheidung selbst aber unbefragt gelassen haben" (Gildemeister 2001: 75f.). (...)

# 4 Aktuelle Konzeptionen

*„4. Fallen und Missverständnisse*

In politischer Perspektive war und ist dieser Ansatz dann nicht ohne weiteres zu verwerten, wenn unter „politische Perspektive" verstanden wird, klientelbezogene Interessen im Feld sozialer Ungleichheit zu vertreten. (...) Er entzieht der naturalisierenden Deutung des Geschlechterverhältnisses, gesellschaftlich gesehen, den Boden der „natürlichen Selbstverständlichkeit"" (Gildemeister 2001: 76f.). (...)

(...) „Immer wieder kommt es in der Rezeption von Forschungsergebnissen aus diesem Kontext zu spezifischen Missverständnissen, die insbesondere auf den *Realitätsstatus* der Aussagen zielen. In diesem Sinne „wirklich" (also: „wirklich wirklich") ist offenbar in unserem Alltagsverständnis nur etwas, was wir in der „Natur" verankern können[...] – und so wird dann die Schlussfolgerung gezogen, dass sozial Konstruiertes „irreal" sei" (Gildemeister 2001: 77). (...)

„In den letzten Jahren haben sich m.E. vor allem folgende Missverständnisse durch die Diskussion gezogen und zwar interessanterweise sowohl in der kritischen Zurückweisung des konstruktionstheoretischen Ansatzes als auch in der mehr oder weniger kritiklosen Übernahme mit dem Ziel einer naiv betrachteten „Dekonstruktion"(...):

1. In der These der „sozialen Konstruktion von Geschlecht" fände, so wird gesagt, eine Reduktion auf die Dimension sprachlich-interpretativer Repräsentation von „Bewusstseinsinhalten" statt.
2. In der These der „sozialen Konstruktion von Geschlecht" bleibe der Körper lediglich oberflächlicher Bezugspunkt von Klassifikationen; er werde nicht als selbst bedeutungskonstituierende Praxis gesehen.
3. In der These der „sozialen Konstruktion von Geschlecht" löse sich soziale Wirklichkeit auf in eine „frei flottierende Konstruktion", als gäbe es keine „harten" Gesellschaften und Strukturen, also als gäbe es keine Klassen, Schichten, differenten Lebensbedingungen. Oder noch pointierter: als gäbe es keine soziale Ungleichheit.

Aus diesen Punkten speist sich immer wieder das oben genannte zentrale Missverständnis, dass, wenn etwas „bloß konstruiert" sei, es eben nicht „wirklich wirklich" und daher dem individuellen Belieben unbegrenzt zugänglich sei. Diese letzte Wendung führt dann zu dem Vorwurf, dass so die reale („harte") Diskriminierung von Frauen nicht erfasst würde und nicht erfasst werden könne" (Gildemeister 2001: 78f.).

„Zum ersten Missverständnis ist zu sagen, dass der Vorwurf einer „Reduktion auf Bewusstseinsinhalte" eine unzulässige Verkürzung des Verweises auf die „Sinnhaftigkeit" sozialwissenschaftlicher Gegenstände ganz allgemein impliziert. Gerade in den ethnomethodologisch inspirierten Arbeiten bezieht sich die Analyse sehr explizit nicht auf „Bewusstsein" bzw. allein auf sprachliche Äußerungen, sondern eben auf sprachliche und nichtsprachliche *Handlungen* sowie auf Bilder und andere Bedeutungsobjektivationen (...). Insbesondere die Ethnomethodologie insistierte darauf, dass es sich bei der alltäglichen Wirklichkeitsherstellung um ein „Tun" handelt, um eine „Vollzugswirklichkeit", in der das „Tun" allerhöchstens auf eine präreflexive Weise bewusst ist" (Gildemeister 2001: 79) (...).

Für die interaktionstheoretische Soziologie in einem weiteren Sinne ist der Vorgang der Sinnstiftung bzw. der Herstellung sozialer Ordnung im alltäglichen Handeln *nichts,* was analytisch von diesem Handeln selbst *getrennt* und in die Köpfe/in das Bewusstsein von Personen verlagert werden könnte.

Wenn wir daher sagen, dass Geschlecht bzw. Geschlechtszugehörigkeit Voraussetzung und Ergebnis *sozialer Interaktion* ist, so geht die Unterstellung, es handle sich dabei lediglich um „Bewusstseinsinhalte" am Kern der Argumentation genau vorbei. In dieser Kritik wird die Analyse wiederum auf Individuen bezogen – für die interaktionstheoretische und wissenssoziologische Perspektive aber ist es zentral, in der Interaktion eine eigenständige Analyseebene zu sehen, die sich auf Interaktion als solche bezieht und eben *nicht* auf „Bewusstsein" und „Bewusstseinsleistungen" handelnder Subjekte. Von einer permanenten reflexiven Distanznahme, einer bewusst-kognitiven Steuerung von Handlungen auszugehen, *verfehlt* gerade das Phänomen der interaktiven Konstitution sozialer Ordnung. Akteure bewegen sich in einem Netz von Bedeutungen, Interpretationen und Regeln – dieses Netz wird von den Teilnehmenden tagtäglich weitergeknüpft. (...) Bezogen auf die Geschlechtersoziologie ist das entscheidende Ergebnis ja gerade, dass durch die Unterstellung binärer Geschlechterklassifikation in faktisch *jeder* Interaktion im „doing gender" auf ein Reaktionspotential vertraut werde, das auch Irritationen noch verarbeitet. Erst dadurch wird die enorme Beweglichkeit und Widersprüchlichkeit auf der Ebene inhaltlicher Füllung und Ausgestaltung verständlich. Die binäre Grundstruktur wird dadurch nicht berührt" (Gildemeister 2001: 79f.).

„Wenn man „Sinnhaftigkeit" nicht verkürzt als „sprachlich-interpretative Repräsentation von Bewusstseinsinhalten" angeht, so liegt es nicht so fern, die Analyse in dem Sinne auf Körper und Körperlichkeit auszuweiten, als Körper Bedeutungen tragen und Bedeutungen sich im Erleben niederschlagen". (...) Generell sind lebensgeschichtliche, sich auch im Körpererleben niederschlagende Erfahrungen angesichts der Unvermeidlichkeit einer geschlechtlichen Zuordnung von der Geschlechtszugehörigkeit kaum zu sondern und es müsste an die-

## 4 Aktuelle Konzeptionen

ser Stelle eine differenziertere Ausarbeitung zur Unterscheidung von Körper und Leib erfolgen" (Gildemeister 2001: 80f.). (...)

„Zum dritten Vorwurf – Geschlecht werde zu einer „frei flottierenden Konstruktion" und sehe von den „harten" Strukturen sozialer Ungleichheit ab – ist zu wiederholen, dass es in der Analyse der gesellschaftlichen Konstruktion der Wirklichkeit an zentraler Stelle darum geht, wie soziale Strukturen sich „erhärten" – objektivieren – und wie diese objektivierte gesellschaftliche Wirklichkeit ihrerseits auf menschliches Handeln zurückwirkt. „Bloße" oder „frei flottierende" Konstruktionen ohne soziale Vorgabe sind in dieser Perspektive nicht denkbar. Jede Handlung findet in dieser objektivierten gesellschaftlichen Wirklichkeit immer schon eine solche Vorgabe. Zugleich muß in jeder Handlung diese Vorgabe situationsangemessen und kontextsensibel ausgedeutet werden. Das dazu erforderliche „Wissen" ist wie schon oben eingeführt kein Abdruck, keine Wiederspiegelung einer unabhängig existierenden äußeren Wirklichkeit. Es ist selbst das Ergebnis eines spezifischen gesellschaftlichen Konstruktionsprozesses. Als solches ist es aber durchaus „wirklich", oder wenn man so will: „objektiv". Nicht zufällig verkoppeln sich viele Untersuchungen zur sozialen Konstruktion von Geschlecht mit der Arbeitsteilung als einem weiteren grundlegenden Muster der Vergesellschaftung; Es zeigt sich dabei, dass die „Vergeschlechtlichung" (gendering) von Arbeit auf das Engste mit der differenten Wertung der Geschlechter verbunden ist und Benachteiligungen (bis hin zu Ausschlüssen) von Frauen zur Folge hat (...) Statt von „geschlechtsspezifischer" Arbeitsteilung wird in diesem Kontext konsequent von *geschlechterdifferenzierender* Arbeitsteilung gesprochen, um damit zu verdeutlichen, dass diese Arbeitsteilung eine der wichtigsten und grundlegenden Ressourcen der Herstellung von zwei Geschlechtern (und ihrer ungleichen sozialen Lage) ist und nicht umgekehrt" (Gildemeister 2001: 81). (...)

*„5. Ausblick: Was ist die Option? [82]*

(...) In dem Maße, wie etwas als „sozial" gilt, wird es mit Gestaltbarkeit und Machbarkeit verknüpft. Darin wird übersehen, dass auch die soziale Wirklichkeit in dem Sinne „Wirklichkeit" ist, dass sie ständig die Erfahrung von Resistenz vermittelt. Man steht nicht nur symbolisch vor verschlossenen Türen, wenn man versucht die Präsenz von Frauen im Management der Wirtschaft oder in politischen Gremien sichtbar zu erhöhen" (Gildemeister 2001: 83). (...)

„Die These der „sozialen Konstruktion von Geschlecht" hat insbesondere in der sozialwissenschaftlichen Analyse zur Folge, dass nicht mehr einfach und selbstverständlich von einer fixierten und fixierbaren Geschlechterdifferenz ausgegangen werden kann, sondern dass wir in der Analyse sozialer Situationen reflektieren, ob und wie sich diese situativ (interaktiv), lebensgeschichtlich und nicht zuletzt qua Institutionalisierung herstellt und reproduziert. In den aktuellen gesellschaftlichen Entwicklungsprozessen, in denen auch Frauen über den Zugang zur Erwerbstätigkeit die *Möglichkeit* individualisierter Lebensführung zugestanden wird, hat die Geschlechterdifferenz seit der letzten Jahrhundertwende in manchen Bereichen an Bedeutung verloren. Dies deutet darauf hin, dass vor allem die Lebenssituationen von Frauen sich extrem ausdifferenziert haben und noch weiter ausdifferenzieren werden, während die von Männern weniger tangiert erscheinen. Es könnte daher sein, dass „Geschlecht" zwar nach wie vor eine omnirelevante Hintergrundannahme in sozialen Situationen darstellt, so dass es nach wie vor einen Unterschied macht, ob Frauen mit Frauen, Männern mit Männern oder Frauen mit Männern kommunizieren, dass aber zugleich die Geschlechtszugehörigkeit je nach Kontext unterschiedlich bedeutsam wird und auch ein „undoing gender" denkbar erscheint (...). Nichts weist derzeit aber darauf hin, dass damit auch der Mechanismus der unterschiedlichen Wertung von „Männlichkeit" und „Weiblichkeit", die Modi asymmetrischer Geschlechterunterscheidung ausgesetzt werden" (Gildemeister 2001: 83f.). (...)

(...) „Die mit der These von der sozialen Konstruktion verbundene Prozessualisierung und u.U. Kontextualisierung des Geschlechterbegriffs verlangt, die Spannung zwischen der Sehnsucht nach Unabhängigkeit von allen sozialen Zwängen und der Unvermeidbarkeit sozialer Strukturierung auszuhalten. (...) Seit der letzten Jahrhundertwende hat sich im Kontext allgemeinen sozialen Wandels viel verändert – und Revisionen einer auf Naturalisierung beruhenden Geschlechtermetaphysik werden nicht von heute auf morgen geschehen. Sie brauchen Zeit – und Beharrlichkeit" (Gildemeister 2001: 84).

**Andrea Maihofer (2004a): Geschlecht als soziale Konstruktion – eine Zwischenbetrachtung. In: Helduser, Urte/Marx, Daniela/Paulitz, Tanja/Pühl, Katharina (Hg.): under construction? Konstruktivistische Perspektiven in feministischer Theorie und Forschungspraxis. Frankfurt a.M.: Campus Verlag: 33-43 – Auszüge**

In meinem Buch *Geschlecht als Existenzweise* (1995) war es unter anderem mein Anliegen aufzuzeigen, dass mit der bedeutsamen Einsicht in die soziale Konstruktion von Geschlecht die Gefahr einer theoretischen Verengung verbunden ist, indem nun ausschließlich soziale Konstruktionsprozesse und damit der Nachweis, dass, wo und vor allem *wie* Geschlecht sozial konstruiert wird, Gegenstand der Analyse sind. Vernachlässigt werden auf diese Weise, so meine These, zwei

# 4 Aktuelle Konzeptionen

andere zentrale Aspekte sozialer Konstruktion: zum einen die Analyse der »Effekte« sozialer Prozesse, der »Materialität«, die sie annehmen zum anderen der Bezug auf den gesamtgesellschaftlichen Rahmen, in dem diese Prozesse jeweils stattfinden.

Im Folgenden möchte ich nochmals bei der Frage des *Wie* sozialer Konstruktionsprozesse ansetzen, allerdings an einem etwas anderen Punkt. Wie ist eigentlich der Prozess sozialer Konstruktion konkret zu fassen? Mit diesen Überlegungen gehe ich, wenn man so will, noch einmal einen Schritt zurück in der theoretischen Erklärung der Konstruktion von Geschlecht. Dies scheint mir auch für die Beantwortung der beiden anderen Fragen bedeutsam. Die Schlussfolgerungen hierzu werde ich jedoch abschließend nur kurz andeuten können. Ich beziehe mich dabei vor allem auf die ethnomethodologischen Konzeptualisierungen von Geschlecht als *Doing Gender* im Anschluss an Erving Goffman. Neben dem diskurstheoretischen Verständnis von Geschlecht als »performativem Akt« im Anschluss an Judith Butler (1991) ist dieser Strang de-/konstruktivistischer Konzeptionen sicher sowohl in der deutschsprachigen als auch in der angloamerikanischen Geschlechter-Debatte nach wie vor dominant.

*1. Geschlecht als Doing gender – doch wie kommt das »doing« in Gang?*

Die These, dass Geschlecht eine soziale Konstruktion ist, (...) besitzt für viele inzwischen absolute Selbstverständlichkeit. Es wird darauf insistiert, dass Geschlecht *(sex/gender)* keine anthropologische Konstante, keine Essenz oder Wesenheit ist, die dem Menschen als Menschen qua Natur unveränderlich zukommt. Damit wird eine bedeutsame paradigmatische Verschiebung der Perspektive vorgenommen, ein neuer theoretischer und empirischer Raum wird eröffnet: Geschlecht, Geschlechterdifferenz, Geschlechtskörper, >Männlichkeit<, >Weiblichkeit<, sexuelle Orientierungen müssen nun stattdessen historisch und gesellschaftlich-kulturell erklärt werden. Insgesamt erweitert sich damit der Rahmen der möglichen Fragestellungen immens: Alle Aspekte von Gesellschaft kommen nun als mögliche Momente der gesellschaftlichen Konstruktion und Organisation von Geschlecht, als vergeschlechtlichte und vergeschlechtlichende Elemente der jeweiligen Geschlechterarrangements in den Blick. Erst mit diesem Schritt beginnt meiner Meinung nach die Geschlechterforschung im eigentlichen Sinne. (...) Lag vorher der Fokus vor allem auf >Frauen<, >Männern< (Männerforschung) und/oder deren >Verhältnis< (Geschlechterverhältnisforschung), geht es jetzt um eine grundlegende Infragestellung von Geschlecht: Warum überhaupt Geschlecht? Wie wird es immer wieder gesellschaftlich-kulturell hergestellt? Und was bedeutet es und wie im Detail geht es vor sich, dass sich viele Gesellschaften zentral über Geschlecht – und das heißt derzeit: über das System der heterosexuel-

len Zweigeschlechtlichkeit – organisieren? Welche Folgen hat das für die gesellschaftliche Organisation, die Sprache, die Architektur, die Wissenschaft, das Denken, die Körper und nicht zuletzt für die (Genese der) Individuen? (...)
Während vorher der Begriff der »Strukturkategorie« (Becker-Schmidt 1991a: 125 ff.) oder des »Platzanweisers« (Knapp 1987: 292) für das Verständnis von Geschlecht kennzeichnend war, wird nun Geschlecht vor allem als »Prozesskategorie« verstanden. Wie bereits erwähnt, konzentrieren sich die theoretischen und empirischen Analysen entsprechend auf die Frage, wie und in welchen sozialen und individuellen Prozessen (alltäglichen Situationen, in Kommunikationen, in der Familie, in der Berufssphäre etc.) Geschlecht und Geschlechterdifferenz(en) hergestellt und reproduziert werden (...) Doch interessanterweise bleibt das *Wie* der Konstruktionsprozesse nach wie vor sehr diffus. Ich möchte dies kurz an einigen Beispielen illustrieren.

Candace West und Don H. Zimmerman (...) weisen (...) nicht nur natürliche, sondern auch sozialisatorische Geschlechtsunterschiede als Grundlage von individuellem Handeln und sozialer Organisation zurück. Geschlecht wird von ihnen in einem ganz grundlegenden Sinne anti-essenzialistisch verstanden, indem es ausschließlich als etwas, was man >tut<, und nicht mehr als etwas, was man >ist<, ob nun biologisch oder sozialisatorisch bedingt, gedacht wird (vgl. West/Zimmermann 1991: 27). Sie verstehen geschlechtsspezifische Verhaltensweisen von Individuen also als immer wieder neu evozierte Effekte sozialer Interaktionen und nicht als Ausdruck geschlechtsspezifisch unterschiedlicher Identitäten, Eigenschaften oder Kompetenzen von Frauen und Männern (...).

Auch Judith Lorber (...) (1999: 41) (..) versteht Geschlecht demgegenüber vor allem

> „als eine Institution, die die Erwartungsmuster für Individuen bestimmt, die sozialen Prozesse des Alltagslebens regelt, in die wichtigsten Formen der sozialen Organisation einer Gesellschaft, also Wirtschaft, Ideologie, Familie und Politik, eingebunden und außerdem eine Größe an und für sich ist" (1999: 41).

Diese *Priorisierung struktureller Aspekte* sozialer Prozesse gegenüber subjektiven ist zweifellos eine wichtige anti-essenzialistische Einsicht. Problematisch wird sie jedoch, wenn dies zu einer grundsätzlichen Zurückweisung oder gar Tabuisierung subjektiver Aspekte wie beispielsweise der sozialisatorischen Entwicklung geschlechtsspezifischer Eigenschaften, Kompetenzen oder Körperpraxen führt. (...) Wie West und Zimmermann zu Recht betonen, impliziert das Verständnis von der sozialen Konstruktion von Geschlecht als *Doing gender*, dass nun Geschlecht, Geschlechtlichkeit, aber vor allem auch geschlechtsspezifisches *Handeln* von Individuen, >männliche< oder >weibliche< *Verhaltensweisen*, als (je situative) Effekte sozialer Interaktionen, verstanden werden müssen

# 4 Aktuelle Konzeptionen 181

(...). Das aber bedeutet, dass jetzt gezeigt werden muss, *wie* soziale Interaktionen geschlechtsspezifisches Handeln von Individuen jeweils konkret *bewirken*, ohne auf vorgängig vorhandene geschlechtsspezifische Eigenschaften, Kompetenzen oder psychische Strukturen der Individuen zurückzugreifen – denn Letzteres wird ja gerade als problematische essenzialistische Erklärung ausgeschlossen. (...) Die Ebene der Erklärung für die Herstellung von Geschlechterdifferenze(n) und entsprechendem geschlechtsspezifischem Verhalten bezieht sich also ausdrücklich nicht auf das Individuum, sondern auf die jeder Interaktion inhärente Handlungslogik, d. i. hier die Aufrechterhaltung der patriarchalen Geschlechterordnung; sie (die Handlungslogik), nicht das Individuum, motiviert das *Doing gender*, bringt den Prozess der Geschlechterkonstruktion in Gang. Aber was genau müssen wir uns unter solchen den Interaktionen inhärenten Logiken oder Mechanismen vorstellen? (...) Es ist notwendig, nochmals genauer herauszuarbeiten, auf welche Weise und mit Hilfe welcher Mechanismen soziale Interaktionen das *Doing gender* in Gang setzen. Wie bringen soziale Situationen und Interaktionen Geschlecht bzw. geschlechterdifferentes Verhalten hervor, ohne auf vorgängige geschlechtsspezifische Eigenschaften der Individuen zurückzugreifen? Wie müssen sie beschaffen sein, um das zu leisten? – Die plausibelste und zugleich plastischste Antwort scheint mir Erving Goffman zu geben. Ich möchte dies in einer kurzen Re-Lektüre der Überlegungen in seinem Aufsatz *Das Arrangement der Geschlechter* (1994) zeigen. [33-36]

*2. »Institutionelle Genderismen« (E. Goffman)*

a) (...) Goffman will im Rahmen seines interaktionistischen Verständnisses der Reproduktion sozialer Ordnungen zeigen, wie soziale Prozesse, insbesondere Face-to-face-Interaktionen zwischen Individuen, beschaffen sind und welche Voraussetzungen sie erfüllen müssen, damit in ihnen stets aufs Neue Geschlechterdifferenz(en) sowie die jeweils bestehenden Geschlechterarrangements und Geschlechterordnungen hervorgebracht, reproduziert und modifiziert werden. (...) Die Individuen lernen von klein an, das eigene Geschlecht möglichst überzeugend >darzustellen< und die >Geschlechtszugehörigkeit< anderer möglichst sofort und sicher zu >identifizieren<. Die sozialen Situationen ihrerseits sind gleichzeitig so organisiert, dass sie den Individuen die dafür nötigen Mittel bereitstellen, ja ihnen die jeweiligen geschlechtlichen Handlungsweisen geradezu nahe legen. Und genau hierin liegt die eigentliche Pointe von Goffmans Konzeptionalisierung von Geschlecht als sozialer Konstruktion: Soziale Situationen enthalten nach ihm Mechanismen und Strukturen, die die Individuen immer wieder geschlechtsspezifisch handeln und damit ständig neu Geschlechterdifferenzen entstehen lassen. Bedeutsam sind – neben den situationsspezifischen –

vor allem die Mechanismen und Strukturen, die mit bestimmten ritualisierten Interaktionsabläufen oder sozialen Institutionen konstitutiv verbunden und damit gleichsam institutionalisierte >Handlungsanrufungen< sind. Goffman bezeichnet diese als »institutionalisierte Genderismen« (Goffman 1994: 114). Dazu gehören für ihn u. a. die in westlichen Gesellschaften institutionalisierte geschlechtliche Trennung der Toiletten, die geschlechtsspezifische Segregation des Arbeitsmarktes sowie die traditionell übliche Art der Partnerwahl, die zu fast immer gleichen Paarkonstellationen (größerer, älterer Mann und kleinere, jüngere Frau) führt. Mit dieser Wahl, so Goffman, schaffen Frauen und Männer die optimale Basis, sich gegenseitig wirkungsvoll und überzeugend ihre angeblich unterschiedliche >Natur< vorexerzieren zu können (Goffman 1994: 143). Als ein anderes Beispiel kann die architektonische Gestaltung vieler Schulhöfe gelten: Mit dem in der Mitte des Platzes aufgemalten Fußballfeld und den am Rande platzierten Turnstangen sind für alle Beteiligten – wie bei den Schildern an den Toilettentüren – klare geschlechtsspezifische Handlungsanweisungen verbunden. So können sich die Jungen kaum anders verhalten, als den Platz mit ihrem geräuschvollen Fußballspiel, in dem es um Wettkampf, Konkurrenz, körperliche Erschöpfung, Risiko, Mannschaftsgeist und derlei geht, zu dominieren, während die Mädchen am Rande kaum zu hören sind, abwechselnd an den Stangen mit viel Geschick die tollsten artistischen Kunststücke vollführen oder mit Freundinnen plaudern. Die geschlechtsspezifische >Architektur< des Schulhofs evoziert folglich ein hochkomplexes und vielschichtiges Repertoire an vergeschlechtlichten Signalen, Handlungsanweisungen, Anrufungen und Wertungen, das bei Mädchen und Jungen jeden Tag aufs Neue ihr geschlechtsspezifisches *Doing gender* in Gang setzt, einübt, reproduziert und dauerhaft als körperliche, intellektuelle und emotionale geschlechtliche Habitusformen verfestigt.

Diese »institutionalisierten Genderismen« stellen meiner Meinung nach ein gutes Beispiel für die oben gesuchten Mechanismen dar, die das *Doing gender* jeweils in Gang setzen, ohne geschlechtsspezifische Eigenschaften der Individuen voraussetzen zu müssen. Sie erlauben im Gegenteil zu verstehen, wie geschlechtsspezifisches Verhalten, Körperpraxen, Kompetenzen – durch bestimmte Mechanismen innerhalb sozialer Situationen nahegelegt – je aufs Neue entstehen.

b) Mit diesen »institutionalisierten Genderismen« werden aber nicht nur tagtäglich Geschlechterdifferenzen (re)produziert und verfestigt, sondern – und das ist eine weitere Pointe in Goffmans Ausführungen – zugleich auch *naturalisiert*. Das geschlechtsspezifische Verhalten erscheint in Folge allen Beteiligten als Ausdruck der >natürlichen< Geschlechterdifferenz zwischen Frauen und Männern statt als Resultat gesellschaftlicher Prozesse. Diese Zirkularität sozialer Interaktionen bezeichnet Goffman als »institutionelle Reflexivität« (vgl. Goffman 1994). In sozialen Praxen wird der Glaube an die >Natürlichkeit< der Ge-

# 4 Aktuelle Konzeptionen

schlechtsunterschiede erzeugt, und es wird immer wieder bestätigt, dass die >natürlichen< Geschlechtsunterschiede die Ursache für das geschlechtliche Verhalten von Frauen und Männern, die jeweiligen Geschlechterarrangements und -ordnungen sind. Das Wissen um die soziale und prozesshafte Konstruiertheit von Geschlecht wird dabei gleichsam >verschluckt<. Und so ist nach Goffman das »Geschlecht, nicht die Religion, Opium des Volkes« (Goffman 1994: 131).

Anders als Wetterer (2003b: 293 ff.) gehe ich davon aus, dass dieser Mechanismus der »institutionellen Reflexivität«, wie ihn Goffman beschreibt, auch derzeit noch greift. (...) Aber Wetterer trifft mit ihrer These von der »rhetorischen Modernisierung« (2003b: 286) einen sehr wichtigen Punkt. Sicher ist das »alltagsweltliche Differenzwissen«, das also, was die Menschen gegenwärtig über den »Unterschied der Geschlechter und die soziale Bedeutung der Geschlechterdifferenz, über die Geschlechterordnung und das Verhältnis der Geschlechter wissen« (Wetterer 2003b: 289), inzwischen sehr stark durch Vorstellungen von »Egalität, Gleichberechtigung und Partnerschaft« (2003b: 295) geprägt. Und sicher ist der Glaube an die Natürlichkeit der Geschlechterunterschiede nicht mehr ungebrochen. Meiner Meinung nach führt das aber derzeit (noch) eher zu einem *Nebeneinander* verschiedener Vorstellungen im Denken von den Geschlechtern (und zwar quer durch die gesellschaftlichen Schichten, wenn auch schichtspezifisch unterschiedlich gewichtet) und weniger zu einer Dominanz egalitärer Geschlechtervorstellungen, wie Wetterer anzunehmen scheint. So sagen heute dieselben Leute voller Überzeugung und manchmal fast im gleichen Atemzug: Nein, es gibt keine Unterschiede zwischen den Geschlechtern und wenn doch, dann sind sie sozial bedingt. Im nächsten Satz aber zitieren sie einen Artikel über natürliche Geschlechterunterschiede im Gehirn, die Männern mathematische und Frauen sprachliche Begabungen verleihen. Manche sehen darin zwar einen Widerspruch in ihrem Denken, für andere bestehen dagegen keinerlei Konsistenzprobleme; wieder andere reden – ganz im Sinne der rhetorischen Modernisierung (Wetterer) – offen nur von der Gleichheit der Geschlechter, die Vorstellung von der Ungleichheit ist dagegen bei ihnen eher latent, und bei nochmals anderen ist es genau umgekehrt. Während für Wetterer die aktuelle gesellschaftliche Paradoxie also vor allem im Auseinanderklaffen von alltagsweltlichem Differenzwissen und real gelebter Alltagspraxis liegt (Wetterer 2003b: 290), sehe ich die Paradoxie mehr in einem gleichzeitigen *Nebeneinander* von sowohl sehr verschiedenen Geschlechtervorstellungen und -normen im Denken als auch sehr unterschiedlichen Alltagspraxen der Individuen (...).

c) Vor diesem Hintergrund lassen sich jetzt auch Überschneidungen und Unterschiede zwischen dem Verständnis von Geschlecht als *Doing gender* und als »performativem Akt« (Butler 1991), jedenfalls bezogen auf ihren jeweiligen Zugriff auf die Frage des *Wie* sozialer Konstruktionsprozesse von Geschlecht, etwas genauer bestimmen. Dies ist schon deshalb wichtig, weil es zwar weniger in der Forschung als im akademischen Alltagsgebrauch (z. B. unter den Studierenden) eine zunehmende Tendenz gibt, beide Konzeptualisierungen von Geschlecht synonym zu setzen. Damit aber gehen wichtige Unterschiede und produktive wechselseitige Ergänzungen verloren. Unstrittig gehen beide Ansätze von Geschlecht als einem Tun aus und verstehen darunter sowohl ein >Handeln< von Individuen (Darstellung, Inszenierung, Performativität) als auch ein >Herstellen< in sozialen, gesellschaftlich-kulturellen Prozessen. Ebenso ist für beide die Wiederholung und Ritualisierung ein zentrales Moment. Eine fundamentale Differenz liegt jedoch im jeweils unterschiedlichen Fokus der Analysen: Bei ersterer sind die *sozialen Interaktionen,* die Interaktionsmechanismen und -strukturen, Gegenstand der Analysen, bei Letzterem stehen wissenschaftliche, rechtliche, literarische Diskurse, und vor allem die durch sie konstituierten *(Geschlechter-)Normen* im Zentrum. Ein weiterer bedeutsamer Unterschied ist, *wie* die Handlungen, das Tun, gefasst, oder besser noch, motiviert, initiiert und in Gang gehalten werden. Während im erstgenannten Ansatz die Dynamik der Konstruktionsprozesse durch Interaktionen oder genauer noch, durch in soziale Interaktionen eingelagerte Mechanismen, in Gang gesetzt wird, ist sie bei Letzterem von Geschlechternormen und deren wirkmächtiger Anrufungspraxis ausgelöst. Das schließt nicht aus, dass in Ersterem nicht auch Normen und bei Letzterem nicht auch Interaktionsmechanismen und -strukturen eine Rolle spielen. Doch die Priorität ist jeweils eine andere. In den Blick kommen entsprechend das eine Mal stärker Handlungsabläufe und Körperpraxen, das andere Mal stärker Subjektivierungs- und Geschlechtsidentitätsbildungsprozesse sowie psychische Strukturen. Beide Ansätze fokussieren damit auf jeweils verschiedene, wenn auch gleichermaßen wichtige Aspekte sozialer Konstruktionsprozesse von Geschlecht und Geschlechtlichkeit. Für den Versuch einer gesamtgesellschaftlichen Analyse gesellschaftlicher Vergeschlechtlichungsprozesse stellen daher beide bedeutsame wechselseitige Ergänzungen dar, die jeweils in ihrem Analyse- und Erklärungspotential weiter ausgearbeitet werden sollten.

d) Neben dem *Wie* sozialer Konstruktionsprozesse hat Goffman – anders als das (wie ich gezeigt habe) in dem derzeit vorherrschenden Verständnis von *Doing-gender* der Fall ist – zugleich auch die »Effekte« sozialer Vergeschlechtlichungsprozesse >in< den Individuen im Blick. So geht er in seiner Vorstellung von »individuellen Genderismen« (Goffman 1994: 113), bzw. »geschlechtsklassengebundenen individuellen Verhaltensweisen« (ebd.), davon aus, dass das ständige Reproduzieren und Einüben von geschlechtsspezifischen Darstellungs- und Verhaltensweisen sowie von Klassifizierungs- und Identifizierungsweisen im Laufe der Zeit zu unterschiedlichen Körperpraxen, psychischen Strukturen und Kategorisierungsweisen der Individuen führt. Damit zielt er – ähnlich wie

# 4 Aktuelle Konzeptionen 185

ich es mit dem Begriff der Existenzweise intendiert habe – darauf, dass Geschlecht zwar nicht mehr als ein vorgängiges Wesen, ein >Modus der Essenz< verstanden werden kann, aber doch als ein >Modus des Seins< bzw. der >Existenz<. (...) Durch die ständige Wiederholung der immer wieder selben Handlungsweisen entsteht mit der Zeit hinter und durch die Tat nachträglich ein >Täter<, bekommen soziale Praxen in den Individuen eine materielle Realität als geschlechtliche Verhaltensweisen, Körperpraxen, Denkweisen, Habitusformen. Diese nehmen die Individuen in Interaktionen mit hinein und evozieren so selbst wiederum das (geschlechtsspezifische) Verhalten anderer (...). Mit Goffman wird also deutlich, dass vergeschlechtlichte Individuen mit ihren »individuellen Genderismen« selbst wiederum ein konstitutives Element »institutioneller Genderismen« sind. [37-41]

## 3. Geschlechterordnung(en) und gesamtgesellschaftlicher Rahmen

Vor dem Hintergrund der gegenwärtigen Prozesse in den Geschlechterverhältnissen, die durch eine sehr grundlegende Paradoxie von Wandel und Persistenz, von Kontinuitäten und Brüchen gekennzeichnet sind (vgl. auch Wetterer 2003b: 288), zeigt sich, dass diese Prozesse ohne Einbezug des gesamtgesellschaftlichen Zusammenhangs nicht (mehr) erklärbar und schon gar nicht in ihren langfristigen Bedeutungen kritisch einschätzbar sind. So wird es meiner Meinung nach für die Geschlechterforschung zunehmend dringlicher, an die bekannte Einsicht anzuknüpfen, dass sich Geschlechterverhältnisse nur in ihrer systematischen Einbettung in den gesamtgesellschaftlichen Zusammenhang wirklich erfassen lassen – und sich umgekehrt auch der gesellschaftliche Gesamtzusammenhang nur unter systematischem Einbezug der Geschlechterverhältnisse analysieren lässt. Kurz: Die Kombination von Geschlechterforschung und Gesellschaftstheorie zeichnet sich immer deutlicher als nächster notwendiger Schritt in der Geschlechterforschung ab. Goffman gibt hierzu einige hilfreiche Hinweise für erste weitere Schritte. Wenn auch die individuelle Ebene für seine Analyse prioritär ist, zeigt er doch, wie in individuellen Interaktionen soziale Strukturen und Institutionen (z. B. die geschlechtsspezifische Segregation des Arbeitsmarktes, die bürgerliche Klein-Familie) sowie symbolische Repräsentationen (z. B. der Glaube an die Natürlichkeit der Geschlechterdifferenz oder das moderne Verständnis vom biologischen Geschlechtskörper) tagtäglich entstehen und reproduziert werden. Goffman geht also von einem *konstitutiven Zusammenhang* zwischen der individuellen, der strukturellen und der symbolischen Ebene sozialer Prozesse und damit zwischen der jeweiligen Geschlechter- und Gesellschaftsordnung aus. Dies erlaubt bislang jedoch lediglich einen kleinen Einblick in den nächsten >Raum<, der sich derzeit für die Geschlechterforschung eröffnet[(...)]. [41f.]

**Michael Meuser (2006): Hegemoniale Männlichkeit – Überlegungen zur Leitkategorie der Men's Studies. In: Aulenbacher, Brigitte/Bereswill, Mechthild/Löw, Martina/Meuser, Michael/Mordt, Gabriele/Schäfer, Reinhild/Scholz, Sylka (Hg.): FrauenMännerGeschlechterforschung. State of the Art (Forum Frauen- und Geschlechterforschung Bd. 19). Münster: Verlag Westfälisches Dampfboot: 160-174 – Auszüge**

(...)

*1. Einleitung*

Die Men's Studies gehören inzwischen zum „*State of the Art*" der Geschlechterforschung. Einen nicht unwesentlichen Beitrag hierzu haben die Arbeiten Bob Connells geleistet. Will man etwas über den „*State of the Art*" der Men's Studies sagen, dann muss man sich mit Connells Arbeiten und insbesondere mit der mit seinem Namen verbundenen Kategorie der hegemonialen Männlichkeit befassen. (...) Um diesen Gedanken zu verfolgen, ist es notwendig, den Blick nicht nur auf die Relation von Männern und Frauen zu richten (...). Vielmehr muss die Relation der Männer untereinander in den Fokus gerückt werden, und es muss nach der Verschränkung beider Relationen gefragt werden. (...)

Ich werde diese Perspektive aufnehmen, indem ich die von Connell vorgenommene Bestimmung hegemonialer Männlichkeit auf die Ausführungen Pierre Bourdieus zur männlichen Herrschaft und zum männlichen Habitus beziehe (Bourdieu 2005/1997a). [160f.] (...)

*2. Grundzüge der Männlichkeitskonzepte Connells und Bourdieus*

Den Kern der *Connellschen* Männlichkeitstheorie bildet der von Gramsci entlehnte Begriff der Hegemonie. In der symbolischen und institutionellen Verknüpfung von Männlichkeit und Autorität liegt die gesellschaftliche Dominanz des männlichen Geschlechts begründet. In diesem Sinne ist Männlichkeit im Verhältnis von Mann zu Frau bestimmt. Dies ist für Connell die Hauptachse männlicher Macht. „In der derzeitigen Geschlechterordnung ist die wichtigste Achse der Macht die allgegenwärtige Unterordnung von Frauen unter die Dominanz der Männer" (Connell 2000: 94). Männlichkeit erfährt ihre Bestimmung jedoch nicht nur aus der Relation der Genusgruppen zueinander, sondern auch aus den Beziehungen, die Männer zu anderen Männern haben. Insofern wird die Hauptachse von einer zweiten überlagert, von einer Hierarchie von Autoritäten innerhalb der dominanten Genusgruppe (...). Das manifestiert sich in Gestalt von Ausgrenzungen (z.B. von homosexuellen Männern) oder in Subordinationsverhältnissen, wie sie für Männerbünde charakteristisch sind (z.B. im Verhältnis von ‚Fuchs' und ‚Bursche' in studentischen Verbindungen).

Die doppelte Relation, in der Männlichkeit ihre Kontur gewinnt – zum anderen und zum eigenen Geschlecht – fasst Connell mit dem Begriff der hegemonialen Männlichkeit. Damit ist eine Konfiguration von Geschlechtspraktiken gemeint, welche insgesamt die dominante Position des Mannes im Geschlechterverhältnis garantieren (...).

Das Konzept der hegemonialen Männlichkeit begreift diese nicht als eine (Charakter-)Eigenschaft der individuellen Person, sondern als in sozialer Interaktion – zwischen Männern und Frauen und von Männern untereinander – (re-)produzierte und in Institutionen verfestigte Handlungspraxis (...). Hegemoniale Männlichkeit ist ein Orientierungsmuster, ein Modell, das nur von den wenigsten Männern in vollem Umfang realisiert werden kann, das aber, da es normativen Status hat und die sozial anerkannte Weise des Mannseins definiert, von allen Männern verlangt, sich in Relation dazu zu positionieren (vgl. Connel/Messerschmidt 2005, 832) – und sei es kritisch-distanzierend[...]. Von den meisten Männern wird das hegemoniale Modell gestützt, da es ein effektives symbolisches Mittel zur Reproduktion gegebener Machtrelationen zwischen den Geschlechtern darstellt (...). Auch wer beispielsweise nicht in der Lage ist, durch sein Einkommen Frau und Kindern ein von finanziellen Sorgen freies Leben zu ermöglichen, verteidigt das Leitbild des Mannes als Familienernährer bzw. begreift sich sogar als ein solcher und trägt damit zur Reproduktion der Geschlechterordnung bei (Meuser 1998b: 190ff.).

*Bourdieu* hat in seinen Arbeiten zur männlichen Herrschaft (1997a/2005) das zunächst für Klassenverhältnisse entwickelte Konzept des Habitus auf die Analyse der Geschlechterverhältnisse übertragen. Er spricht von einem „vergeschlechtlichten und vergeschlechtlichendem Habitus" (Bourdieu 1997: 167) und führt den Begriff des „männlichen Habitus" (Bourdieu 1997a: 203) ein. (...) Bourdieu zufolge wird der männliche Habitus „konstruiert und vollendet ... nur in Verbindung mit dem den Männern vorbehaltenen Raum, in dem sich, *unter Männern*, die ernsten Spiele des Wettbewerbs abspielen" (Bourdieu 1997a: 203). Die Spiele, die Bourdieu anführt, werden in all den Handlungsfeldern gespielt, welche die Geschlechterordnung der bürgerlichen Gesellschaft als die Domänen männlichen Gestaltungswillens vorgesehen hat: in der Ökonomie, der Politik, der Wissenschaft, den religiösen Institutionen, im Militär, aber auch in semi- und nicht-öffentlichen Handlungsfeldern, in denen Männer unter sich sind: in Vereinen, Clubs, Freundeskreisen. Den Frauen ist in diesen Feldern eine marginale, gleichwohl für die Konstitution von Männlichkeit nicht unwichtige Position zugewiesen: Sie seien „auf die Rolle von Zuschauerinnen oder, wie Virginia Woolf sagt, von *schmeichelnden Spiegeln* verwiesen, die dem Mann das vergrößerte Bild seiner selbst zurückwerfen, dem er sich angleichen soll und will" (Bourdieu 1997a: 203). Bourdieu streicht zwei miteinander verbundene Aspekte heraus: die kompetitive Struktur von Männlichkeit und den homosozialen Charakter der sozialen Felder, in denen der Wettbewerb stattfindet. (...) Der Wettbewerb trennt die Beteiligten nicht (oder nicht nur), er resultiert nicht nur in Hierarchien der Männer untereinander, er ist zugleich, in ein- und derselben Bewegung, ein Mittel männlicher Vergemeinschaftung. Wettbewerb und Solidarität gehören untrennbar zusammen [...].

Zum Zusammenhang von homo- und heterosozialer Konstitution von Männlichkeit bemerkt Bourdieu (2005: 96): Männlichkeit ist „ein eminent *relationaler* Begriff, der vor und für die anderen Männer und gegen die Weiblichkeit konstruiert ist, aus einer Art Angst vor dem *Weiblichen*" (Hervorhebungen im Original). Hegemonie ist die kulturell vorgegebene Form, in der Männlichkeit „gegen Weiblichkeit konstruiert ist", und sie ist (...) ‚Spieleinsatz' im Wettbewerb der Männer untereinander, d.h. in der Konstruktion von Männlichkeit „vor und für die anderen Männer".

Aus dieser habituellen Basis der Konstruktion von Männlichkeit resultiert allerdings keine Gleichförmigkeit des *doing masculinity*. Der männliche Habitus äußert sich in einer Vielzahl von Formen: in der homosozialen Dimension in allen möglichen Formen des Wettbewerbs: vom verbalen, vielfach scherzhaften Wettstreit über berufliche Konkurrenzen bis hin zu mann-männlichem Gewalthandeln; in der heterosozialen Dimension in einer Verantwortlichkeit für Wohl und Wehe der Familie (Mann als Ernährer und Oberhaupt der Familie), in Formen prosozialen Handelns (Beschützer), aber auch in physischer Gewalt gegen Frauen. In der einen wie in der anderen Dimension ist die hypermaskuline Ausprägung (symbolisiert in den Figuren des Rambo und des Macho) die Ausnahme und nicht die Regel. (...)

Die Connellsche und die Bourdieusche Analyse von männlicher Hegemonie und Herrschaft weisen (...) eine deutliche Übereinstimmung dahingehend auf, dass sie beide die doppelte Distinktions- und Dominanzstruktur von Männlichkeit hervorheben. Allerdings tun sie das mit einer unterschiedlichen Gewichtung. Während Bourdieu die homosoziale Dimension der Herrschaft in den Vordergrund rückt, ist bei Connell die heterosoziale Dimension die entscheidende. Eine Aussage darüber, ob eine der beiden Dominanzstrukturen fundierend ist für den männlichen Habitus und welche dies möglicherweise ist, ist der empirischen Forschung zu überantworten. Unabhängig davon ist jedoch festzuhalten, dass mit der einen wie der anderen Gewichtung unterschiedliche theoretische Perspektiven auf die Konstruktion von Männlichkeit eröffnet werden. [162-164]

## 3. Hegemoniale Männlichkeit als generatives Prinzip

Man kann Connell darin zustimmen, dass in der gegebenen westlichen Geschlechterordnung die „allgegenwärtige Unterordnung von Frauen und die Dominanz von Männern" die wichtigste Achse der Macht ist, und gleichwohl Bourdieu darin folgen, dass Männlichkeit sich in den ernsten Spielen des Wettbewerbs konstituiert, den die Männer untereinander austragen. Dazu bedarf es freilich einer Revision des Begriffs der hegemonialen Männlichkeit bzw. einer begrifflichen Unterscheidung einer gesellschaftlichen Suprematie des männlichen Geschlechts einerseits und von hegemonialer Männlichkeit als generativem Prinzip der Konstruktion von Männlichkeit andererseits. (...)

(...) Von hegemonialer Männlichkeit zu sprechen macht nur Sinn, wenn man die hegemoniale zu nicht-hegemonialen Männlichkeiten in Relation setzt. Auch Connell benennt andere, nicht-hegemoniale Männlichkeiten; aber er zieht daraus nicht die theoriestrategische Konsequenz, dass Männlichkeit sich entlang dieser Achse sozialer Differenzierung formt. Nicht-hegemonial sind Connell (2000: 99ff.) zufolge die „untergeordnete", die „komplizenhafte" und die „marginalisierte" Männlichkeit. Als untergeordnet bezeichnet er die homosexuelle Männlichkeit. Komplizenhaft ist seinem Verständnis zufolge die – vermutlich den Regelfall darstellende – Männlichkeit derjenigen Männer, die die hegemoniale Männlichkeit nicht verkörpern (können), diese aber unterstützen, so dass sie an der „patriarchalen Dividende" teilhaben. Als marginalisiert versteht er die Männlichkeiten untergeordneter Klassen oder ethnischer Gruppen. (...)

Das theoriestrategische Problem wird von Connell (2000: 100) selber folgendermaßen formuliert: „Wenn eine große Anzahl von Männern mit der hegemonialen Männlichkeit in Verbindung steht, sie aber nicht verkörpern, brauchen wir ein *theoretisches* Konzept, das diese Situation erfassen kann" (Hervorhebung: M.M.). Connells Begriff der komplizenhaften Männlichkeit vermag dies m. E. nicht zu leisten. (...) Stattdessen soll hier der Gedanke von hegemonialer Männlichkeit als generativem Prinzip entfaltet werden. Hierzu werde ich zunächst ein Beispiel aus der empirischen Forschung schildern, an dem sich die Grundzüge dieses Gedankens entfalten lassen.

Das Beispiel ist einer Studie von Ralf Bohnsack (2001) entnommen, die Aufschluss darüber gibt, in welcher Weise der geschlechtliche und der ethnische Habitus bei männlichen Jugendlichen türkischer Herkunft eng ineinander verwoben sind. Bohnsacks Ausführungen zum Komplex der männlichen Ehre bei einer Teilpopulation[...] dieser Jugendlichen sind instruktiv zum Verständnis der Art und Weise, wie hegemoniale Männlichkeit als generatives Prinzip funktioniert und dabei soziale Praxen generiert, die keine hegemoniale, sondern eine untergeordnete Männlichkeit konstituieren.

Diesen jungen Männern, die vergleichsweise fest (in Relation zu anderen Teilpopulationen männlicher Jugendlicher türkischer Herkunft) in einer von traditionellen Werten bestimmten „türkischen" Kultur verankert sind, ist die Wahrung der männlichen Ehre eine durch nichts zu erschütternde Selbstverständlichkeit. Die Ehre zu wahren verlangt von ihnen u.a., Kontrolle über ihre Frauen, ihre Freundinnen, auch über ihre Schwestern auszuüben, und das vor allem in Situationen zu tun, in denen die Frauen sich in der Öffentlichkeit bewegen. (...)

Das Beispiel dokumentiert eine spezifische Konfiguration von geschlechtlichem und ethnischem Habitus. Die Geschlechterdifferenz wird genutzt, um die ethnische Differenz zu akzentuieren, und umgekehrt macht es die ethnische Zugehörigkeit notwendig, die rigiden Vorstellungen, was ein geschlechtsadäquates Verhalten ausmacht, durchzusetzen. *Doing gender* und *doing ethnicity* sind gewissermaßen wechselseitig genutzte Ressourcen (...). Die – aus der Perspektive der deutschen Majoritätskultur – übersteigerte Markierung männlicher Hegemonieansprüche verschärft die ethnische Abgrenzung. Umgekehrt dürfte die ethnische Rahmung dieser Ansprüche einer Akzeptanz unter deutschen Männern nicht förderlich sein. Auf diese Weise erzeugen diese jungen Männer türkischer Herkunft, obwohl ihrer Konstruktion von Männlichkeit hegemoniale Männlichkeit als generatives Prinzip zugrunde liegt (nämlich Streben nach Dominanz gegenüber Frauen und gegenüber anderen Männern), eine „untergeordnete Männlichkeit", untergeordnet in Bezug auf die in Deutschland üblichen Standards der Performanz hegemonialer Männlichkeit. (...)

Connell und Messerschmidt (2005: 847ff.) bezeichnen die Männlichkeit marginalisierter ethnischer Gruppen als eine „Protest-Männlichkeit", die den Anspruch auf Macht verkörpert, der für hegemoniale Männlichkeit typisch ist, der es aber an den ökonomischen Ressourcen und der institutionellen Autorität fehlt, mit denen der Anspruch auf Hegemonie eingelöst werden kann. Mit Bezug auf das skizzierte Beispiel lässt sich hinzufügen, dass die herausfordernde (Protest-)Männlichkeit und die herausgeforderte („legitime") Männlichkeit gemäß dem gleichen generativen Prinzip konstruiert sind. [164-166] (...)

*4. Hegemoniale Männlichkeit als „Spieleinsatz" im Wettbewerb der Männer*

Im Wettbewerb der Männer untereinander hat die Behauptung männlicher Hegemonie gegenüber Frauen einen zentralen Stellenwert. (...) Fokussiert man (..) auf den homosozialen Kontext, dann zeigt sich eine erstaunliche Persistenz des Prinzips hegemonialer Männlichkeit (...) und zwar als Spieleinsatz in den ernsten Spielen des Wettbewerbs, den die Männer unter sich austragen. Dies sei anhand

# 4 Aktuelle Konzeptionen 191

eines Beispiels aus der eigenen Forschung verdeutlicht, in dem die Beteiligten einen verbalen Wettstreit im Modus des „Frotzelns" austragen.

Das Beispiel stammt aus einer Gruppendiskussion mit Studenten. Die Mitglieder der Gruppe kennen sich seit längerem, sie spielen gemeinsam American Football. Einer von ihnen lebt (als einziger in der Gruppe) in einer festen Partnerschaft. Während die Gruppendiskussion stattfindet, versucht dieser Mann mehrfach, seine Freundin anzurufen. Das nehmen die anderen zum Anlass, ihm vorzuhalten, an seinem Verhalten könne man sehen, „dass Frauen eben auch manchmal die Hosen anhaben". Der so Angesprochene sieht sich herausgefordert, die Behauptung zu widerlegen (...) Als gleichsam letzte Auffanglinie betont er, auch wenn er bisweilen den Wünschen seiner Freundin nachkäme, hieße das „noch lange nicht, dass sie die Peitsche in der Hand hat"[1].

Unabhängig davon, wie die Dominanzverhältnisse in dieser Paarbeziehung „tatsächlich" sein mögen, ist es aufschlussreich genug zu schauen, wie im verbalen Wettstreit beide Seiten dem Leitbild der hegemonialen Männlichkeit Geltung verschaffen. Dem Kritisierten ist es sehr wichtig, sich gegenüber der Gruppe als derjenige darzustellen, der die Beziehung dominiert, und dieses Selbstbild gegen alle Zweifel der anderen zu behaupten. Indem die anderen ihn zwingen zuzugeben, dass er sich zumindest bisweilen den Wünschen seiner Freundin fügt, stellen sie eine (situative) Hierarchie in der homosozialen Dimension her, in welcher die Positionen mit Blick auf die Realisierung bzw. das Verfehlen des hegemonialen Ideals vergeben werden. Im Wettstreit zwischen Herausforderern und Herausgefordertem wird so von beiden Seiten das Ideal der hegemonialen Männlichkeit bekräftigt. Die homosoziale Männergemeinschaft agiert gleichsam als ein kollektiver Akteur der Konstruktion der hierarchisch strukturierten Geschlechterdifferenz und produziert im gleichen Zuge Hierarchien der Männer untereinander. (...) Hegemoniale Männlichkeit ist gewissermaßen die Münze, mit der Distinktionsgewinne in der homosozialen Gemeinschaft erzielt werden. Ein anderer Spieleinsatz steht nicht zu Verfügung bzw. wird nicht als legitimer Spieleinsatz anerkannt. [167f.]

## 5. Hegemoniale Männlichkeit als institutionalisierte Praxis – eine „Suchanleitung" [168]

(...) Hegemoniale Männlichkeit wird als institutionalisierte Praxis in den sozialen Feldern konstituiert, in denen, historisch variabel und von Gesellschaft zu Gesellschaft unterschiedlich, die zentralen Machtkämpfe ausgetragen und gesellschaftliche Einflusszonen festgelegt werden. Das war im imperialen National-

---

[1] (im Original Fußnote 11) Für eine ausführliche Darstellung der Szene vgl. Meuser 2001

staat des 19. Jahrhunderts das Militär, und das sind in den gegenwärtigen globalisierten neoliberalen Gesellschaften des Informationszeitalters vermutlich das technokratische Milieu des Top-Managements und die Massenmedien (...). Hegemoniale Männlichkeit wird durch die *soziale Praxis* der gesellschaftlichen Elite bzw. gesellschaftlicher Eliten definiert, also durch die Praxis einer zahlenmäßigen Minderheit der Bevölkerung; genauer durch die dort üblichen Standards des Wettbewerbs. (...) Hegemoniale Männlichkeit ist an *gesellschaftliche* Macht und Herrschaft gebunden. Und – das ist entscheidend – diese Macht erschöpft sich nicht in der Macht der Männer gegenüber den Frauen, sie ist vor allem auch eine Macht über Männer.

Der enge Nexus von hegemonialer Männlichkeit als institutionalisierte Praxis und gesellschaftlicher Macht impliziert nicht zwingend, dass es in einer Gesellschaft nur eine hegemoniale Männlichkeit geben kann. (...) Die Existenz *einer* hegemonialen Männlichkeit setzt *ein* Zentrum gesellschaftlicher und politischer Macht voraus, das es in der postindustriellen, spät-, hoch-, postmodernen (oder wie immer auch zu bezeichnenden) Gesellschaft des Informationszeitalters nicht mehr gibt. Möglicherweise korrespondiert der gegenwärtigen Differenzierung der Zentren gesellschaftlicher und politischer Macht eine gewisse Pluralisierung hegemonialer Männlichkeiten.

Dies anzunehmen bedeutet allerdings nicht, einer Inflation x-beliebiger hegemonialer Männlichkeiten das Wort zu reden. Nicht jedes soziale Milieu und jede Subkultur formt eine eigene hegemoniale Männlichkeit. Der Begriff hegemonial macht nur Sinn, wenn die in dieser Weise bezeichnete Männlichkeit eine normierende Wirkung über das jeweilige soziale Feld hinaus hat. Eine solche Wirkung ist einer subkultur- und milieuspezifischen Männlichkeit nicht notwendigerweise zu eigen. Eine in einem bestimmten sozialen Milieu vorherrschende Männlichkeit ist noch keine hegemoniale. Sie ist es nur dann, wenn sie *erfolgreich* mit dem Anspruch milieuübergreifender Gültigkeit auftritt. Die im traditionellen Arbeitermilieu vorherrschende, körperliche Stärke akzentuierende Männlichkeit setzt zwar Standards für Männer, die diesem Milieu angehören, vermag aber nicht über Milieugrenzen hinweg das gesellschaftliche Männlichkeitsideal zu bestimmen. Sie ist (...) eine untergeordnete Männlichkeit. Die Einheit von hegemonialer und untergeordneter Männlichkeiten besteht, wie gezeigt, darin, dass beiden eine homologe Strukturlogik eignet: sie formen sich beide in den ernsten Spielen des Wettbewerbs, den die Männer unter sich austragen. [169f.]

*6. Schlussbemerkungen*

Dies zu erkennen bedarf es nicht nur einer inhaltlichen Bestimmung der sozialen Praxen, in denen hegemoniale Männlichkeit – historisch, kulturell und gesell-

## 4 Aktuelle Konzeptionen

schaftlich variabel – verkörpert ist, sondern zusätzlich eines Begriffs von hegemonialer Männlichkeit als generativem Prinzip. Dann wird deutlich, dass Männlichkeit zwar im Modus der Hegemonie hergestellt wird, das Ergebnis dieses Herstellungsprozesses aber nicht notwendigerweise und nicht einmal überwiegend die Konstitution hegemonialer Männlichkeit ist. Diese wird als institutionalisierte Praxis in aller Regel eher verfehlt. Doch liegt auch der Herstellung untergeordneter Männlichkeiten das gleiche generative Prinzip zugrunde. Das wird gerade dann deutlich, wenn man die Geschlechtslage in ihrer konfigurativen Verknüpfung mit anderen sozialen Lagen betrachtet. Der Begriff der hegemonialen Männlichkeit erfordert eine intersektionale oder konfigurative Betrachtungsweise. Von soziologischer Relevanz sind hier andere Lagen sozialer Ungleichheit, vor allem Klassen-, Generations-, ethnische Lagen sowie durch sexuelle Orientierungen bestimmte Soziallagen. (...)

Mit dem doppelten Verständnis von hegemonialer Männlichkeit als generativem Prinzip und als durch die soziale Praxis einer gesellschaftlichen Elite definiertem Modus männlicher Hegemonie ist es möglich, die Komplexität der Strukturen von Macht und Herrschaft in den hetero- wie homosozial bestimmten Geschlechterverhältnissen zu erfassen. Insbesondere lässt sich zeigen, wie die Machtbehauptung in der heterosozialen Dimension einhergehen kann mit einer relativen Ohnmacht in der homosozialen Dimension und wie beides sich ein- und demselben Prinzip verdankt. (...)

Folgt man Bourdieus These von der Bedeutung der ernsten Spiele des Wettbewerbs und schaut man, wie die Einübung in diese Spiele stattfindet, dann lässt sich des Weiteren erfassen, dass und wie im homosozialen Wettbewerb Hegemonie als Strukturprinzip des männlichen Habitus erworben und immer wieder bekräftigt wird. Das empirische Beispiel der studentischen Football-Mannschaft gibt eine Impression davon. Generell lässt sich zeigen, dass der Wettbewerb, i.e. das Bemühen, einem anderen Mann – in welcher Weise auch immer – überlegen zu sein, frühzeitig eingeübt wird und ein zentrales Mittel männlicher Sozialisation darstellt. (...) Dies verweist auf seine zentrale Bedeutung für Aneignung und Reproduktion des männlichen Habitus. Über das Ritual wird der Wettbewerb von persönlichen Motiven entkoppelt. In sozialisationstheoretischer Perspektive stellt sich der Wettbewerb als eine „Strukturübung" dar (Bourdieu 1993: 138), in der Männer eine „praktische Meisterschaft" nicht nur in dem Sinne erwerben, dass sie sich die Modalitäten bzw. Spielregeln der ernsten Spiele des Wettbewerbs aneignen; vor allem lernen sie, diese Spiele zu lieben, mithin die Machtspiele zu lieben, die der Wettbewerb immer impliziert (...). Und dieses Lieben der Machtspiele lässt sich als ein bedeutsames Distinktionsmittel auch in der heterosozialen Dimension begreifen. Es bekräftigt die Machtposition von Männern gegenüber Frauen. (...) Es genügt nicht, die Spielregeln zu kennen, das Machtspiel als solches muss geliebt werden, will man reüssieren. Und genau dies wird in vielfältigen Strukturübungen in der homosozialen Dimension zugrunde gelegt, habitualisiert und inkorporiert. [170f.]

**Andrea Bührmann (1995): Das authentische Geschlecht. Die Sexualitätsdebatte der Neuen Frauenbewegung und die Foucaultsche Machtanalyse. Münster: Verlag Westfälisches Dampfboot: 197-220 – Auszüge**

(...)
*Die Sexualitätsdebatte im Horizont der Normalisierungsmacht: Ergebnisse*

(...) Ausgehend von der Überzeugung, daß die Unterschiede in der Anordnung bzw. Ausstattung der generativen Sexualorgane die Ursache für psychophysiologische Unterschiede zwischen den Geschlechtern bilden, beginnen im 19. Jahrhundert Humanwissenschaftler, insbesondere aber Anthropologen, über die Ausweitung dieser physiologischen Unterschiede eine biologisch-moralisch begründete Total-Differenz zwischen den Geschlechtern zu konstruieren. Dabei postulieren sie ein mimetisches Verhältnis zwischen sozialem und biologischem Geschlecht: So entsteht die Vorstellung von einem biologischen Mann und einer biologischen Frau mit jeweils ihrer Biologie geschuldeten ‚natürlichen' Geschlechtsidentitäten. Im Rahmen einer polaristischen Geschlechterphilosophie kreieren Humanwissenschaftler das Bild einer vollkommenen Frau, deren positive Haupteigenschaften Sensibilität und Emotionalität umfassen, und das Bild eines vollkommenen Mannes, der sich insbesondere durch Rationalität und Disziplin auszeichnet. Dabei glaubt man, daß Mann und Frau sich nur in gegenseitiger harmonischer Ergänzung an das Ideal der Menschheit anzunähern vermögen.

Diese Polarisierung der Geschlechtsidentitäten wird von geschlechtsspezifischen Vergesellschaftungs- und Disziplinierungsstrategien durchdrungen:

Die Geschlechter unterliegen im Sexualitätsdispositiv des 19. Jahrhunderts unterschiedlichen Vergesellschaftungsmechanismen: Der Mann, dessen normale Sexualität von einem diskreten Schweigen umgeben ist, wird als Individuum normalisiert. Als Individuum steigt er zum Repräsentanten des Allgemein-Menschlichen auf. Demgegenüber diskursiviert man das Wesen der weiblichen Sexualität als prinzipiell abweichend und letztlich auf die Fortpflanzung beschränkt. Gleichzeitig erscheint die Frau nun als ‚anderes', ‚besonderes' sowie ‚minderes', potentiell krankes, hysterisches Gattungswesen: Sie avanciert zum Negativbild des Individuums Mann.

## 4 Aktuelle Konzeptionen

Entsprechend dieser geschlechtsspezifischen Vergesellschaftungsstandards unterliegen Frauen widersprüchlichen Disziplinierungsstrategien (...). Denn von der biologisch-moralischen Total-Differenz leiten Psycho-Physiologen nicht nur einen spezifischen männlichen und weiblichen Sexualtrieb, eine angeborene Total-Differenz der Geschlechtscharaktere und die biologische Begründung für eine Geschlechterhierarchisierung, sondern auch eine ‚natürliche' Arbeitsteilung ab. In den der Frau zugedachten Rollen – als rational operierende Hausfrau, die allerdings auch eine Gegenwelt zur versachlichten Arbeitswelt schaffen soll, als Disziplinarinstanz für Kinder sowie Ehemann und schließlich als Mutter, die sich den diskursiv erzeugten Bedürfnissen und Rhythmen des Kindes anzupassen hat – soll sie zur Grenzgängerin zwischen rationalem Kalkül und diskursiv erzeugter Emotionalität werden.

Die Untersuchung der Sexualpathologie, der Psychoanalyse und der empirischen Sexualwissenschaften, die als diejenigen zentralen sexualwissenschaftlichen Formationen zu verstehen sind, die sich zwischen der Mitte des 19. Jahrhunderts bis zu den 60er Jahren des 20. Jahrhunderts entwickeln, zeigt, daß sich in ihnen sowohl die Diskursivierung des Geschlechterverhältnisses als auch die Techniken der Normalisierung transformieren. (...) Während im Rahmen der Psychoanalyse auffällig gewordene Personen schwierigen und intensiven Befragungen ausgesetzt werden, um allgemeine Aussagen über das normale Sexualleben zu machen und die Befragten dann dahingehend zu therapieren, befragen die empirischen Sexualwissenschaften gerade die sexuell *nicht* auffällig gewordene Bevölkerung selbst nach ihrem Sexualleben, um ein repräsentatives Bild über das tatsächliche Sexualverhalten der Individuen zu erstellen. Experten und Expertinnen verfügen so über einen Maßstab, um den Wahrheitsgehalt der Geständnisse zu bewerten.

Gleichzeitig aber vertreten Psychoanalyse und empirische Sexualwissenschaften unterschiedliche Positionen im Hinblick auf die Frage, was unter einem ‚normalen' Sexualleben zu verstehen und wie das Geschlechterverhältnis zu interpretieren sei. Postuliert *Freud* die Fortpflanzung als ‚normales' Sexualziel und macht er damit den Koitus zum ‚normalen' Sexualziel, so verstehen *Kinsey* und seine Mitarbeiter dagegen das Erreichen des Orgasmus als das Ziel des Sexuellen: An dieser Norm soll die gesamte Bevölkerung gemessen werden. [197-199] (...)

Obwohl sich die Vorstellungen der Psychoanalyse und der empirischen Sexualwissenschaften hinsichtlich des Sexualitätsdispositivs deutlich unterscheiden, teilen sie doch die Tendenz, von dem rigiden Zwei-Geschlecht-Modell des 19. Jahrhunderts abzurücken. (...)

Diese tendenzielle Abkehr von einer rigiden Geschlechterdifferenz, die eine vollständige Andersartigkeit der beiden biologischen Geschlechter zum Dogma erhebt, und die Hinwendung zu der Überzeugung, daß die Ausprägung der Geschlechtsidentität abhängig von der Herausbildung eines geschlechtsspezifischen Sexualtriebes sei, die gesellschaftlichen Lernprozessen zugeschrieben wird, greift die Neue Frauenbewegung zunächst auf.

In der Diskussion über die Rolle der Sexualität bei der Unterdrückung von Frauen nehmen *Milett, Schwarzer, Greer* sowie *Firestone*, als die Protagonistinnen dieser Diskussion, eine analytische Trennung zwischen dem biologischen und sozialen Geschlecht vor. Während sie das biologische Geschlecht als prädiskursiv gegeben voraussetzen und als einzigen Unterschied zwischen Männern und Frauen die Gebärfähigkeit bestehen lassen, verstehen sie das soziale Geschlecht als vollständig erworben: Im Rahmen dieser Minimalisierung der Geschlechterdifferenzen interpretieren sie das im Alltagsbewußtsein populäre Zwei-Geschlecht-Modell, in dem von dem biologischen Geschlecht auf eine soziale Geschlechtsidentität geschlossen wird, als patriarchale Ideologie. Dagegen vertreten *Milett, Firestone, Greer* und *Schwarzer* ein Modell, das als ‚soziales Ein-Geschlecht-Modell' bezeichnet werden kann. [200f.] (...)

In der Diskussion um die Rolle der Sexualität bei der Unterdrückung von Frauen vertreten die Protagonistinnen dieser Diskussion eine Variation der Repressionshypothese. Charakteristisch für diese Variation ist, daß dem Sexuellen drei Funktionen zugeschrieben werden: Zunächst gilt das Sexuelle als Spiegel patriarchaler Machtverhältnisse (die Modellfunktion). Gleichzeitig wird die Existenz eines authentischen Sexualtriebes von Frauen konstatiert, der insbesondere durch die Sexualverdrängung innerhalb der bürgerlichen Kleinfamilie unterdrückt wird. (...) Schließlich wird von einer Befreiung des Sexuellen und einer Hinwendung der Frauen zu ihrer nicht deformierten, also authentischen Sexualität und damit zu ihrem authentischen Frau-Sein, eine Befreiung vom Patriarchat erwartet (die emanzipative Funktion). (...)

(...) Auf der einen Seite steht damit die nicht authentische Frau, die durch die Unterdrückung und Deformation ihrer Sexualität eine nicht-authentische Geschlechtidentität ausgebildet hat. Auf der anderen steht diejenige Frau, die sich von den Deformierungen ihres Sexes gelöst hat und die deshalb eine authentische Frau sein kann. [201f.] (...)

Zu einer Erweiterung der Gegenstandsbereiche kommt es im Rahmen des strategischen Komplexes einer *Kriminalisierung des männlichen Geschlechtes*: Dabei beginnen Frauen in einer ersten Phase das diskrete Schweigen um die ‚normale' Sexualität des Mannes zu brechen. So stellen sie in der Orgasmusdebatte fest, daß die bevorzugte Sexualpraxis des Mannes, der Koitus, nicht den physiologischen Bedürfnissen von Frauen entspreche, weswegen in der Lohn-für-Hausarbeit-Kampagne heterosexuelle Aktivitäten der Frau als Dienstleistungen von Frauen am Manne eingestuft werden. (...)

# 4 Aktuelle Konzeptionen 197

In einer zweiten Phase wird das männliche Geschlecht in ein Kontinuum der Vergewaltigung gestellt. Dabei werden die folgenden Operationen vorgenommen: Feministinnen nehmen an, daß generell alle Männer, nicht aber Frauen, vergewaltigen können, weil ihnen nämlich als notwendige Voraussetzung für eine Vergewaltigung der Penis fehle. Im Umkehrschluß unterstellen Frauen, daß Männer aufgrund ihrer spezifischen Sexualausstattung prädestiniert seien, Frauen zu vergewaltigen. [204] (...)

Dagegen verstehen vor allen Dingen feministische Feministinnen den Körper der Frau und insbesondere ihre Sexualität im Kern als unberührt von patriarchalen Deformierungen: Der im Rahmen psycho-physiologischer Argumentationen diskursiv erzeugte weibliche Körper und sein Sex gelten ihnen als ahistorisch und damit prädiskursiv gegeben. Körper und Sex bieten damit die Möglichkeit der Erfahrbarkeit sowohl des Nicht-Authentischen als auch Authentischen: Sie steigen zum Indikator für die authentischen Bedürfnisse aller Frauen auf. In diesem Kontext werden zwei Figuren diskursiv erzeugt. Zum einen wird die Figur der authentischen Frau hervorgebracht, die sich in zwei konkurrierenden Modellen entweder als Mutter oder als Lesbe vergegenständlichen kann. Zum anderen wird ihr Negativbild, die medikalisierte, pathologisierte und letzlich hysterisierte ‚weibliche' Frau hervorgebracht. (...)

In den ‚Geschlechter'-Fronten wird also die Vorstellung von einem ‚eigentlichen' Wesen des männlichen Geschlechtes (die Figur des Vergewaltigers), und die Vorstellung von einem eigentlichen Wesen des weiblichen Geschlechtes (die Figur einer authentischen Frau, die sich in den konkurrierenden Modellen ‚Lesbe' und ‚Mutter' manifestiert) produziert. Über diesen ersten Transformationsschritt einer positiven Bestimmung des ‚eigentlich' Männlichen und des ‚eigentlich' Weiblichen hinaus implizieren die ‚Geschlechter'-Fronten einen weiteren Transformationsschritt: Von der Sexualausstattung und von den Sexualfunktionen und deren adäquatem Gebrauch wird eine authentische Geschlechtsidentität abgeleitet: Das bedeutet, daß ein mimetisches Verhältnis zwischen biologischem und sozialem Geschlecht postuliert wird. Denn es kann konstatiert werden, daß innerhalb der ‚Geschlechter-Fronten' die Vorstellung von einer authentisch-weiblichen, einer nicht-authentisch weiblichen und einer männlichen Sexualität produziert wird. [205f.] (...)

Es kommt also innerhalb der Sexualitätsdebatte zu zwei zentralen Transformationen. In einem ersten Schritt wird das vom Patriarchat gezeichnete Bild von dem Wesen der männlichen und weiblichen Geschlechtsidentität und die Behauptung des Patriarchats, daß ein mimetisches Verhältnis zwischen biologischem und sozialem Geschlecht bestehe, zurückgewiesen. In einem zweiten Schritt aber wird die analytische Trennung zwischen sozialem und biologischem Geschlecht zugunsten der Feststellung, das Patriarchat habe ein ‚falsches' Bild von dem Wesen der Frau und ihrer Geschlechtsidenität gezeichnet, aufgegeben. Frauen konstruieren nun innerhalb der Sexualitätsdebatte eine feministische Vorstellung darüber, wie die ‚eigentliche' Geschlechtsidentität und der authentische Sexualtrieb von Frauen und Männer beschaffen sei. Da sie diese Vorstellung von der Organisation der Sexualorgane und dem Wesen eines geschlechtsspezifischen Sexualtriebes ableiten, wird letztlich ein mimetisches Verhältnis zwischen sozialem und biologischem Geschlecht installiert. Das bedeutet, daß die Sexualitätsdebatte einer physio-psychologischen Argumentationsstruktur verhaftet bleibt.

In ihren Inhalten unterscheiden sich diese Konzepte allerdings. Während in der psycho-physiologischen Konzeption die Frau als ‚anderes', ‚minderes' und ‚besonderes' Gattungswesen erscheint und der Mann als Individuum zum Repräsentanten des Allgemein-Menschlichen aufsteigt, wird innerhalb der Sexualitätsdebatte der Mann kriminalisiert, indem er in ein Kontinuum der Vergewaltigung gestellt und seine Sexualität skandalisiert wird. Demgegenüber übernehmen Feministinnen die Realfiktion von der sensibleren, emotionalen und gewaltlosen weiblichen Sexualität und werten die Frau in Gestalt der authentischen Frau auf. Im Verlauf der Sexualitätsdebatte bildet so die Minimalisierung der Geschlechterdifferenzen den Ausgangspunkt für eine erneute Ontologisierung der Geschlechterdifferenzen und zweier von der Sexualorganisation abgeleiteter Geschlechsidentitäten. Damit aber bestätigt die Sexualitätsdebatte der Struktur nach die Relevanz und Realität geschlechtsspezifischer Differenzen. Letzlich initiiert die Sexualitätsdebatte im Vergleich zu den empirischen Sexualwissenschaften und der Psychoanalyse eine erneute ‚Dramatisierung' der Geschlechterdifferenzen und trägt damit auch zu einer neuen, diesmal feministisch orientierten Form der Differenzkonstruktionen zwischen den Geschlechtern selbst bei. (...)

(...) Die Sexualitätsdebatte wirkt so weniger entgrenzend und befreiend, sondern vielmehr eingrenzend und normalisierend. Denn über die Verherrlichung der authentischen Frau in der Sexualitätsdebatte werden die empirischen Frauen an den Rand gedrängt, weil sie im Vergleich zur authentischen Frau nur als durch einen Mangel charakterisiert erscheinen. [209f.] (...)

(...) In und durch die Sexualitätsdebatte wird das Sexualitätsdispositiv der 60er Jahre des 20. Jahrhunderts und seine Machtmechanismen so nicht umgekehrt, sondern ‚nur' mit neuen Bedeutungen versehen. Denn Feministinnen fordern ein Recht auf eine spezifische, authentisch weibliche Sexualität und verabschieden so gerade nicht die Reduktion der Unterwerfung einzelner oder aller auf die Unterdrückung der Sexualität.

Die Diskussionen, Projekte und Kampagnen der Sexualitätsdebatte der Neuen Frauenbewegung, in denen die Befreiung der Frau angestrebt wird, können somit im Horizont der *Foucault'schen* Macht- und Diskursanalyse als Stütz-

# 4 Aktuelle Konzeptionen

punkte zur Verfestigung der Normalisierungsmacht betrachtet werden, nicht aber als ein ‚Gegen' oder ‚Außerhalb' des funktionierenden Macht-Wissen-Komplexes. [212]

*Wie weiter?*

Die Rede von einem ‚Gegen' und einem ‚Außerhalb' des funktionierenden Macht-Wissen-Komplexes fordert Fragen nach den Möglichkeiten von Widerstand heraus: Wie kann Widerstand angesichts der scheinbaren Allmacht der Bio-Macht gedacht werden? Welche Möglichkeiten existieren für Frauen, verstanden als Subjekte und Objekte der gesellschaftlichen Machtverhältnisse, sich ihrer Marginalisierung zu widersetzen?

*Foucault* widerspricht – wie schon ausgeführt – der Auffassung, daß die Macht auf einer allgemeinen Zweiteilung basiert, die Beherrschte und Beherrschende entgegensetzt. Vielmehr geht er davon aus, „daß die vielfältigen Kraftverhältnisse, die sich in den Produktionsapparaten, in den Familien, in den einzelnen Gruppen und Institutionen ausbilden und auswirken, als Basis für weitreichende und den gesamten Gesellschaftskörper durchlaufende Spaltungen dienen" (1989: 115). Da er Widerstand als Gegen-Macht begreift, d.h. als das nicht wegzudenkende Gegenüber der Macht, bedeutet dies, daß auch der Widerstand, wie die Macht, von unten kommt und an jenen alltäglichen Praxen und lokalen Kräfteverhältnissen ansetzen sollte, die als Grundlage für gesellschaftliche Spaltungen fungieren.

Im Rahmen dieser lokalen Widerstandskonzeption[...] lassen sich analytisch zumindest zwei zentrale Angriffspunkte für einen effektiven Widerstand unterscheiden. Diese Ebenen, die sich in gewisser Weise als ‚zwei Seiten einer Medaille' interpretieren lassen, werde ich im folgenden unter dem Aspekt eines möglichen Widerstandes von Frauen konkretisieren. [213] (...)

Aus der genealogisch aufgefaßten Historie ergeben sich für *Foucault* bestimmte methodologische wie auch methodische Imperative: die Thematisierung von Wissen als diskursiv hervorgebrachte Wahrheiten im Rahmen von Machtverhältnissen; die Dekonstruktion universalistischer bzw. objektivistischer Wahrheiten der Humanwissenschaften; die Abkehr von jeglichem Expertinnen- bzw. Expertenkult, der sowohl im Namen der etablierten Wissenschaften als auch im Namen von Befreiungsbewegungen über Geständnisse der Individuen Gewißheiten von der Natur der Geschlechter diskursiv hervorgebracht hat. An die Stelle des Geständnisses, wie es in den Humanwissenschaften, aber auch wie in dieser Arbeit gezeigt, in den Selbsterfahrungsgruppen der Neuen Frauenbewegung praktiziert wurde, könnte dann eine Wissenskultur bzw. -praxis treten, die die Individuen selbst privilegiert und deren Interessen zur Sprache kommen läßt.

Das bedeutet eben gerade nicht, über eine Homogenisierung oder Generalisierung von Erfahrungen einzelner Individuen oder Gruppierungen neue Normen aufzustellen und rhetorische Figuren zu kreieren, die einen idealtypischen Widerstand verkörpern. Eine solche Vorgehensweise, wie sie auch in der Sexualitätsdebatte der Neuen Frauenbewegung beobachtet werden kann, kritisiert *Foucault*. Er fordert vielmehr die Hinwendung zu lokalen und unterworfenen Wissensarten[...], um ausgehend von diesen Diskursen, den hegemonialen Macht-Wissen-Komplex zu erschüttern. [214f.] (...)

(...) Die Aufgabe der Forschenden bestünde dann primär darin, einerseits die Erfahrungen von Frauen zur Sprache zu bringen und andererseits untergegangene, disqualifizierte oder ausgeblendete Wissensinhalte und Wissensarten den sich den Macht-Wissen-Komplex widersetzenden Frauen zur Verfügung zu stellen, um die lokalen Konflikte konstruktiv zu unterstützen. Dagegen ist die Verkündung allgemeiner Wahrheiten über die ‚authentischen' Bedürfnisse von Frauen und davon abgeleiteter Normenkataloge, die Konstruktion universalistischer Moralphilosophien oder aber die Entwicklung globaler Theorien über die Unterdrückung der Frauen sowie einer allgemeinen Theorie vom weiblichen Subjekt abzulehnen. Es ginge also im Rekurs auf marginalisierte Inhalte und disqualifizierte Erinnerungen darum, Individuen nicht zu ‚Geständnistieren' zu degradieren, sondern als Subjekte wiedereinzusetzen und diese als Widerstandspunkte zu begreifen. [216] (...)

Widerstand verstanden als Genealogie und Widerstand begriffen als In-Frage-Stellung von gesellschaftlich produzierten Identitäten betrachte ich – wie eingangs angedeutet – als zwei Seiten einer Medaille. Im Rahmen einer sich als feministisch verstehenden Genealogie hätten Genealoginnen, die sich als spezifische Intellektuelle verstehen, genau jenem vagabundierenden, experimentierenden und innovatorischen Spiel mit den Identitäten zur Seite zu stehen. Ihre Aufgabe wäre es, Erfahrungen aufzuzeichnen, aber nicht zu bewerten, den Individuen vormals bzw. bislang disqualifiziertes Wissen und ausgeblendete historische Erfahrungen zugänglich zu machen und gleichzeitig jene Erfahrungen und Inhalte als akzeptierte Wissensarten zu etablieren, um dieses Wissen im Macht-Wissen-Komplex zirkulieren und prozessieren zu lassen und damit die hegemonialen Machtverhältnisse zu verändern. [219] (...)

# 4 Aktuelle Konzeptionen

**Bettina Dausien (1999): „Geschlechtsspezifische Sozialisation" – Konstruktiv(istischer) Ideen zu Karriere und Kritik eines Konzepts. In: Dausien, Bettina/Herrmann, Martina/Oechsle, Mechthild/Schmerl, Christiane/Stein-Hilbers, Marlene (Hg.): Erkenntnisprojekt Geschlecht. Feministishe Perspektiven verwandeln Wissenschaft. Opladen: Verlag Leske + Budrich: 216-246 – Auszüge**

(...) Das Konzept der geschlechtsspezifischen Sozialisation ist schwer einzuordnen. Es hat wie nur wenige andere wissenschaftliche Begriffe auch außerhalb der akademischen Diskussion Karriere gemacht: in der Frauenbewegung als Erklärungsansatz für die gesellschaftliche Ungleichheit zwischen den Geschlechtern, in der pädagogischen Praxis als Begründung einer emanzipatorischen Mädchen- und Frauenbildung, in der Bildungsreform als Ansatzpunkt einer Politik der Chancengleichheit und der Aufhebung geschlechtsspezifischer Benachteiligungen. Eine sozialisationstheoretische Argumentation zu Geschlecht ist – zumindest in politisch-pädagogisch affizierten Milieus – Bestandteil alltagsweltlichen Denkens geworden. Als solches wirkt es in Gestalt impliziter Hintergrundannahmen und/oder als Gegenstand der Analyse auf die wissenschaftliche Forschung zurück. Eine klare Trennung zwischen wissenschaftlicher und alltagstheoretischer Begrifflichkeit erscheint kaum möglich. [216] (...)

(...) Wenn die wissenschaftliche Verwendung der Kategorie Geschlecht, wenn bereits das Fragen nach „weiblichen" und „männlichen" Geschlechtscharakteren, Sozialisationsmustern oder Verhaltensweisen eine Reifikation des gesellschaftlichen Geschlechterdualismus bedeutet und die radikale Abschaffung derartiger Kategorien diskutiert wird (vgl. stellvertretend Gildemeister/Wetterer 1992), so trifft das den Kern des Konzepts der geschlechtsspezifischen Sozialisation. [217] (...)

(...) Vergleicht man die feministischen Positionen der 1990er Jahre mit den Ansätzen aus den 1970er Jahren, so wird eine theoretische Spannbreite sichtbar, die fragen läßt, ob das Gemeinte noch unter demselben Begriff gefaßt werden kann. Eine konstruktivistische Analyse von Geschlecht fordert dazu heraus, „von neuem nach Sinn und Stellenwert von Sozialisationstheorie zu fragen" (Breitenbach/Hagemann-White 1994: 259). Eine Diskussion, die diese Fragen aufnimmt, steht bis heute weitgehend aus.

Der vorliegende Artikel möchte zu einer solchen Diskussion anregen (...) [218]. (...)

(...) Womöglich löst die feministische Kritik an der wissenschaftlichen Konstruktion von Kategorien wie „Männlichkeit – Weiblichkeit" oder „Geschlechtsspezifik", die unhinterfragt alltagstheoretische Typisierungen wiederholen und reifizieren, eine Krise des gesamten Sozialisationsparadigmas aus. [223] (...)

(...) Die eingangs schon konstatierte Doppelperspektive von feministischer Theorie und Sozialisationsforschung läßt sich nach dem bisher Gesagten in folgender These zusammenfassen: Das Konzept der „geschlechtsspezifischen Sozialisation" ist zwar durch die Frauenbewegung angestoßen worden, aber es ist kein autonomes feministisches (Theorie-) Projekt. Es ist eingebettet in die Entwicklung der Sozialisationsforschung und teilt deshalb im Ansatz die Grundkategorien und Blickrichtungen – und damit auch die Probleme – des Sozialisationsparadigmas. (...)

(...) Wenn Helga Bilden davon spricht, dass die problematischen Dichotomien Individuum – Gesellschaft, Handeln – Struktur, Subjekt – Objekt, Innen – Außen, Natur – Kultur, sex – gender (die Reihe ließe sich fortsetzen) dem Sozialisationsbegriff und den dahinterstehenden Konzepten theoretisch nicht auszutreiben sind (vgl. Bilden 1991: 279), bezieht sich diese Kritik auf wissenschaftliche Konzeptionen von Sozialisation allgemein.

(...) Die Kritik trifft jedoch auch – oder gerade – jenes abstrakte Meta-Modell der Sozialisation. Das von Hurrelmann ((...) 1986) vorgelegte Modell kann auch in den späten 1990er Jahren noch als elaborierte und wissenschaftlich weithin akzeptierte Konzeption des Sozialisationsbegriffs gelten. (...) Meine These, die ich im folgenden kurz begründen werde, lautet, daß die dichotomische Struktur und die daraus resultierenden theoretischen und methodologischen Probleme konstitutiv sind für das *Mehrebenenmodell der Sozialisation,* obwohl es gerade den gegenteiligen Anspruch einer Integration der unterschiedlichen Aspekte und Dimensionen erhebt. Die Kritik an diesem und ähnlich konstruierten Modellen liefert zugleich Argumente, sich von derartigen theoretischen Gesamtentwürfen überhaupt zu verabschieden.

Mit der Option, jene Dichotomien zu überwinden, werden in dem Modell (vgl. noch einmal Hurrelmann 1986) die Ebenen „Individuum" und „Gesellschaft" sowie dazwischen gelagerte „Meso-Ebenen" in einen gemeinsamen Rahmen (Sozialisation) eingebunden. (...) Über die *Verknüpfung zwischen den Ebenen* sagt das Modell noch nichts aus. Damit aber weicht es der eigentlichen theoretischen Herausforderung des Sozialisationskonzepts aus, nämlich jene „subjektive Aneignung der sozialen Welt" oder die „Verinnerlichung gesellschaftlicher Strukturen" in einer Prozeßperspektive theoretisch zu begreifen[...].

Die Mehrebenenkonzeption scheint jedoch nicht nur ungeeignet, jenes theoretische Integrationsproblem zu lösen. Sie produziert darüber hinaus – gewissermaßen unter der Hand – eine *Reifizierung:* Die gewählte Perspektive eines Elements des Modells wird scheinbar zu einer Eigenschaft des Gegenstands oder zum Gegenstand selbst. So suggeriert z.B. die Ebene „Individuum" die Existenz biologisch abgrenzbarer Einzelwesen als „reale" Einheiten des Sozialen, die z.B. von der Ebene der Institutionen als davon unabhängige „reale" Einheiten unterschieden und – im zweiten Schritt – wieder in Beziehung gesetzt werden müssen. Es sieht so aus, als sei die Welt – und nicht das theoretische Nachdenken über die Welt – in jene Ebenen eingeteilt, die das Modell formuliert. Eine solche Abbildbeziehung zur sozialen Wirklichkeit ist jedoch dem Sozialisationskonzept unangemessen. Wie oben ausgeführt, bezeichnet Sozialisation keinen empirischen Gegenstand, sondern eine hochabstrakte *modellhafte Konstruktion*, die gerade nicht an eine vergleichbar strukturierte Empirie (...) anknüpfen kann, also an die „realen" Konstruktionen der Teilnehmerinnen der Alltagswelt. (...)

Dies hat weitreichende Konsequenzen auch für die empirische Sozialisationsforschung. (...) Durch die Definition abgegrenzter Variablen oder Variablenbündel, die in der Regel je einer Modellebene zugeordnet sind (z.B. Persönlichkeitsvariablen oder Verhaltensmerkmale auf der individuellen Ebene, Interaktionsstile oder elterliche Erziehungsstile auf der Ebene der Interaktionen, Institutionenvariablen, Indikatoren für soziale Milieus oder Schichten auf der Ebene der Gesellschaft usw.), wird die Komplexität des Sozialisationsprozesses reduziert und für die empirische Forschung handhabbar gemacht. Die *Kriterien* für diese Reduktion sind aus jenen modellhaften Annahmen abgeleitet. Sie sind weder theoretisch überzeugend begründet (denn es handelt sich ja um ein „theorieneutrales" Meta-Modell), noch knüpfen sie an empirisch beobachtbare Alltagspraktiken der Komplexitätsbewältigung an. Zusammenhänge zwischen derart konstruierten „Faktoren", „Instanzen" oder „Variablenbündeln" können auf der Ebene empirischer Forschung allenfalls korrelativ hergestellt werden. (...) Als Resultat steht eine Fülle relativ kleinräumiger empirischer Analysen einer davon weitgehend abgekoppelten (meta-)theoretischen Diskussion (...) gegenüber – einer Theoriediskussion, die, wie oben dargestellt, kaum mit der Ausweitung der empirischen Forschung Schritt gehalten hat. Dieser *Bruch zwischen Theorie und Empirie* ist somit, neben der diskutierten Reifizierungsproblematik, ein zweites zentrales Problem jenes integrativen Sozialisationsmodells und der Sozialisationsforschung insgesamt. [232-234] (...)

Ausgehend von der bisherigen Analyse müßte sich eine alternative Forschungsperspektive vor allem durch zwei Merkmale auszeichnen: durch ein zum diskutierten Sozialisationsmodell alternatives „Leitparadigma" oder „sensibilisierendes Konzept" und durch ein anderes Theorie-Empirie-Verhältnis. Beide Aspekte kann ich abschließend nur kurz skizzieren. Sie sind nicht unabhängig voneinander, sondern ergeben sich aus der Grundidee, daß ein Weg zur Erforschung der Sozialisation von Geschlecht gefunden werden muß, bei dem jener Aneignungsprozeß von Gesellschaft nicht durch die Brille eines abstrakten sozialisationstheoretischen Modells hindurch erfaßt wird, sondern gewissermaßen durch die Strukturierungslogik des Prozesses selbst. Dieser wird auf der Ebene der konkreten Empirie immer nur in der Verschränkung von Subjekt- *und* Objektperspektive, von Individuum *und* Gesellschaft, von „innen" *und* „außen", „sex" *und* „gender" usw. zugänglich. Diese Tatsache nicht als Problem zu betrachten, das es durch reduktive Verfahren zu beseitigen oder zumindest zu „kontrollieren" gilt, sondern als Ausgangspunkt und eigentlichen Gegenstand der Forschung, ist eine methodologische Entscheidung und zugleich eine inhaltliche Frage, die auch die Konzepte von *Sozialisation* und *Geschlecht* berührt.

Die Einsicht, daß Geschlechter „gemacht werden" (Gildemeister/Wetterer 1992), wird in der theoretischen Debatte seit etwa zehn Jahren mit dem Begriff des *doing gender* gefaßt (vgl. West/Zimmerman 1987). Das Konzept betont die aktive bzw. interaktive Herstellung, Reproduktion und Variation sozialer Regeln und Strukturen, die wiederum die Praxis der Akteurinnen beeinflussen. In dieser Perspektive werden problematische Dualismen wie „innen – außen" oder „Handeln – Struktur" im Ansatz vermieden. Statt dessen rückt der konkrete soziale Interaktionsprozeß in den Mittelpunkt. Dieser beschreibt jedoch keine Ebene „zwischen" Gesellschaft und Individuum. Die Gesellschaft steht dem Individuum nicht gegenüber, sondern ist in einem dialektischen Prozeß stets beides zugleich: objektive und subjektive Wirklichkeit. Die empirische Analyse von Interaktionsprozessen macht deshalb immer beide Perspektiven gewissermaßen „in actu" zugänglich. In der sozialen Praxis von Individuen wird „Geschlecht" als gesellschaftliche *und* als subjektive Konstruktion analysierbar. [236] (...)

Theoretisch steht das Konzept des „doing gender" in einer Tradition, die grundlegend davon ausgeht, daß *soziale Wirklichkeit* durch soziales Handeln und soziale Interpretationen, also durch komplexe interaktive Praktiken hergestellt wird. Damit verbunden ist eine prozeßhafte Konzeption der sozialen Realität. (...)

Die Bedeutung des interaktionistischen Ansatzes für die gegenwärtige Sozialisationsforschung liegt m.E. weniger in der bloßen Wiederaufnahme der abstrakten theoretischen Position als in der Neuorientierung der empirischen Forschung, die damit angeregt wird (...). Die sozialkonstruktivistische Theorieperspektive und die damit verbundene rekonstruktive Forschungsdisposition ermöglicht nicht nur neue inhaltliche Erkenntnisse über die vielschichtigen und widersprüchlichen Sozialisationsprozesse in einer geschlechterstrukturierten Gesellschaft, sondern auch eine „Selbstanwendung" der konstruktivistischen Prinzipien auf den Forschungsprozeß, d.h. eine systematische Reflexion und Re-Konstruktion, welche Kategorien (z.B. „männlich – weiblich", „Individuum – Gesellschaft") durch die Forschung(spraxis) selbst definiert oder akzentuiert werden. Damit wird das Reifikationsproblem anerkannt und in den Forschungsprozeß

# 4 Aktuelle Konzeptionen

einbezogen (...). Damit werden auch neue theoretische Fragen aufgeworfen, allen voran die Frage nach einer Neufassung der Kategorie Geschlecht.

An dieser Stelle könnte es möglicherweise wieder zu einer konstruktiven Verknüpfung der beiden diskutierten Forschungsperspektiven kommen. Einerseits lassen sich zentrale Probleme des Sozialisationsparadigmas durch die Konzeption des „doing gender" lösen. Das Leitkonzept der „geschlechtsspezifischen Sozialisation" mit seinen problematischen reifizierenden und identitätslogischen Implikationen könnte aufgegeben werden, ohne zugleich die damit verbundene Fragestellung aufzugeben, wie Menschen in einer geschlechtercodierten Welt „Frauen" und „Männer" werden und ihrerseits zur Reproduktion und Veränderung des Geschlechtersystems beitragen. Dennoch lassen sich nicht alle Aspekte der sozialisationstheoretischen Perspektive im Begriff des „doing gender" auflösen. Was diesem fehlt oder zumindest unterbelichtet wird, ist die lebensgeschichtliche Dimension des Geschlecht-*Werdens*. Die Ergänzung des „doing gender"-Ansatzes um den Gedanken der *biographischen Konstruktion von Geschlecht* könnte (...) auch aus einigen Widersprüchen in der „konstruktivistischen" Diskussion und der vermeintlichen Gefahr einer Auflösung aller Strukturen (Gesellschaft und Subjekt) heraushelfen.

Die beiden Konzepte beziehen sich im Kern auf unterschiedliche Zeitebenen. Sozialisation meint, dem theoretischen Anspruch nach, eine *lebenszeitliche* Struktur: die Zeitgestalt der Biographie. Das Konzept des „doing gender" fokussiert dagegen Interaktionsprozesse im Horizont der *Alltagszeit*, d.h. der zeitliche Rahmen interaktiver Konstruktionen ist die Situation (oder eine Kette von Situationen). Die Frage, wie sich konkrete situationsgebundene Interaktionspraktiken zu dauerhafteren Strukturen verfestigen, bleibt zunächst offen. Sie kann nach zwei Seiten hin formuliert werden: Erstens als Frage, wie das „kulturelle System der Zweigeschlechtlichkeit" (Hagemann-White 1984) durch die Alltagspraxis der Gesellschaftsmitglieder zur Institution geworden ist und aufrechterhalten wird[...]; und zweitens als Frage, wie sich in dieser Praxis zugleich Subjektstrukturen oder besser: biographische Prozeßstrukturen herausbilden, die, wenn auch nicht „geschlechtsspezifisch" im Sinne einer dualistischen Codierung, so doch an die soziale Positionierung im Geschlechtersystem „gebunden" sind (vgl. Dausien 1996).

Dieser Aspekt, der in klassisch sozialisationstheoretischer Perspektive zum Begriff der „Geschlechtsidentität" und damit zu der diskutierten Gefahr der Reifikation und Essentialisierung führt, kann im theoretischen Konzept der *Biographie* (...) aufgehoben werden[...], ohne die theoretische Grundannahme der sozialen Konstruktion und die damit verbundenen Vorteile eines rekonstruktiven empirischen Zugangs aus dem Auge zu verlieren. „Biographie" konzipiert jene

„subjektive Aneignung der Gesellschaft" und die „gesellschaftliche Konstitution von Subjektivität" als dialektischen Prozeß (vgl. Fischer-Rosenthal 1991).

Allerdings ist Biographie keine bloß theoretische Kategorie, sondern selbst ein Produkt sozialer Konstruktionsprozesse, ein „sozialer Tatbestand" in modernen Gesellschaften, der in unterschiedlichen kulturellen und sozialen Kontexten historisch differenziert ist. Genauso wenig, wie man ein Geschlecht einfach „hat", „hat" man eine Biographie (vgl. Dausien 1996: 3). Eine Biographie wird vielmehr hergestellt, durch abstrakte und konkrete gesellschaftliche Vor-Bilder; durch Erwartungen aus dem sozialen Nahbereich und institutionalisierte Erwartungsfahrpläne, die sozial und kulturell erheblich variieren; durch strukturelle „Weichenstellungen", die sich als konkrete materielle, rechtliche und soziale Restriktionen des individuellen Handlungsspielraums rekonstruieren lassen; schließlich durch die reflexive Leistung der Subjekte selbst, ohne deren biographische Arbeit weder soziales Handeln denkbar wäre, noch soziale Strukturen reproduziert werden könnten. Auf allen diesen Ebenen spielt die Positionierung im Geschlechterverhältnis eine Rolle.

Die *empirische Analyse* von Biographien macht die komplexe prozeßhafte Verschränkung dieser Aspekte sichtbar, und zwar in je konkreten Gegenstandsbereichen bzw. Lebensgeschichten, die – sozialisationstheoretisch gesprochen – nichts anderes sind als konkrete Ausformungen jener lebenslangen Auseinandersetzung zwischen Individuum und Gesellschaft, die aber empirisch *nur* in der Konkretheit zu haben sind und deshalb eine andere Form der Verallgemeinerung und ein anderes Theorie-Empirie-Verhältnis implizieren als die oben diskutierte Modellbildung. Durch biographische Forschungen finden wir keine Kausalerklärung, sondern eine empirisch fundierte Re-Konstruktion von geschichtlichen bzw. lebensgeschichtlichen Prozessen. Statt „Warum" wird das „Wie" zum Thema gemacht. Statt Ursachenfaktoren für männliches und weibliches Verhalten zu extrahieren, die an einer statistischen Durchschnittslogik orientiert sind und im empirischen Einzelfall doch nur mehr oder weniger (im Extremfall nie) zutreffen, wird es möglich zu beschreiben, *wie* Individuen sich in einer geschlechterstrukturierten Welt auf eigensinnige Weise einordnen, ihre unverwechselbare Identität und Individualität entwickeln und zugleich allgemeine soziale Strukturen wie das Geschlechterverhältnis (re)produzieren, aber auch modifizieren (...).

Damit geht es um die (Re-)Konstruktion von Geschichten des Frau- bzw. Mann-Werdens in bestimmten sozialen Kontexten, also um soziale Prozeßstrukturen unter der Bedingung *biographischer Reflexivität*. Ein solcher Ansatz zielt auf eine temporale Konstruktionslogik und damit eigentlich auf den Kern des Sozialisationsgedankens (...).

## 4 Aktuelle Konzeptionen

Methodologisch ist damit eine abduktive Forschungslogik (vgl. U. Kelle 1994 (...)) angesprochen, wie sie im bereits genannten Konzept einer empirisch-fundierten, rekonstruktiven Theoriebildung vorliegt$^{(...)}$. In theoretisch angeleiteten, aber nicht deduktiv abgeleiteten empirischen Analysen wird die Komplexität von Sozialisation in einer geschlechterstrukturierten Welt an einem konkreten empirischen Gegenstandsfeld (z.B. Interaktionsprozesse in der Familie oder der Schule) *entfaltet* statt reduziert, um auf dieser Basis zu neuen theoretischen Konzepten zu gelangen. (...)

Biographien können somit theoretisch als komplexe soziale Konstruktionsprozesse *in der Zeit,* genauer: in einer lebensgeschichtlichen Strukturlogik, interpretiert und zugleich empirisch konkret analysiert werden (vgl. Dausien (...) 1996; (...)). Die Verbindung zwischen einer Theorie der Geschlechterkonstruktion und einem empirischen Zugang zu deren Analyse muß jeweils konkret ausbuchstabiert werden und ist u.U. gespannt, aber nicht „gebrochen" wie im diskutierten Sozialisationsmodell. Schließlich werden durch den Gegenstandsbezug einer biographischen Forschung Reifikationstendenzen zumindest erschwert, denn mit der rekonstruktiven Entfaltung je konkreter Lebensgeschichten und Alltagserfahrungen werden schematische Verallgemeinerungen und „saubere" subsumtionslogische Kategorisierungen vermieden. Keine Frau und kein Mann entsprechen hundertprozentig dem gesellschaftlichen Prototyp der Geschlechter. Keine Interaktionssituation (re)produziert „reine" Geschlechterordnungen. Die Analyse von Lebensgeschichten und Alltagswelten öffnet vielmehr den Blick für das Widersprüchliche, Bewegliche und Unreine lebendiger Prozesse. Das aber gilt es zu begreifen, wenn wir in bestehende gesellschaftliche Ordnungssysteme reflexiv eingreifen und sie verändern wollen. [237-240]

*Ulrike Vogel*

**Schluss/Ausblick**

Abschließend stellen sich zwei Fragen: Was lässt sich nach diesem Überblick über die „Meilensteine der Frauen- und Geschlechterforschung" in der Bundesrepublik festhalten? Wem kann dieses Buch dienen, insbesondere in Studiengängen mit, aber auch ohne Themen zur Frauen- und Geschlechterforschung?

Zum aktuellen Stand der Diskussionen in der Frauen- und Geschlechterforschung lässt sich heute sagen: Wesentliche Bezugspunkte unterschiedlicher Theorieansätze dürften sich vorerst erhalten. Solche Bezugspunkte sind in gesellschaftsstruktureller Perspektive die Widersprüche einer kapitalistischen Gesellschaft, u.U. mit ihren Territorien, der Kampf um die Verteilung von Kapitalien im sozialen Raum und der Gesellschaftsvergleich mit Blick auf den Wandel von Geschlechterverhältnissen. In einer auf Individuen bezogenen Perspektive sind solche Bezugspunkte die Konstruktion von Geschlecht in Interaktionsprozessen bzw. in Diskursen, die Geschlechterverhältnisse definieren, sowie auch in Biographien als Medium der Konstruktion von Geschlecht. Schon jetzt ist es jedoch nicht mehr möglich, individuelle Handlungsbedingungen und Interaktionsprozesse des „doing gender" bzw. „undoing gender" ohne Bezug zu ihren widersprüchlichen institutionellen und gesamtgesellschaftlichen Rahmenbedingungen zu analysieren.

Auch ist Geschlecht inzwischen nicht nur als gesellschaftliche Strukturkategorie sondern auch insofern als eine Prozesskategorie erkannt, als Geschlecht ständig in Konstruktionsprozessen – in Interaktionen bzw. Diskursen – wieder bzw. neu hergestellt werden muss. Dass diese Re-Konstruktionsprozesse zwischen Festlegungen durch Gesellschaftsstrukturen und Veränderungschancen, die sich schon allein durch das Handeln und Interpretieren ergeben, angesiedelt sind, nimmt ihnen einerseits die Beliebigkeit, zeigt aber andererseits auch Ansätze für Veränderungsmöglichkeiten auf. Unter den strukturellen Rahmenbedingungen der Re-Konstruktionsprozesse aber wird die jeweilige Verquickung von Geschlecht mit anderen Dimensionen der sozialen Ungleichheit, z.B. Klasse, Ethnizität, Hautfarbe, Alter sowie auch religiöser oder sexueller Orientierung, deutlich. Schon heute also können Geschlechterverhältnisse, vor allem Ungleichheiten nach Geschlecht, nicht mehr ohne die Berücksichtigung ihrer jeweiligen Einbettung in andere Gesellschaftsstrukturen und Wandlungsprozesse erforscht werden.

Die Frauen und Geschlechterforschung muss die überkommene Kultur der Zweigeschlechtlichkeit (vgl. Hagemann-White 1984) ernst nehmen, um sie kritisch im Sinne einer Chancengleichheit aller Individuen ohne Rücksicht auf Geschlecht hinterfragen zu können. Mit der Frage nach Ungleichheit und Unterprivilegierung aber bleibt die Frauen- und Geschlechterforschung immer auch ihren Ursprüngen in der Frauenbewegung verbunden, die wiederum den gesellschaftskritischen Anspruch der Forschung mit begründen. Solange diese Frage nach Ungleichheit und Unterprivilegierung wesentlicher Antrieb bleibt, kann eine Frauen- und Geschlechterforschung unter Einschluss der Männerforschung zu Kritik und Aufklärung in der Gesellschaft beitragen. Demgegenüber gilt es, die Gefahr zu vermeiden, dass eine auf die detaillierte Betrachtung der Konstitution von Geschlecht in verschiedensten Zusammenhängen gerichtete Geschlechterforschung ihren Bezug zu Gesellschaftskritik verliert. So wichtig detaillierte Analysen der gesellschaftlichen Einbettung von Geschlecht sind, so wenig darf vergessen werden, dass diese Prozesse und Strukturen noch immer Ausdruck einer hierarchischen Kultur der Zweigeschlechtlichkeit sind, die in der Regel Frauen benachteiligt.

Nach dem gegenwärtigen Stand der Frauen- und Geschlechterforschung kann also gerade in dem Spannungverhältnis zwischen dem Bewusstsein der Standortgebundenheit des Wissens und der Bemühung um wissenschaftliche Aufklärung im Sinne intersubjektiver Überprüfbarkeit der Fortschritt wissenschaftlichen Denkens liegen. Aufgrund dieser Erkenntnisse kann die Frauen- und Geschlechterforschung zur sozialwissenschaftlichen Wissensproduktion insgesamt beitragen. Entsprechend eröffnen sich aber auch Verwendungsmöglichkeiten dieser Einführung in der Lehre.

In der Soziologie insgesamt hat zwar die Frauen- und Geschlechterforschung eher den Status einer „Bindestrich-Soziologie", die im „Kernbereich" der Disziplin nicht unbedingt berücksichtigt werden muss (vgl. Vogel 2006: 289-307).

Dennoch kann die Frauen- und Geschlechterforschung ohne Zweifel mit ihren Fragen und Forschungsergebnissen zu geschlechtsbezogenen Ungleichheiten einen Beitrag zur soziologischen Diskussion von Ungleichheit generell, und damit zu einer der Grundfragen der Soziologie, leisten. So ließe sich die Konzeption einer ständigen Re-Konstruktion von Geschlecht in Beziehung setzen zur Erfassung der Fortschreibung von Ungleichheit mit Kategorien wie Klasse, Milieu, Lebensstil und Lebensführung (vgl. Gottschall 2000; vgl. Hradil 1997). Gelingt es auf diese Weise, Konzeptionen aus herkömmlich grundlegenden Bereichen soziologischer Forschung und aus der Frauen- und Geschlechterforschung aufeinander zu beziehen, so könnte dieser Überblick über die „Meilensteine der Frauen- und Geschlechterforschung" eine wichtige Unterlage für Studierende und Lehrende sein, die in soziologischen Studiengängen – mit, aber auch ohne explizite Berücksichtigung von Themen der Frauen- und Geschlechterforschung – arbeiten.

# Literatur

Annuß, Evelyn (1996): Umbruch und Krise in der Geschlechterforschung. Judith Butler als Symptom. In: Das Argument 216, S. 505-527
Arbeitsgemeinschaft interdisziplinäre Frauenforschung und -studien (1990): Symposium 1989. Frauenforschung und Kunst von Frauen. Pfaffenweiler: Centaurus Verlag
Armbruster, L. Christof/Müller, Ursula/Stein-Hilbers, Marlene (Hg.) (1995): Neue Horizonte? Sozialwissenschaftliche Forschung über Geschlechter und Geschlechterverhältnisse. Opladen: Verlag Leske + Budrich
Aulenbacher, Brigitte/Bereswill, Mechthild/Löw, Martina/Meuser, Michael/Mordt, Gabriele/Schäfer, Reinhild/Scholz, Sylka (Hg.) (2006): FrauenMännerGeschlechterforschung. Münster: Verlag Westfälisches Dampfboot
Baacke, Dieter/Heitmeyer, Wilhelm (Hg.) (1985): Neue Widersprüche. Jugendliche in den achtziger Jahren. Weinheim/München: Juventa-Verlag
Beauvoir, Simone de (1951): Das andere Geschlecht: Sitte und Sexus der Frau. Reinbek bei Hamburg: Rowohlt Verlag
Becker-Schmidt, Regina (1985): Probleme feministischer Theorie und Empirie in den Sozialwissenschaften. In: Feministische Studien. 4. 2: 93-104
Becker-Schmidt, Regina (1987): Die doppelte Vergesellschaftung – die doppelte Unterdrückung: Besonderheiten der Frauenforschung in den Sozialwissenschaften. In: Unterkircher/Wagner (Hg.) (1987): 10-25
Becker-Schmidt, Regina (1990): Widerspruch und Ambivalenz. Konflikterfahrung als Schritt zur Emanzipation. In: Arbeitsgemeinschaft interdisziplinäre Frauenforschung und -studien (Hg.) (1990): 112-121
Becker-Schmidt, Regina (1991a): Frauenforschung: Eine Einführung. In: Herzog/Violi (Hg.) (1991): 121-134
Becker-Schmidt, Regina (1991b): Individuum, Klasse und Geschlecht aus der Perspektive der Kritischen Theorie. In: Zapf (Hg.) (1991): 383-394
Becker-Schmidt, Regina (1995): Transformation und soziale Ungleichheit. Soziale Ungleichheit und Geschlecht. In: Neue Impulse. Mitteilungen der Gesellschaft Deutscher Akademikerinnen e.V. 3: 6-13
Becker-Schmidt, Regina (2003): Umbrüche in Arbeitsbiographien von Frauen. In: Knapp/Wetterer (Hg.) (2003): 101-132
Becker-Schmidt, Regina/Knapp, Gudrun-Axeli (1995): Einleitung. In: Becker-Schmidt/Knapp (Hg.) (1995): 7-18
Becker-Schmidt, Regina/Knapp, Gudrun-Axeli (Hg.) (1995): Das Geschlechterverhältnis als Gegenstand der Sozialwissenschaften. Frankfurt/New York: Campus Verlag
Becker-Schmidt, Regina/Knapp, Gudrun-Axeli (2000): Feministische Theorien zur Einführung. Hamburg: Junius Verlag
Becker-Schmidt, Regina/Knapp, Gudrun-Axeli (2003): Feministische Theorien zur Einführung. 3. Aufl.. Hamburg: Junius Verlag

Becker-Schmidt, Regina/Knapp, Gudrun-Axeli (2003): Vorbemerkung. In: Becker-Schmidt/Knapp (2003): 7-13
Beck-Gernsheim, Elisabeth (1976): Der geschlechtsspezifische Arbeitsmarkt. Zur Ideologie und Realität von Frauenberufen. Frankfurt a.M.: aspekte-Verlag
Beck-Gernsheim, Elisabeth (1979): Männerrolle, Frauenrolle – aber was steht dahinter? Soziologische Perspektiven zur Arbeitsteilung und Fähigkeitsdifferenzierung zwischen den Geschlechtern. In: Eckert (Hg.) (1979): 165-201
Beck-Gernsheim, Elisabeth/Ostner, Ilona (1979): Mitmenschlichkeit als Beruf. Eine Analyse des Alltags in der Krankenpflege. Frankfurt a. M./New York: Campus Verlag
Beck-Gernsheim, Elisabeth/Ostner, Ilona (1978): Frauen verändern – Berufe nicht? Ein theoretischer Ansatz zur Problematik von „Frau und Beruf". In: Soziale Welt 3. 257-282
Beer, Ursula (1989): Das Geschlechterverhältnis ein ‚Nebenwiderspruch'? In: Beer (Hg.) (1989): 67-72
Beer, Ursula (Hg.) (1989): Klasse Geschlecht. 2. Aufl.. Frankfurt a.M.: IMSF
Beer, Ursula (Hg.) (1987): Klasse Geschlecht. Bielefeld: AJZ-Verlag
Bennholdt-Thomsen, Veronika (1982): Bauern in Mexiko. Zwischen Subsistenz- und Warenproduktion. Frankfurt a.M.: Campus Verlag
Bennholdt-Thomsen, Veronika/Mies, Maria (1997): Die Subsistenzperspektive. Eine Kuh für Hillary. München: Verlag Frauenoffensive
Berger, Peter L./Luckmann, Thomas (1970): Die soziale Konstruktion der Wirklichkeit. Eine Theorie der Wissenssoziologie. Frankfurt a.M.: Fischer Verlag
Bertram, Hans (Hg.) (1986): Gesellschaftlicher Zwang und moralische Autonomie. Frankfurt: Suhrkamp Verlag
Bertram, Hans/Kollmorgen, Raj (Hg.) (2001): Die Transformation Ostdeutschlands. Opladen: Verlag Leske + Budrich
Bilden, Helga (1980): Geschlechtsspezifische Sozialisation. In: Hurrelmann/Ulich (Hg.) (1980): 777-812
Bilden, Helga (1991): Geschlechtsspezifische Sozialisation. In: Hurrelmann/Ulich (Hg.) (1991): 279-301
Blochmann, Elisabeth (1966): Das „Frauenzimmer" und die „Gelehrsamkeit". Eine Studie über die Anfänge des Mädchenschulwesens in Deutschland. Heidelberg: Verlag Quelle & Meyer
Bock, Ulla (1994): Frauenforschungsprofessuren an deutschen Universitäten/Gesamthochschulen und Hochschulen (ausgenommen Fachhochschulen). 2. Aufl.. Berlin: Zentraleinrichtung zur Förderung von Frauenstudien und Frauenforschung an der Freien Universität
Böhnisch, Lothar (2000): Körperlichkeit und Hegemonialität – Zur Neuverortung des Mannseins in der segmentierten Arbeitsgesellschaft. In: Janshen (Hg.) (2000): 106-125
Böhnisch, Lothar (2003): Die Entgrenzung der Männlichkeit. Verstörungen und Formierungen des Mannseins im gesellschaftlichen Übergang. Opladen: Verlag Leske + Budrich

Böhnisch, Lothar/Winter, Reinhard (1993): Männliche Sozialisation. Bewältigungsprobleme männlicher Geschlechtsidentität im Lebenslauf. Weinheim und München: Juventa Verlag

Bohnsack, Ralf (2001): Der Habitus der „Ehre des Mannes". Geschlechtsspezifische Erfahrungsräume bei Jugendlichen türkischer Herkunft. In: Döge/Meuser (Hg.) (2001): 49-71

Born, Claudia/Krüger, Helga (Hg.) (2001): Individualisierung und Verflechtung. Geschlecht und Generation im deutschen Lebenslaufregime. Weinheim und München: Juventa Verlag

Bosshart-Pfluger, Catherine/Grisard, Dominique/Späti, Christina (Hg.) (2004): Geschlecht und Wissen – Genre et Savoir – Gender and Knowledge. Beiträge der 10. Schweizerischen Historikerinnentagung 2002. Zürich: Chronos Verlag

Bourdieu, Pierre (1980): Le sens pratique. Paris: Minuit (dt.: Sozialer Sinn, Frankfurt a.M.: Suhrkamp Verlag: 1987)

Bourdieu, Pierre (1990): La domination masculine. Actes de la recherche en sciences sociales. 84: 2-31 (dt. In: Dölling/Krais (Hg.) (1997): 153-217)

Bourdieu, Pierre (1993): Sozialer Sinn. Kritik der theoretischen Vernunft. Frankfurt a.M.: Suhrkamp Verlag

Bourdieu, Pierre (1997a): Die männliche Herrschaft. In: Dölling/Krais (Hg.) (1997): 153-217

Bourdieu, Pierre (1997b): Männliche Herrschaft revisited. In: Feministische Studien. 15. 2: 88-99

Bourdieu, Pierre (1998): La domination masculine. Paris: ed. Seuil

Bourdieu, Pierre (2005): Die männliche Herrschaft. Frankfurt a.M.: Suhrkamp Verlag

Bracht, Ulla/Keiner, Dieter (Hg.) (1994): Jahrbuch für Pädagogik 3, Frankfurt a.M.: Lang Verlag

Brehmer, Ilse/Jacobi-Dittrich, Juliane/Kleinau, Elke/Kuhn, Annette (Hg.) (1983): Frauen in der Geschichte IV. „Wissen heißt leben ..." Beiträge zur Bildungsgeschichte von Frauen im 18. und 19. Jahrhundert. Düsseldorf: Pädagogischer Verlag Schwann-Bagel GmbH

Breitenbach, Eva/Hagemann-White, Carol (1994): Von der Sozialisation zur Erziehung. Der Umgang mit geschlechtsdifferenter Subjektivität in der feministischen Forschung. In: Bracht/Keiner (Hg.) (1994): 249-264

Breitenbach, Eva/Bürmann, Ilse/Liebsch, Katharina/Mansfeld, Cornelia/Micus-Loos, Christiane (Hg.) (2002): Geschlechterforschung als Kritik. Bielefeld: Kleine Verlag

Brockhaus (1815): Conversations-Lexikon oder Handwörterbuch für die gebildeten Stände. Bd. 4, 3. Aufl., Leipzig/Altenburg: F. A. Brockhaus Verlag

Brombach, Sabine/Wahrig, Bettina (Hg.) (2006): LebensBilder. Leben und Subjektivität in neueren Ansätzen der Gender Studies. Bielefeld: transcript Verlag

Brückner, Margrit/Böhnisch, Lothar (Hg.) (2001): Geschlechterverhältnisse. Gesellschaftliche Konstruktionen und Perspektiven ihrer Veränderung. Weinheim und München: Juventa Verlag

Brunner, Otto u.a. (Hg.) (1975): Geschichtliche Grundbegriffe. Historisches Lexikon zur politisch-sozialen Sprache in Deutschland. Bd. 2. Stuttgart: Klett-Cotta Verlag

Buechler, Steven M. (1990): Women's Movement in the United States: Suffrage, Equal Rights and Beyond. New Brunswick/London: Rutgers Univ. Press

Bühler, Elisabeth/Meyer, Heidi/Reichert, Dagmar/Scheller, Andrea (Hg.) (1993): Ortssuche. Zur Geographie der Geschlechterdifferenz. Zürich/Dortmund: eFeF-Verlag

Bührmann, Andrea (1995): Das authentische Geschlecht. Die Sexualitätsdebatte der Neuen Frauenbewegung und die Foucaultsche Machtanalyse. Münster: Verlag Westfälisches Dampfboot

Bührmann, Andrea (2002): Plädoyer für die Situierung der eigenen diskursiven Praxis: oder dem Diskurs die Machtfrage stellen. In: Erwägen Wissen Ethik (Vormals Ethik und Sozialwissenschaften. Streitforum für Erwägungskultur). 13. 1: 29-32

Bührmann, Andrea (2004): Die Instrumentalisierung von Körpervorstellungen zur (Trans-) Formierung sozialer Ordnungsvorstellungen. In: Bosshart-Pfluger/Grisard/Späti (Hg.) (2004): 307-317

Butler, Judith (1991): Das Unbehagen der Geschlechter. Frankfurt a. M.: Suhrkamp Verlag

Connell, Robert W. (1995): Neue Richtungen für Geschlechtertheorie. Männlichkeitsforschung und Geschlechterpolitik. In: Armbruster/Müller/Stein-Hilbers (Hg.) (1995): 61-84

Connell, Robert W. (1998): Der gemachte Mann. Opladen: Verlag Leske + Budrich

Connell, Robert W. (2000): Der gemachte Mann. Männlichkeitskonstruktionen und Krise der Männlichkeit. 2. Aufl., Opladen: Verlag Leske+Budrich

Connell, Robert W./Messerschmidt, James W. (2005): Hegemonic Masculinity. Rethinking the Concept. In: Gender & Society 19. 6. Calif.u.a.. Thousand Oaks: 829-859

Conze, Werner (Hg.) (1976): Sozialgeschichte der Familie in der Neuzeit Europas. Neue Forschungen. Stuttgart: Ernst Klett Verlag

Dausien, Bettina (1994): Biographieforschung als „Königinnenweg"? Überlegungen zur Relevanz biographischer Ansätze in der Frauenforschung. In: Diezinger/Kitzer/Anker/Bingel/Haas/Odierna (Hg.) (1994): 129-153

Dausien, Bettina (1996): Biographie und Geschlecht. Zur biographischen Konstruktion sozialer Wirklichkeit in Frauenlebensgeschichten. Bremen: Donat Verlag

Dausien, Bettina (1998): Die biographische Konstruktion von Geschlecht. In: Schneider (Hg.) (1998): 257-277

Dausien, Bettina (1999). „Geschlechtsspezifische Sozialisation" – konstruktiv(istischer) Ideen zu Karriere und Kritik eines Konzepts. In: Dausien/Herrmann/Oechsle/Schmerl/Stein-Hilbers (Hg.) (1999): 216-246

Dausien, Bettina (2006): Repräsentation und Konstruktion. Lebensgeschichte und Biographie in der empirischen Geschlechterforschung. In: Brombach/Wahrig (Hg.) (2006): 179-211

Dausien, Bettina/Herrmann, Martina/Oechsle, Mechthild/Schmerl, Christiane/Stein-Hilbers, Marlene (Hg.) (1999): Erkenntnisprojekt Geschlecht. Feministische Perspektiven verwandeln Wissenschaft. Opladen: Verlag Leske + Budrich

Deppe, Frank (Hg.) (1991): Eckpunkte moderner Kapitalismuskritik. Hamburg. VSA-Verlag

Deutsche Forschungsgemeinschaft (Hg.) (1994): Sozialwissenschaftliche Frauenforschung in der Bundesrepublik Deutschland: Bestandsaufnahme und forschungspolitische Konsequenzen. Berlin: Akademie-Verlag
Diezinger, Angelika/Kitzer, Hedwig/Anker, Ingrid/Bingel, Irma/Haas, Erika/Odierna, Simone (Hg.) (1994): Erfahrung mit Methode. Wege sozialwissenschaftlicher Frauenforschung. Freiburg i. Br.: Kore Verlag
Döbert, Rainer/Nunner-Winkler, Gertrud (1986): Wertwandel und Moral. In: Bertram, H. (Hg.) (1986): 289-319
Döge, Peter/Kassner, Karsten/Schambach, Gabriele (Hg.) (2004): Schaustelle Gender. Aktuelle Beiträge sozialwissenschaftlicher Geschlechterforschung. Bielfeld: Kleine Verlag
Döge, Peter/Meuser, Michael (Hg.) (2001): Männlichkeit und soziale Ordnung. Opladen: Verlag Leske+Budrich
Dölling, Irene (1991): Über den Patriarchalismus staatssozialistischer Gesellschaften und die Geschlechtsfrage im gesellschaftlichen Umbruch. In: Zapf (Hg.) (1991): 407-417
Dölling, Irene (1993): Aufschwung nach der Wende – Frauenforschung in der DDR und in den neuen Bundesländern. In: Helwig/Nickel (Hg.) (1993): 397-407
Dölling, Irene (2003): Zwei Wege gesellschaftlicher Modernisierung. Geschlechtervertrag und Geschlechterarrangements in Ostdeutschland in gesellschafts-/modernisierungstheoretischer Perspektive. In: Knapp/Wetterer (Hg.) (2003): 73-100
Dölling, Irene/Krais, Beate (Hg.) (1997): Ein alltägliches Spiel. Geschlechterkonstruktion in der sozialen Praxis. Frankfurt a.M.: Suhrkamp Verlag
Eckert, Roland (Hg.) (1979): Geschlechtsrollen und Arbeitsteilung. Mann und Frau in soziologischer Sicht. München: C.H. Beck Verlag
Ersch, Johann Samuel/Gruber, Johann Gottfried (1856): Allgemeine Encyclopädie der Wissenschaften und Künste, 1. Sect., 63. Theil. Leipzig: Gleditsch Verlag
Esser, Hartmut (Hg.) (2000): Der Wandel nach der Wende. Wiesbaden: Westdeutscher Verlag
Firestone, Shulamith (1975): Frauenbefreiung und sexuelle Revolution. Frankfurt a.M.: Fischer Verlag
Fischer, Hans Rudi/Retzer, Arnold/Schweitzer, Jochen (Hg.) (1992): Das Ende der großen Entwürfe. Frankfurt a.M.: Suhrkamp Verlag
Fischer-Rosenthal, Wolfram (1991): Zum Konzept der subjektiven Aneignung von Gesellschaft. In: Flick (Hg.) (1991): 78-89
Flick, Uwe et al. (Hg.) (1991): Handbuch qualitative Sozialforschung. Grundlagen, Konzepte, Methoden und Anwendungen. München: Psychologie Verlags Union
Foucault, Michel (1989): Der Wille zum Wissen. Sexualität und Wahrheit. Bd. 1. 3.Aufl. Frankfurt a.M: Suhrkamp Verlag
Gebauer, Gunter/Wulf, Christoph (Hg.) (1993): Praxis und Ästhetik. Neue Perspektiven im Denken Pierre Bourdieus. Frankfurt a.M.: Suhrkamp Verlag
Geissler, Rainer (1992): Die Sozialstruktur Deutschlands. Opladen: Westdeutscher Verlag
Gerhard, Ute (1990a): Gleichheit ohne Angleichung. Frauen im Recht. München: Beck Verlag
Gerhard, Ute (1990b): Unerhört. Die Geschichte der deutschen Frauenbewegung. Reinbek b. Hamburg: Rowohlt Verlag

Gerhard, Ute (1995): Die ‚langen Wellen' der Frauenbewegung – Traditionslinien und unerledigte Anliegen. In: Becker-Schmidt/Knapp (Hg.) (1995): 247-278

Gerhard, Ute (1996): Atempause: Die aktuelle Bedeutung der Frauenbewegung für eine zivile Gesellschaft. In: Aus Politik und Zeitgeschichte, Beilage zur Wochenzeitung Das Parlament, B 21-22/96, 17. Mai 1996. Bonn: Bundeszentrale für politische Bildung: 3-14

Gerhard, Ute (1999): Frausein und Feminismus: über die Möglichkeiten politischen Handelns von Frauen. In: Scarbath/Schlottau/Straub/Waldmann (Hg.) (1999): 87-100

Gerhard, Ute (1994): Frauenforschung und Frauenbewegung – Skizze ihrer theoretischen Diskurse. In: Deutsche Forschungsgemeinschaft (Hg.) (1994): 12-28

Geulen, Dieter (1991): Die historische Entwicklung sozialisationstheoretischer Ansätze. In: Hurrelmann/Ulich (Hg.) (1991): 21-54

Gildemeister, Regine (1988): Geschlechtsspezifische Sozialisation. Neuere Beiträge und Perspektiven zur Entstehung des „weiblichen Sozialcharakters". In: Soziale Welt. 39. 4: 486-503

Gildemeister, Regine (1992): Die soziale Konstruktion von Geschlechtlichkeit. In: Ostner/Lichtblau (Hg.) (1992): 220-240

Gildemeister, Regine (2001): Soziale Konstruktion von Geschlecht. Fallen, Missverständnisse und Erträge einer Debatte. In: Rademacher/Wiechens (Hg.) (2001): 65-87

Gildemeister, Regine (2005): Gleichheitssemantik und Praxis der Differenzierung: Wann und wie aus Unterscheidungen Unterschiede werden. In: Vogel (Hg.) (2005): 71-88

Gildemeister, Regine/Wetterer, Angelika (1992): Wie Geschlechter gemacht werden. Die soziale Konstruktion der Zweigeschlechtlichkeit und ihre Reifizierung in der Frauenforschung. In: Knapp/Wetterer (Hg.) (1992): 201-254

Gilligan, Carol (1984): Die andere Stimme. Lebenskonflikte und Moral der Frau. München: Piper Verlag

Goffman, Erving (1994 (1977)): Das Arrangement der Geschlechter. In: Goffman (Hg.) (1994 (1977)): 105-158

Goffman, Erving (Hg.) (1994 (1977)): Interaktion und Geschlecht. Frankfurt a.M.: Campus Verlag

Gottschall, Karin (2000): Soziale Ungleichheit und Geschlecht: Kontinuitäten und Brüche, Sackgassen und Erkenntnispotentiale im deutschen soziologischen Diskurs. Opladen: Verlag Leske + Budrich

Greer, Germaine (1974): Der weibliche Eunuch. Aufruf zur Befreiung der Frau. Frankfurt a.M. Fischer Verlag

Die Grünen im Bundestag/Arbeitskreis Frauenpolitik (Hg.) (1987): Frauen & Ökologie. Gegen den Machbarkeitswahn. Köln: Kölner Volksblatt Verlag

Hagemann-White, Carol (1982): Zur Problematik des Begriffs „weibliche Sozialisation". In: Sektion Frauenforschung in der DGS (Hg.) (1982): 137-155

Hagemann-White, Carol (1984): Sozialisation: Weiblich – männlich? Opladen: Verlag Leske + Budrich

Hagemann-White, Carol (1993): Die Konstrukteure des Geschlechts auf frischer Tat ertappen? Methodische Konsequenzen einer theoretischen Einsicht. In: Feministische Studien. 11. 2: 68-78

Hagemann-White, Carol (2001): Was bedeutet „Geschlecht" in der Frauenforschung? Ein Blick zurück und ein Entwurf für heute. In: Hornung/Gümen/Weilandt (Hg.) (2001): 63-73
Hagemann-White, Carol/Rerrich, Maria S. (Hg.) (1988): FrauenMännerBilder. Männer und Männlichkeit in der feministischen Diskussion. Bielefeld: Kleine Verlag
Hartmann, Jutta (Hg.) (2004): Grenzverwischungen. Vielfältige Lebensweisen im Gender-, Sexualitäts- und Generationendiskurs. Innsbruck: STUDIA Universitätsverlag
Haug, Frigga (Hg.) (2003): Historisch-Kritisches Wörterbuch des Feminismus. Hamburg: Argument Verlag
Hausen, Karin (1976): Die Polarisierung der „Geschlechtscharaktere". Eine Spiegelung der Dissoziation von Erwerbs- und Familienleben. In: Conze (Hg.) (1976): 363-393.
Hausen, Karin (1978): Die Polarisierung der „Geschlechtscharaktere". Eine Spiegelung der Dissoziation von Erwerbs- und Familienleben. In: Rosenbaum (Hg.) (1978): 161-191
Heintz, Bettina (1993): Die Auflösung der Geschlechterdifferenz. Entwicklungstendenzen in der Theorie der Geschlechter. In: Bühler/Meyer/Reichert/Scheller, (Hg.) (1993): 17-49
Heintz, Bettina (Hg.) (2001): Geschlechter-Soziologie. Wiesbaden: Westdeutscher Verlag
Heintz, Bettina/Nadai, Eva (1998): Geschlecht und Kontext. De-Institutionalisierungsprozesse und geschlechtliche Differenzierung. In: Zeitschrift für Soziologie. 27. 2: 75-93
Helduser, Urte/Marx, Daniela/Paulitz, Tanja/Pühl, Katharina (Hg.) (2004): under construction? Konstruktivistische Perspektiven in feministischer Theorie und Forschungspraxis. Frankfurt a.M.: Campus Verlag
Helwig, Gisela/Nickel, Hildegard Maria (Hg.) (1993): Frauen in Deutschland 1945-1992. Bonn: Bundeszentrale für politische Bildung
Herzog, Walter/Violi, Enrico (Hg.) (1991): Beschreiblich weiblich. Zürich: Verlag Rüegger
Hirschauer, Stefan (1989): Die interaktive Konstruktion von Geschlechtszugehörigkeit. In: Zeitschrift für Soziologie. 18. 2: 100-118
Hirschauer, Stefan (2001): Das Vergessen des Geschlechts. Zur Praxeologie einer Kategorie sozialer Ordnung. In: Heintz (Hg:) (2001): 208-235
Hirschauer, Stefan (1993): Dekonstruktion und Rekonstruktion. Plädoyer für die Erforschung des Bekannten. In: Feministische Studien. 11. 2: 55-67
Honegger, Claudia (1991): Die Ordnung der Geschlechter. Die Wissenschaften vom Menschen und das Weib 1750-1850. Frankfurt a.M./New York: Campus Verlag
Honneth, Axel/McCarthy, Thomas/Offe, Claus/Wellmer, Albrecht (Hg.) (1989): Zwischenbetrachtungen. Im Prozess der Aufklärung. Frankfurt a.M.: Suhrkamp Verlag
Hornung, Ursula/Gümen, Sedef/Weilandt, Sabine (Hg.) (2001): Zwischen Emanzipationsvision und Gesellschaftskritik: (Re)Konstruktionen der Geschlechterforschung in Frauenforschung – Frauenbewegung – Frauenpolitik. Münster: Verlag Westfälisches Dampfboot
Horster, Detlef (Hg.) (1998): Weibliche Moral – ein Mythos? Frankfurt a.M.: Suhrkamp Verlag

Hradil, Stefan (Hg.) (1997): Differenz und Integration. Die Zukunft moderner Gesellschaften. Verhandlungen des 28. Kongresses der deutschen Gesellschaft für Soziologie in Dresden 1996. Frankfurt a.M.: Campus Verlag

Hurrelmann, Klaus (1986): Einführung in die Sozialisationstheorie. Über den Zusammenhang von Sozialstruktur und Persönlichkeit. Weinheim/Basel: Beltz Verlag

Hurrelmann, Klaus/Ulich, Dieter (Hg.) (1980): Handbuch der Sozialisationsforschung. Weinheim/Basel: Beltz Verlag

Hurrelmann, Klaus/Ulich, Dieter (Hg.) (1991): Neues Handbuch der Sozialisationsforschung. 4., völlig neu bearbeitete Auflage. Weinheim/Basel: Beltz Verlag

Janshen, Doris (1999): Widerspenstige Erbinnen im Aufbruch. In: Janshen, Doris (Hg.) (1999): 11-22

Janshen, Doris (Hg.) (1999): Frauen über Wissenschaften. Die widerspenstigen Erbinnen der Männeruniversität. Weinheim/München: Juventa Verlag

Janshen, Doris (2000): Blickwechsel. Ein neuer Dialog zwischen Frauen und Männerforschung. In: Janshen, Doris (Hg.) (2000): 11-21

Janshen, Doris (Hg.) (2000): Blickwechsel. Der neue Dialog zwischen Frauen- und Männerforschung. Frankfurt a. M.: Campus Verlag

Kelle, Udo (1994): Empirisch begründete Theoriebildung. Zur Logik und Methodologie interpretativer Sozialforschung. Weinheim: Deutscher Studien Verlag

Knapp, Gudrun-Axeli (1987): Arbeitsteilung und Sozialisation: Konstellationen von Arbeitsvermögen und Arbeitskraft im Lebenszusammenhang von Frauen. In: Beer (Hg.) (1987): 267-308

Knapp, Gudrun-Axeli (1988): Das Konzept „weibliches" Arbeitsvermögen. Theoriegeleitete Zugänge, Irrwege, Perspektiven. In: Frauenforschung. Informationsdienst des Forschungsinstituts Frau und Gesellschaft Hannover. Bielefeld. Kleine Verlag. 1988. 6. 4: 8-19

Knapp, Gudrun-Axeli (1998a): Differenz ohne Differenzierung? Anmerkungen zur Debatte um eine »weibliche Moral«. In: Horster (Hg.) (1998): 162-188

Knapp, Gudrun-Axeli (1998b): Postmoderne Theorie oder Theorie der Postmoderne? Anmerkungen aus feministischer Sicht. In: Knapp (Hg.) (1998): 25-83

Knapp, Gudrun-Axeli (1999): Geschlechterdifferenz und Dekonstruktion. Anmerkungen zur Verwendung des Dekonstruktionsbegriffes in der sozialwissenschaftlichen Frauenforschung. In: Nickel/Völker/Hüning (Hg.) (1999): 35-53

Knapp, Gudrun-Axeli (2001a): Einleitung. In: Knapp/Wetterer (Hg.) (2001): 7-13

Knapp, Gudrun-Axeli (2001b): Kein Abschied von Geschlecht. Thesen zur Grundlagendiskussion in der Frauen- und Geschlechterforschung. In: Hornung/Gümen/Weilandt (Hg.) (2001): 78-87

Knapp, Gudrun-Axeli (2001c): Dezentriert und viel riskiert: Anmerkungen zur These vom Bedeutungsverlust der Kategorie Geschlecht. In: Knapp/Wetterer (Hg.) (2001): 15-62

Knapp, Gudrun-Axeli (2003): Aporie als Grundlage: Zum Produktionscharakter der feministischen Diskurskonstellation. In: Knapp/Wetterer (Hg.) (2003): 240-265

Knapp, Gudrun-Axeli (Hg.) (1998): Kurskorrekturen. Feminismus zwischen Kritischer Theorie und Postmoderne. Frankfurt a. M.: Campus Verlag

# Literatur

Knapp, Gudrun-Axeli/Wetterer, Angelika (1992): Vorwort. In: Knapp/Wetterer (Hg.) (1992): 9-19
Knapp, Gudrun-Axeli/Wetterer, Angelika (2003): Vorwort. In: Knapp/Wetterer (Hg.) (2003): 7-11
Knapp, Gudrun-Axeli/Wetterer, Angelika (Hg.) (1992): TraditionenBrüche. Entwicklungen Feministischer Theorie. Freiburg i. Br.: Kore Verlag
Knapp, Gudrun-Axeli/Wetterer, Angelika (Hg.) (2001): Soziale Verortung der Geschlechter. Gesellschaftstheorie und feministische Kritik. Münster: Verlag Westfälisches Dampfboot
Knapp, Gudrun-Axeli/Wetterer, Angelika (Hg.) (2003): Achsen der Differenz. Gesellschaftstheorie und feministische Kritik II. Münster: Verlag Westfälisches Dampfboot
Kohlberg, Lawrence (1974): Zur kognitiven Entwicklung des Kindes. Frankfurt a.M.: Suhrkamp Verlag
Kontos, Sylvia/Walser, Karin (1979): ...weil nur zählt, was Geld einbringt Probleme der Hausfrauenarbeit. Gelnhausen u.a.: Buckhardthaus-Laetare Verlag
Krais, Beate (1993): Geschlechterverhältnis und symbolische Gewalt. In: Gebauer/Wulf (Hg.) (1993): 208-250
Krais, Beate (2001): Die feministische Debatte und die Soziologie Pierre Bourdieus: eine Wahlverwandtschaft. In: Knapp/Wetterer (Hg.) (2001): 317-338
Krell, Gertraude/Osterloh, Margit (Hg.) (1993): Personalpolitik aus der Sicht von Frauen – Frauen aus der Sicht der Personalpolitik. Was kann die Personalforschung von der Frauenforschung lernen? München und Mering: Rainer Hampp Verlag
Krüger, Helga (2001a): Geschlecht, Territorien, Institutionen. Beitrag zu einer Soziologie der Lebenslauf-Relationalität. In: Born/Krüger (Hg.) (2001): 257-299
Krüger, Helga (2001b): Gesellschaftsanalyse: der Institutionenansatz in der Geschlechterforschung. In: Knapp/Wetterer (Hg.) (2001): 63-90
Krüger, Helga (2002): Territorien – Zur Konzeptualisierung eines Bindegliedes zwischen Sozialisation und Gesellschaftsstruktur. In: Breitenbach/Bürmann/Liebsch/Mansfeld/ Micus-Loos (Hg.) (2002): 29-47
Krüger, Helga/Levy, René (2000): Masterstatus, Familie und Geschlecht. Vergessene Verknüpfungslogiken zwischen Institutionen des Lebenslaufs. In: Berliner Journal für Soziologie 10. 3. Wiesbaden: VS-Verlag für Sozialwissenschaften: 379-401
Kuhn, Annette (1983): Das Geschlecht – eine historische Kategorie? In: Brehmer/Jacobi-Dittrich/Kleinau/Kuhn (Hg.) (1983): 29-50
Landweer, Hilge (1994): Generativität und Geschlecht. Ein blinder Fleck in der sex/gender-Debatte. In: Wobbe/Lindemann(Hg.) (1994): 147-176
Lange, Helene (1907): Die Frauenbewegung in ihren modernen Problemen. Berlin: Verlag Quelle & Meyer
Leacock, Eleanor (1981): Myths of Male Dominance. Collected Articles on Women Cross-culturally. New York: Monthly Review Press
Lenz, Ilse (1995a): Geschlechtssymmetrische Gesellschaften. Neue Ansätze nach der Matriarchatsdebatte. In: Lenz/Luig (Hg.) (1995): 26-87
Lenz, Ilse (1995b): Geschlecht, Herrschaft und internationale Ungleichheit. In: Becker-Schmidt/Knapp (Hg.) (1995): 19-46

Lenz, Ilse (1996): Grenzziehungen und Öffnungen: Zum Verhältnis von Geschlecht und Ethnizität zu Zeiten der Globalisierung. In: Lenz/Germer/Hasenjürgen (Hg.) (1996): 200-228

Lenz, Ilse/Germer, Andrea/Hasenjürgen, Brigitte (Hg.) (1996): Wechselnde Blicke. Frauenforschung in internationaler Perspektive. Opladen: Verlag Leske+Budrich

Lenz, Ilse/Luig, Ute (Hg.) (1995): Frauenmacht ohne Herrschaft. Geschlechterverhältnisse in nichtpatriarchalischen Gesellschaften. Berlin: Fischer Taschenbuch (Orlanda Verlag 1990)

Lenz, Karl (2001): Im ehernen Gehäuse der Kultur: Geschlechterkonstruktion in heterosexuellen Zweierbeziehungen. In: Brückner/Böhnisch (Hg.) (2001): 179-207

Liegle, Ludwig (1988): Freie Assoziationen von Familien. In: Lüscher/Schultheis/Wehrspaun (Hg.) (1988): 98-115

Lorber, Judith (1999): Gender Paradoxien. Opladen: Verlag Leske+Budrich

Lorber, Judith/Farell, Susan A. (1991): Principles of Gender Construction. Preface Part I. In. Lorber/Farell (1991): 7-11

Lorber, Judith/Farell, Susan A. (Hg.) (1991): The Social Construction of Gender. Newbury Park/London/New Dehli: Sage Publications

Lüscher, Kurt/Schultheis, Franz/Wehrspaun, Michael (Hg.) (1988): Die ‚postmoderne Familie'. Konstanz: Universitäts-Verlag

Luxemburg, Rosa (1923/1970): Die Akkumulation des Kapitals. Ein Beitrag zur ökonomischen Erklärung des Imperialismus. Frankfurt a.M.. Verlag Neue Kritik

Luxemburg, Rosa (1923/75): Gesammelte Werke Bd. 5. Berlin: Dietz Verlag

Maihofer, Andrea (1995): Geschlecht als Existenzweise. Macht, Moral, Recht und Geschlechterdifferenz. Frankfurt a.M.: Helmer Verlag

Maihofer, Andrea (1998): Der Mythos von der *einen* Moral. Zu Gertrud Nunner-Winklers Kritik an Gilligans Thesen von den zwei Moralen. In: Horster (Hg.) (1998): 99-119

Maihofer, Andrea (2004a): Geschlecht als soziale Konstruktion – eine Zwischenbetrachtung. In: Helduser/Marx/Paulitz/Pühl (Hg.) (2004): 33-43

Maihofer, Andrea (2004b): Von der Frauen- zur Geschlechterforschung – modischer Trend oder bedeutsamer Perspektivenwechsel". In: Döge/Kassner/Schambach (Hg.) (2004): 11-28

Maihofer, Andrea (2004c): Geschlecht als hegemonialer Diskurs und gesellschaftlich-kulturelle Existenzweise. Neuere Überlegungen auf dem Weg zu einer kritischen Theorie von Geschlecht. In: Hartmann (Hg.) (2004): 33-40

Metz-Göckel, Sigrid (2000): Spiegelungen und Verwerfungen. Das Geschlecht aus der Sicht der Frauenforschung. In: Janshen (Hg.) (2000): 25-46

Metz-Göckel, Sigrid (2003): Feminismus. In: Haug (Hg.) (2003): 170-180

Metz-Göckel, Sigrid/Müller, Ursula (1986): Der Mann. Weinheim: Beltz Verlag

Meuser, Michael (1995): Geschlechterverhältnisse und Maskulinitäten. Eine wissenssoziologische Perspektive. In: Armbruster/Müller/Stein-Hilbers (Hg.) (1995): 107-134

Meuser, Michael (1998a): Gefährdete Sicherheiten und pragmatische Arrangements. Lebenszusammenhänge und Orientierungsmuster junger Männer. In: Oechsle/Geissler (Hg.) (1998): 237-258

Meuser, Michael (1998b): Geschlecht und Männlichkeit. Soziologische Theorie und kulturelle Deutungsmuster. Opladen: Verlag Leske+Budrich

Meuser, Michael (2001): „Das heißt noch lange nicht, dass sie die Peitsche in der Hand hat" – Die Transformation der Geschlechterordnung und die widersprüchliche Modernisierung von Männlichkeit. In: Diskurs 11. 1. Leverkusen: Leske+Budrich: 44-50

Meuser, Michael (2004): Geschlechterforschung und Soziologie der Männlichkeit. In: Döge/Kassner/Schambach (Hg.) (2004): 29-40

Meuser, Michael (2006): Hegemoniale Männlichkeit. Überlegungen zur Leitkategorie der men's studies. In: Aulenbacher/Bereswill/Löw/Meuser/Mordt/Schäfer/Scholz (Hg.) (2006): 160-174

Mies, Maria (1978): Methodische Postulate zur Frauenforschung – dargestellt am Beispiel der Gewalt gegen Frauen. In: beiträge zur feministischen theorie und praxis. 1. 1. Erste Orientierungen. München: 41-64

Mies, Maria (1982): The Lace Makers of Narsapur. Indian Housewives produce for the World Market. London: Zed Book

Mies, Maria (1983): Subsistenzproduktion, Hausfrauisierung, Kolonisierung. In: beiträge zur feministischen theorie und praxis. 6. 9/10: 115-124

Mies, Maria (1984): Frauenforschung oder feministische Forschung? In: beiträge zur feministischen theorie und praxis. 7. 11: 40-60

Mies, Maria (1987): Konturen einer ökofeministischen Gesellschaft. In: Die Grünen im Bundestag/Arbeitskreis Frauenpolitik (Hg.) (1987): 39-53

Mies, Maria (1988): Patriarchat und Kapital. Frauen in der internationalen Arbeitsteilung. Zürich: Rotpunktverlag

Mies, Maria (1994): Frauenbewegung und 15 Jahre „Methodische Postulate zur Frauenforschung". In: Diezinger/Kitzer/Anker/Bingel/Haas/Odierna (Hg.) (1994): 105-128

Mies, Maria (2001): Hausfrauisierung, Globalisierung, Subsistenzperspektive. In: Knapp/Wetterer (Hg.) (2001): 157-187

Millet, Kate (1971): Sexus und Herrschaft. Die Tyrannei des Mannes in unserer Gesellschaft. München.: Desch Verlag

Modelmog, Ilse/Gräßel, Ulrike (Hg.) (1993): Konkurrenz & Kooperation. Frauen im Zwiespalt? Münster/Hamburg: Lit-Verlag

Möbius, Paul Julius (1900): Über den physiologischen Schwachsinn des Weibes. Halle: Bechtermünz-Verlag.

Müller, Ursula (1994): Feminismus in der empirischen Forschung: Eine methodologische Bestandsaufnahme. In: Diezinger/Kitzer/Anker/Bingel/Haas/Odierna (Hg.) (1994): 31-68

Nickel, Hildegard Maria (1991): Geschlechterverhältnisse und Sozialisationserfahrungen im DDR-Alltag. In: Deppe (Hg.) (1991): 148-165

Nickel, Hildegard Maria (1993): »Mitgestalterinnen des Sozialismus« – Frauenarbeit in der DDR. In: Helwig/Nickel (Hg.) (1993): 233-256

Nickel, Hildegard Maria (1999): Erosion und Persistenz. Gegen die Ausblendung des gesellschaftlichen Transformationsprozesses in der Frauen- und Geschlechterforschung. In: Nickel/Völker/Hüning (Hg.) (1999): 9-34

Nickel, Hildegard Maria (2001): Vom Umgang mit Differenzen. In: Hornung/Gümen/Weilandt (Hg.) (2001): 87-96

Nickel, Hildegard Maria/Völker, Susanne/Hüning, Hasko (Hg.) (1999): Transformation – Unternehmensreorganisation – Geschlechterforschung. Opladen: Verlag Leske + Budrich
Nickel, Hildegard, Maria (2003): Akademisierung und Vermarktlichung – Zwei Pole der Entpolitisierung der Frauen- und Geschlechterforschung? In: Zeitschrift für Frauen- und Geschlechterstudien. 21. 2+3: 67-75
Nunner-Winkler, Gertrud (1985): Adoleszenzkrisenverlauf und Wertorientierungen. In: Baacke/Heitmeyer (Hg.) (1985): 86-107
Nunner-Winkler, Gertrud (1989): Wissen und Wollen. In: Honneth/McCarthy/Offe/Wellmer (Hg.) (1989): 574-600
Nunner-Winkler, Gertrud (1991): „Gibt es eine weibliche Moral?". In: Nunner-Winkler (Hg.) (1991): 147-161
Nunner-Winkler, Gertrud (1995): Gibt es eine weibliche Moral? In: Nunner-Winkler (Hg.) (1995): 147-161
Nunner-Winkler, Gertrud (1998): Der Mythos von den zwei Moralen. In: Horster (Hg.) (1998): 73-98
Nunner-Winkler, Gertrud (Hg.) (1991): Weibliche Moral. Die Kontroverse um eine geschlechtsspezifische Ethik. Frankfurt a.M.: Campus Verlag
Nunner-Winkler, Gertrud (Hg.) (1995): Weibliche Moral. Die Kontroverse um eine geschlechtsspezifische Ethik. München: DTV (Lizenzausgabe des Campus-Verlags, Frankfurt a. M.)
Nunner-Winkler, Gertrud/Sodian, Beate (1988): Childrens' understanding of moral emotions. In: Child Development. 59. Oxford u.a.. Blackwell: 1323-1338
Oechsle, Mechtild/Geissler, Birgit (Hg.) (1998): Die ungleiche Gleichheit. Junge Frauen und der Wandel im Geschlechterverhältnis. Opladen: Verlag Leske + Budrich
Ostner, Ilona (1978): Beruf und Hausarbeit. Die Arbeit der Frau in unserer Gesellschaft. Frankfurt a.M.: Campus Verlag
Ostner, Ilona (1993): Zum letzten Male: Anmerkungen zum „weiblichen Arbeitsvermögen". In: Krell/Osterloh (Hg.) (1993): 107-121
Ostner, Ilona/Beck-Gernsheim, Elisabeth (1979): Mitmenschlichkeit als Beruf? Eine Analyse des Alltags in der Krankenpflege. Frankfurt a.M.: Campus Verlag
Ostner, Ilona/Lichtblau, Klaus (Hg.) (1992): Feministische Vernunftkritik. Ansätze und Traditionen. Frankfurt a.M.: Campus Verlag
Parsons, Talcott (1942): Age and Sex in the Social Structure of the United States. American Sociological Review 7: 604-616.
Parsons, Talcott/Bales, Robert F. (1956): Socialization and Interaction Process. London: Routledge
Pasero, Ursula (1995): Dethematisierung von Geschlecht. In: Pasero/Braun (Hg.) (1995): 50-66
Pasero, Ursula/Braun, Friederike (Hg.) (1995): Konstruktion von Geschlecht. Pfaffenweiler: Centaurus-Verlags-Gesellschaft
Rademacher, Claudia/Wiechens, Peter (Hg.) (2001): Geschlecht – Ethnizität – Klasse. Zur sozialen Konstruktion von Hierarchie und Differenz. Opladen: Verlag Leske + Budrich

Raschke, Joachim (1985): Soziale Bewegungen. Ein historisch-systematischer Grundriß. Frankfurt a.M.: Campus Verlag

Riehl, Wilhelm H. (1889): Die Familie (Erstauflage 1854). Stuttgart: Cotta'scher Verlag

Robak, Brigitte (1992): «Schriftsetzerinnen und Maschineneinführungsstrategien im 19. Jahrhundert». In: Wetterer (Hg.) (1992): 83-100

Roloff, Christine (1990): Konzeptualisierung des Versteckten. Überlegungen zum Frauenforschungsschwerpunkt ‚Technik- und Naturwissenschaftspotentiale von Frauen' am Hochschuldidaktischen Zentrum der Universität Dortmund. In: Schlüter/Roloff/ Kreienbaum (Hg.) (1990): 97-110

Rosenbaum, Heidi (Hg.) (1978): Seminar: Familie und Gesellschafsstruktur: Frankfurt a.M.: Suhrkamp Verlag

Sauer, Birgit (1999): Transition zur Demokratie? Zur Geschlechterkritik sozialwissenschaftlicher Transformations- und Konsolidierungstheorien. In: Berliner Journal für Soziologie 4: 507-531

Scarbath, Horst/Schlottau, Heike/Straub, Veronika/Waldmann, Klaus (Hg ) (1999): Geschlechter. Zur Kritik und Neubestimmung geschlechterbezogener Sozialisation und Bildung. Opladen: Verlag Leske + Budrich

Schein, Gerlinde/Strasser, Sabine (Hg.) (1997): Intersexions. Feministische Anthropologie zu Geschlecht, Kultur und Sexualität. Wien: Milena-Verlag

Scheu, Ursula (1977): Wir werden nicht als Mädchen geboren – wir werden dazu gemacht. Zur frühkindlichen Erziehung in unserer Gesellschaft. Frankfurt a.M.: Fischer Taschenbuch Verlag

Schlegel, Alice (Hg.) (1977): Sexual Stratification. A Cross Cultural View. New York: Columbia University Press

Schlözer, August Ludwig (1793): Allgemeines Statsrecht und Statsverfassungslehre. Göttingen: Verlag Vandenhoeck & Ruprecht

Schlüter, Anne/Roloff, Christine/Kreienbaum, Maria Anna (Hg.) (1990): Was eine Frau umtreibt. Frauenbewegung – Frauenforschung – Frauenpolitik. Pfaffenweiler: Centaurus Verlag

Schneider, Notker (Hg.) (1998): Einheit und Vielfalt. Das Verstehen der Kulturen. Amsterdam u.a.: Rodopi Verlag

Schwab, Dieter (1975): „Familie". In: Brunner u.a. (Hg.) (1975): 253-301

Schwarzer, Alice (1976): Der „kleine Unterschied" und seine großen Folgen. Frauen über sich. Beginn einer Befreiung. 7. Aufl.. Frankfurt a.M.: Fischer Taschenbuch-Verlag

Seidenspinner, Gerlinde u.a. (1996): Junge Frauen heute – Wie sie leben, was sie anders machen. Opladen: Verlag Leske + Budrich

Sektion Frauenforschung in der DGS (Hg.) (1982): Beiträge zur Frauenforschung am 21. Deutschen Soziologentag. München: Sonderforschungsbereich 101 der Universität

Stoehr, Irene (1993): Gründerinnen – Macherinnen – Konsumentinnen? Generationenprobleme in der Frauenbewegung der 1990er Jahre. In: Modelmog/Gräßel (Hg.) (1993): 91-115

Teubner, Ulrike (1989): Neue Berufe für Frauen. Modelle zur Überwindung der Geschlechterhierarchie im Erwerbsbereich. Frankfurt a. M./New York: Campus Verlag

Tönnies, Ferdinand (1912): Gemeinschaft und Gesellschaft. Grundbegriffe der reinen Soziologie. 2. Aufl.. Berlin: Curtius Verlag

Unterkircher, Lilo/Wagner, Ina (Hg.) (1987): Die andere Hälfte der Gesellschaft. Österreichischer Soziologentag 1985. Wien: Verlag des österreichischen Gewerkschaftsbundes
Villa, Paula (2003): Woran erkennen wir eine Feministin? Polemische und programmatische Gedanken zur Politisierung von Erfahrungen. In: Knapp/Wetterer (Hg.) (2003): 266-285
Vogel, Ulrike (2006): Nachwort. Frauen- und Geschlechterforschung und die Soziologie. In: Vogel (Hg.) (2006): 289-307
Vogel, Ulrike (Hg.) (2005): Was ist weiblich- was ist männlich? Aktuelles zur Geschlechterforschung in den Sozialwissenschaften. Bielefeld: Kleine Verlag
Vogel, Ulrike (Hg.) (2006): Wege in die Soziologie und in die Frauen- und Geschlechterforschung. Autobiographische Notizen der ersten Generation von Professorinnen an der Universität. Wiesbaden: VS Verlag für Sozialwissenschaften
Weber, Max (1980): Wirtschaft und Gesellschaft. Tübingen: JCB Mohr (Paul Siebeck)
Welsch, Wolfgang (1992): Topoi der Postmoderne. In: Fischer/Retzer/Schweitzer (Hg.) (1992): 35-55
West, Candace/Zimmerman, Don H. (1991): Doing Gender. In: Lorber/Farrell (Hg.) (1991): 13-37 (zuerst erschienen In: Gender & Society 1987. 1. 2. Thousand Oaks, Calif. u.a. Sage Publications: 125-151)
Wetterer, Angelika (1995a): Die soziale Konstruktion von Geschlecht in Professionalisierungsprozessen. Einleitung. In: Wetterer (Hg.) (1995): 11-28
Wetterer, Angelika (1995b): Dekonstruktion und Alltagshandeln. Die (möglichen) Grenzen der Vergeschlechtlichung von Berufsarbeit. In: Wetterer (Hg.) (1995): 223-246
Wetterer, Angelika (2003a): Die Krise der Sozialisationsforschung als Spiegel gesellschaftlicher Modernisierungsprozesse. In. Zeitschrift für Frauenforschung und Geschlechterstudien. 21. 1: 3-22
Wetterer, Angelika (2003b): Rhetorische Modernisierung: Das Verschwinden der Ungleichheit aus dem zeitgenössischen Differenzwissen. In: Knapp/Wetterer (Hg.) (2003): 286-319
Wetterer, Angelika (2004): Widersprüche zwischen Diskurs und Praxis. Gegenstandsbezug und Erkenntnispotentiale einer sozialkonstruktivistischen Perspektive. In: Helduser/Marx/Paulitz/Pühl (Hg.) (2004): 58-67
Wetterer, Angelika (Hg.) (1992): Profession und Geschlecht. Über die Marginalität von Frauen in hochqualifizierten Berufen. Frankfurt a. M./New York: Campus Verlag
Wetterer, Angelika (Hg.) (1995): Die soziale Konstruktion von Geschlecht in Professionalisierungsprozessen. Frankfurt a.M.: Campus Verlag
Wobbe, Theresa/Lindemann, Gesa (Hg.) (1994): Denkachsen. Zur theoretischen und institutionellen Rede vom Geschlecht. Frankfurt a.M.: Suhrkamp Verlag
Zapf, Wolfgang (Hg.) (1991): Die Modernisierung moderner Gesellschaften. Verhandlungen des 25. Deutschen Soziologentages in Frankfurt am Main 1990. Frankfurt a.M.: Campus Verlag
Zinnecker, Jürgen (1973): Sozialgeschichte der Mädchenbildung. Weinheim/Basel: Beltz Verlag

# Geschlechterforschung

Ruth Becker / Beate Kortendiek (Hrsg.)
**Handbuch Frauen- und Geschlechterforschung**
Theorie, Methoden, Empirie
2004. 736 S. Br. EUR 34,90
ISBN 978-3-8100-3926-2

2004. 736 S. Geb. EUR 49,90
ISBN 978-3-531-14278-4

Robert W. Connell
**Der gemachte Mann**
Konstruktion und Krise
von Männlichkeiten
3. Aufl. 2006. 304 S. Br. EUR 24,90
ISBN 978-3-531-14627-0

Sabine Grenz
**(Un)heimliche Lust**
Über den Konsum sexueller
Dienstleistungen
2. Aufl. 2007. 257 S. Br. EUR 29,90
ISBN 978-3-531-34776-9

Martina Löw / Bettina Mathes (Hrsg.)
**Schlüsselwerke
der Geschlechterforschung**
2005. 324 S. Geb. EUR 34,90
ISBN 978-3-531-13886-2

Annette Treibel / Maja S. Maier / Sven
Kommer / Manuela Welzel (Hrsg.)
**Gender medienkompetent**
2006. 349 S. Br. EUR 34,90
ISBN 978-3-531-14931-8

Arlie Hochschild
**Keine Zeit**
Wenn die Firma zum Zuhause wird
und zu Hause nur Arbeit wartet
2. Aufl. 2006. XXXVIII, 305 S. Er. EUR 19,90
ISBN 978-3-531-14468-9

Uta Klein
**Geschlechterverhältnisse
und Gleichstellungspolitik
in der Europäischen Union**
Akteure – Themen – Ergebnisse
2006. 277 S. Br. EUR 24,90
ISBN 978-3-531-14384-2

Paula-Irene Villa
**Sexy Bodies**
Eine soziologische Reise durch den
Geschlechtskörper
3., überarb. Aufl. 2006. 319 S.
Br. EUR 24,90
ISBN 978-3-531-14481-8

Ulrike Vogel (Hrsg.)
**Wege in die Soziologie
und die Frauen- und
Geschlechterforschung**
Autobiographische Notizen der
ersten Generation von Professorinnen
an der Universität
2006. 320 S. Geb. EUR 24,90
ISBN 978-3-531-14966-0

Erhältlich im Buchhandel oder beim Verlag.
Änderungen vorbehalten. Stand: Januar 2007.

**www.vs-verlag.de**

**VS VERLAG FÜR SOZIALWISSENSCHAFTEN**

Abraham-Lincoln-Straße 46
65189 Wiesbaden
Tel. 0611.7878 - 722
Fax 0611.7878 - 400

# Lehrbücher

Heinz Abels
**Einführung in die Soziologie**
Band 1: Der Blick auf die Gesellschaft
3. Aufl. 2007. 402 S. Br. EUR 24,90
ISBN 978-3-531-43610-4

Band 2: Die Individuen in ihrer Gesellschaft
3. Aufl. 2007. 434 S. Br. EUR 24,90
ISBN 978-3-531-43611-1

Andrea Belliger / David J. Krieger (Hrsg.)
**Ritualtheorien**
Ein einführendes Handbuch
3. Aufl. 2006. 483 S. Br. EUR 34,90
ISBN 978-3-531-43238-0

Nicole Burzan
**Soziale Ungleichheit**
Eine Einführung in die zentralen Theorien
2. Aufl. 2005. 210 S. Br. EUR 17,90
ISBN 978-3-531-34145-3

Paul B. Hill / Johannes Kopp
**Familiensoziologie**
Grundlagen und theoretische Perspektiven
4., überarb. Aufl. 2006. 372 S.
Br. EUR 28,90
ISBN 978-3-531-53734-4

Wieland Jäger / Uwe Schimank (Hrsg.)
**Organisationsgesellschaft**
Facetten und Perspektiven
2005. 591 S. Br. EUR 26,90
ISBN 978-3-531-14336-1

Hermann Korte
**Einführung in die Geschichte der Soziologie**
8., überarb. Aufl. 2006. 235 S.
Br. EUR 16,90
ISBN 978-3-531-14774-1

Stefan Moebius / Dirk Quadflieg (Hrsg.)
**Kultur. Theorien der Gegenwart**
2006. 590 S. Br. EUR 26,90
ISBN 978-3-531-14519-8

Bernhard Schäfers /
Johannes Kopp (Hrsg.)
**Grundbegriffe der Soziologie**
9., grundl. überarb. und akt. Aufl. 2006.
373 S. Br. EUR 16,90
ISBN 978-3-531-14686-7

Erhältlich im Buchhandel oder beim Verlag.
Änderungen vorbehalten. Stand: Januar 2007.

www.vs-verlag.de

**VS VERLAG FÜR SOZIALWISSENSCHAFTEN**

Abraham-Lincoln-Straße 46
65189 Wiesbaden
Tel. 0611.7878-722
Fax 0611.7878-400

MIX
Papier aus verantwortungsvollen Quellen
Paper from responsible sources
FSC® C105338

If you have any concerns about our products,
you can contact us on
**ProductSafety@springernature.com**
In case Publisher is established outside the EU,
the EU authorized representative is:
**Springer Nature Customer Service Center GmbH
Europaplatz 3, 69115 Heidelberg, Germany**

Printed by Libri Plureos GmbH
in Hamburg, Germany